es 1994
edition suhrkamp
Neue Folge Band 994

Walther L. Bernecker beschreibt in diesem Band die wechselvolle und grausame Geschichte Haitis seit der Unabhängigkeit von Frankreich 1804 über die Teilung des Landes in eine Mulatten- und eine Schwarzenrepublik und seine Wiedervereinigung, über die fortgesetzten Bürgerkriege bis zum Eingreifen der USA im Jahr 1915, deren Rückzug, der Machtübernahme François Duvaliers – »Papa Doc« – 1957, seiner diktatorischen Regierung und, nach seinem Tod 1971, der seines Sohnes Jean-Claude Duvalier – »Baby Doc« – bis heute, der demokratischen Wahl von Jean-Bertrand Aristide, seiner Vertreibung und seiner Rückkehr. Bernecker gibt Einblick nicht nur in geschichtliche, soziale und wirtschaftliche Daten, sondern beleuchtet auch die Verquickung von Voodoo und Katholizismus sowie die Ausnutzung von beiden Glaubensrichtungen zur Durchsetzung politischer Vorhaben sowie die Verflechtungen der wirtschaftlichen Interessen der Machthaber Haitis, der Vereinigten Staaten und der europäischen Länder mit Rassenkonflikten auf der Insel, mit machtpolitischen und militärischen Interessen der Weltmächte und ökonomischen Schwierigkeiten des Inselstaats.

Walther L. Bernecker
Kleine Geschichte Haitis

*(unter Mitarbeit von
Sören Brinkmann und
Patrick Ernst)*

Suhrkamp

edition suhrkamp 1994
Neue Folge Band 994
Erste Auflage 1996
© Suhrkamp Verlag Frankfurt am Main 1996
Erstausgabe
Alle Rechte vorbehalten, insbesondere das der Übersetzung,
des öffentlichen Vortrags
sowie der Übertragung durch Rundfunk und Fernsehen,
auch einzelner Teile.
Satz: Hümmer GmbH, Waldbüttelbrunn
Umschlagentwurf: Willy Fleckhaus
Printed in Germany

1 2 3 4 5 6 – 01 00 99 98 97 96

Inhalt

Einleitung 7

I. Die Kolonialgeschichte

1. Die Insel Hispaniola: Entdeckung und Kolonisierung .. 11
2. Die französische Kolonie Saint-Domingue:
   Zucker und Sklaverei 22
3. Die Geburt Haitis: Revolution und Unabhängigkeit ... 37

II. Von der Unabhängigkeit zur US-Invasion

1. Die Spaltung des Landes: Pétion und Christophe 47
2. Die Präsidentschaft Boyers: Mulatten und Schwarze ... 66
3. Die Instabilität der Politik: Aufstände und Eroberungsversuche 81
4. Die Polarisierung der Gegensätze: Kämpfe um Macht und Vermögen 94
5. Wirtschaftliche Unterentwicklung und staatliche Desintegration 102

III. Besatzung – Diktatur – Demokratie

1. Die US-Besatzung 120
2. Mulattenherrschaft und Schwarzenbewegung 138
3. Die Diktatur der Duvaliers 150
4. Der schwierige Weg in die Demokratie 170
5. Zwischen prekärer Gegenwart und ungewisser Zukunft 186

IV. Rückblick und Ausblick 197

V. Anhang

Grunddaten Haiti 200
Staatsoberhäupter Haitis 203
Zeittafel 205
Auswahlbibliographie 214

Einleitung

Haiti hat eine zumeist schlechte Presse: Ein kleines, sozial desintegriertes Land, geboren aus einer der grausamsten Revolutionen der Neuzeit; ein extrem armes, von Krankheiten und Analphabetismus geplagtes und von blutrünstigen Tyrannen unterdrücktes Volk; ein instabiles, von Putsch zu Revolte und von Staatsstreich zu Umsturz taumelndes politisches System; eine unterentwickelte, kaum das Existenzminimum sichernde und von äußerer Unterstützung abhängige Wirtschaft. So oder so ähnlich wird hierzulande seit langem das Bild des »Armenhauses der Welt« gezeichnet. Nicht beachtet wird dabei, daß vor gut 200 Jahren Haiti die reichste Kolonie der Erde war und als »Perle der Antillen« galt. Entsprechend selten ist auch die Frage nach den Gründen für den Niedergang, nach den nationalen und internationalen Kräften gestellt worden, deren Zusammenwirken die Armut und Unterentwicklung Haitis bewirkten. Statt dessen beschränken sich viele Darstellungen darauf, die erschreckende Realität des Inselstaates zu schildern. Die Zahlen sind auch in der Tat dramatisch – unabhängig davon, welche der Entwicklungsindikatoren zugrundegelegt werden:

Die Analphabetenquote beläuft sich in den Landgebieten auf rund 80 Prozent und stellt damit einen lateinamerikanischen Negativrekord dar. Das Bevölkerungswachstum liegt zwar mit knapp unter zwei Prozent nicht allzu hoch; dies ist aber primär auf die niedrige Lebenserwartung von nur 55 Jahren, auf die hohe Kindersterblichkeit und eine kontinuierliche Auswanderung zurückzuführen. Der Agrarsektor ist an die Grenzen seiner Leistungsfähigkeit gelangt; der Bevölkerungszuwachs muß von den rasch wachsenden Städten aufgenommen werden. Die Landwirtschaft kann – trotz des ohnehin niedrigen Nahrungsmittelverbrauchs – nur die Hälfte des Ernährungsbedarfs der Bevölkerung befriedigen. Hunger, Fehl- und Unterernährung sind an der Tagesordnung; jede Mißernte führt zu einer Ernährungskatastrophe. Die urbane Infrastruktur – vor allem die von Port-au-Prince – ist völlig überlastet; die massiven Zuwanderungen führen zur »Verländlichung« der Städte. Eine Folge dieses Phänomens ist der Niedergang der Provinzstädte, die außerdem ihrer Verwaltungsfunktionen entkleidet wurden und deshalb kein Gegengewicht zur extremen Zentralisierung der Machtbefugnisse in der Hauptstadt bilden.

Das Volkseinkommen ist extrem ungleich verteilt: Rund ein Prozent der Gesamtbevölkerung verfügt über 44 Prozent des nationalen Einkommens! Die ohnehin katastrophale Wirtschaftssituation verschlechterte sich in den achtziger Jahren weiter, als die Weltmarktpreise für das Exportprodukt Kaffee und für andere Ausfuhrgüter sanken. Diese drastische Verschlechterung der Austauschbeziehungen bewirkte eine Zunahme der Subsistenzwirtschaft. Der Rückgang an Exportgütern führte auch zur Auflösung eines geordneten Zollwesens, auf dem zuvor fast alle Staatseinnahmen beruht hatten. Hinzu kam eine dramatische Verknappung von Devisen.

Die mangelhafte Entwicklung der Verkehrsverbindungen weist auf die geringe regionale Integration Haitis hin. In den Norden, nach Cap-Haitien, und in den Süden – bis Les Cayes – gibt es zwar geteerte Hauptstraßen; es fehlt aber ein ganzjährig benutzbares System von Nebenstraßen, was auch – allerdings nicht nur – auf die gebirgige Natur des Landes zurückzuführen ist.

Hispaniola – Saint Domingue – Haiti ist zwar ein Teil Lateinamerikas, stellt aber in vielerlei Hinsicht eine Ausnahme von den allgemeinen Entwicklungstendenzen der Region dar: Zuerst fungierte die Insel als eine Art »Laboratorium« für die spanische Kolonialpolitik; sodann wurde diese zweitgrößte Antilleninsel Schauplatz zweier politisch, sprachlich und sozioökonomisch verschiedenartiger Herrschaftsgebiete, eines spanischen und eines französischen; des weiteren bedeutete der Aufstand Ende des 18. Jahrhunderts eine echte Sozialrevolution, die zur Emanzipation der Sklaven und zur politischen Unabhängigkeit führte – beides Jahrzehnte vor vergleichbaren Bewegungen im restlichen Lateinamerika; schließlich trat Haiti nach Erringung der Unabhängigkeit den Rückzug aus der Weltwirtschaft an – auch das eine Anomalie in der Region. Im kulturellen Bereich hat kein Geringerer als der kubanische Schriftsteller Alejo Carpentier die literarische »Gattung« *De lo real maravilloso americano* (»Von der wunderbaren Wirklichkeit Amerikas«), in der die kulturelle Andersartigkeit der synkretistischen Kulturen Lateinamerikas betont wird, am Beispiel Haitis entwickelt.

Der vorliegende Band unternimmt es, einen strukturierten

Überblick zur Geschichte Haitis seit der Inbesitznahme der Insel Hispaniola durch die Spanier bis heute zu liefern. Notgedrungen muß sich die Darstellung auf die wichtigsten Aspekte beschränken. Dabei sollen bestimmte strukturelle Elemente betont werden (Aspekte übrigens, die Haiti mit den anderen Inseln der Karibik verbinden): Die heutige Bevölkerung ist nicht die Urbevölkerung der Insel, sondern das Ergebnis von (Zwangs-)Migration und Vermischung; als Kolonie wurde das Land nicht nur zum Instrument einer in Europa beschlossenen Politik, sondern war außerdem Vorposten zweier Kolonialreiche: rund zwei Jahrhunderte des spanischen, rund ein Jahrhundert des französischen; die Struktur der Gesellschaft wurde durch diese Abhängigkeit und Unterordnung bestimmt. Die Landwirtschaft und Demographie, Siedlungsweise und Sozialstruktur der Plantageninsel waren auf die Erfordernisse und Ziele der jeweiligen »Mutterländer« ausgerichtet; alles, was an Autochthonem zurückblieb, ging schließlich in einer komplexen Mischung synkretistischer Volkskultur auf.

Haiti – bis zu einem gewissen Grad der gesamte karibische Raum – war Schauplatz einer zuerst von Europa, später von den USA bestimmten dramatischen Geschichte, die in hiesigen Schulbüchern entweder ausgespart oder extrem verkürzt dargestellt und eurozentrisch interpretiert wird. Das Land wurde seiner Urbevölkerung und Kulturtraditionen beraubt, jahrhundertelang durch Kolonialherrschaft fremdbestimmt, jahrzehntelang militärisch besetzt; bis heute kämpft es um seine Eigenständigkeit und um wirtschaftliches Überleben.

Fremdbestimmung und Außenbeeinflussung sind in einem mehrfachen Sinne Konstanten der haitianischen Entwicklung: zum einen durch die Einrichtung einer europäischen, d. h. spanischen, Siedlungs- und Handelskolonie und die Ausbeutung der Insel zum Nutzen des Mutterlandes; zum anderen durch den Aufbau einer (nach Frankreich ausgerichteten) Plantagenökonomie mit schwarzafrikanischen Sklaven und weitreichenden Konsequenzen für die Bevölkerungs- und Gesellschaftsstruktur; zum dritten durch die Prägung der sprachlich-kulturellen und institutionellen Infrastrukturen; schließlich durch die Bedeutung der Auseinandersetzungen zwischen den Kolonialmächten und den USA für die Insel, vom Besitzerwechsel im 17. Jahrhundert bis hin zu den vielfältigen Varianten von Interventions- und Besatzungspolitik im 20. Jahrhundert.

Die Gliederung des Bandes folgt im wesentlichen einem chronologischen Ordnungsschema, das allerdings immer wieder durch die Analyse systematischer Zusammenhänge aufgelockert wird. Auf die Darstellung der Kolonialgeschichte folgt das »lange« 19. Jahrhundert (1804-1915), von der völkerrechtlichen Unabhängigkeit des Inselstaates bis zur Invasion Haitis durch die USA. Der dritte Hauptteil beginnt und endet mit US-amerikanischen Besetzungen, deren Stellenwert allerdings sehr unterschiedlich ist. Ein Schlußkapitel wirft einen Blick zurück auf die vergangenen 200 Jahre haitianischer Geschichte und fragt vorsichtig nach den zukünftigen Entwicklungsmöglichkeiten des Inselstaates.

Der Anhang hat ergänzende Funktionen: Die »Grunddaten« ermöglichen eine schnelle, erste Orientierung über einige wichtige Aspekte (Gebiet, Bevölkerung, Staat und Regierung, Wirtschaft) des heutigen Haiti. Die Liste der Staatsoberhäupter nimmt eine zeitliche Verortung der Präsidenten vor; die Zeittafel ist ein chronologischer Überblick des oftmals verwirrenden Geschehens. Die Klammervermerke im Text verweisen auf Literaturangaben in der Bibliographie; in diese wurden neben den zitierten einige weiterführende Titel aufgenommen.

I. Die Kolonialgeschichte

1. Die Insel Hispaniola: Entdeckung und Kolonisierung

Die heutige Forschung geht davon aus, daß die Antillen in mehreren Einwanderungswellen besiedelt wurden; die Einwanderer kamen in Booten, möglicherweise aus dem Nordosten Südamerikas oder aus dem heutigen Florida. Die Bevölkerungsgruppen, die sich auf der von den Spaniern später *Hispaniola* genannten Insel niederließen, waren die *Ciboney*; sie lebten als Fischer, Jäger und Sammler, bewohnten kleine Siedlungen und wurden allmählich von einer anderen Bevölkerungsgruppe, den *Arawaken*, aus ihren Wohngebieten verdrängt. Die Arawaken bildeten zur Zeit der Ankunft der Spanier den größten Teil der antillanischen Bevölkerung; auf Hispaniola hatten sich die *Taino* niedergelassen, die wohl aus dem Gebiet des unteren Orinoco kamen (Meier: S. 205-211).

Zur Zeit der Eroberung durch die Spanier war die Bevölkerungsdichte auf den Großen Antillen wahrscheinlich ziemlich hoch. Die Gesellschaft war hierarchisch organisiert; an ihrer Spitze standen lokale Könige, die obersten Kaziken. Offensichtlich war bei den Taino die gesellschaftliche Schichtung besonders stark ausgeprägt: Auf die obersten Kaziken folgten solche mit niedrigerem Rang und Adelige, danach kamen das gemeine Volk und schließlich die Unfreien (*naboríos*). Die Kaziken verfügten über zahlreiche Privilegien: Sie wurden in Sänften transportiert, schliefen auf besonderen Betten, trugen Goldschmuck, hatten mehrere Frauen, wohnten in rechteckigen Häusern (im Unterschied zu den Rundhütten des einfachen Volkes). Sie erhielten zwar keine Tributabgaben von ihren Untergebenen, konnten aber fallweise Nahrungsmittel und Kriegsdienste anfordern. Amt und Privilegien wurden matrilinear vererbt, d.h. der älteste Sohn der ältesten Schwester des Kaziken trat in die Erbrechte ein. Kaziken übten religiöse, militärische und Verwaltungsfunktionen aus (Dyckerhoff: S. 125).

Als die Spanier die Insel besetzten, gab es dort fünf Kaziken. Sie beherrschten fünf »Reiche«, die nur im Schiffsverkehr über See miteinander in Verbindung standen. Die waldreichen, siedlungsfeindlichen Gebirge bildeten unüberwindliche Kommunikationsschranken. Die Gebirgsnatur der Insel sollte noch jahrhundertelang die für menschliche Ansiedlungen in Betracht kommende Fläche stark einschränken und den Binnenverkehr erschweren. Im wesentlichen waren zum Zeitpunkt der Entdeckung nur die feuchten Ebenen mit den angrenzenden Gebirgshängen besiedelt. Zeitgenössische Berichte lassen erkennen, daß in diesen Gegenden eine blühende Kulturlandschaft bestand (Blume: S. 180).

Den Kaziken zur Seite standen ein Ältestenrat und die Priester lokaler Religionen, die *butios*, die als Vermittler des Naturglaubens eine wichtige Stellung einnahmen. Die religiöse Beziehung des Menschen zum Übernatürlichen vollzog sich über *Zemi*. Diese Idole (aus Holz, Stein, Keramik) stellten Natur- und Schutzgeister mit übernatürlichen Kräften dar. Ob es eine oberste Gottheit gab, ist unklar. Abbilder der *Zemi* wurden in Höhlen, Häusern und Tempeln aufbewahrt. Der Hauptzemi des Kaziken wurde als eine Art hohe Gottheit angesehen und verlieh seinem Besitzer besondere Autorität.

Die Schätzungen über die Zahl der Arawaken, die zur Zeit der Entdeckung Hispaniolas auf der Insel lebten, schwanken in der Literatur zwischen 200 000 und einer Million. Sie lebten in großen Dörfern und bauten (relativ intensiv) Mais, Kartoffeln, Maniok, Tabak und Baumwolle sowie einige tropische Früchte wie Ananas, Erdnüsse und Bananen an. Bewässerte Felder fanden sich nur in der westlichen Ebene, die später *Cul-de-Sac* genannt wurde; dort bestand das kulturell am weitesten entwickelte »Reich« der Insel; dort sollten auch in der französischen Kolonialzeit – östlich von Port-au-Prince – die großen Zuckerrohrplantagen und nach Erringung der Unabhängigkeit die Sisalpflanzungen entstehen (vgl. McClellan). Von großer Bedeutung war die Ausbeutung der Meeresressourcen auf Einbäumen. Christoph Kolumbus beschreibt in seinem von Bartolomé de Las Casas in Auszügen überlieferten *Bordbuch* die dort lebende arawaksprachige Völkerschaft der Taino: »Um die Herrschaft auszuüben, braucht man sich hier nur niederzulassen und den Eingeborenen anzuordnen, allen Befehlen nachzukommen. [Die Eingeborenen] besitzen keine Waffen, sind unkriegerisch, harmlos, nackt und so feige, daß tausend von ihnen drei meiner Leute nicht an sich herankommen lassen würden. Dafür sind sie bereit, zu gehorchen, zu arbeiten und alles Nötige zu vollführen. Mithin wäre es angezeigt, sie dazu zu verwenden, Städte und Ortschaften zu errichten, und ihnen unsere Kleidung und Gebräuche beizubringen [...] Der Boden ist so ergiebig und fruchtbar, daß die Inselbewohner sich weder um ihren Lebensunterhalt, noch auch zur Beschaffung ihrer Kleidung viel zu plagen brauchen, da sie ja nackt herumlaufen« (Kolumbus: S. 167-170).

Aus solchen ersten Beschreibungen der Indianer durch Kolumbus entwickelte sich später der literarische Prototyp des »amerikanischen Wilden«. Immer wieder erwähnte Kolumbus die Nacktheit der Indianer, ein Naturzustand, der später entweder als Unschuld oder als Ausdruck von Tierhaftigkeit gedeutet wurde. Die Charakterisierung der Taino als freundlich, sanftmütig und friedfertig prägte die Vorstellung vom »edlen Wilden«, der im Zeitalter der Aufklärung als idealisiertes Gegenwesen zum europäischen Zeitgenossen dargestellt wurde.

Bartolomé de Las Casas hebt in seinem *Bericht von der Verwüstung der westindischen Länder* die Einfachheit und Kargheit hervor, in der die Bewohner Hispaniolas lebten: »Sie sind hiernächst sehr arme Leute, besitzen wenig von den Gütern der Erde und trachten auch nicht danach; deswegen sind sie auch weder stolz, noch hoffärtig, noch habsüchtig. Ihre Nahrung ist von der Art, daß selbst die heiligen Väter in der Wüste nicht spärlicher, armseliger, kümmerlicher gelebt haben mögen. Ihre Kleidung ist gewöhnlich ein Stück Fell, womit sie die Scham bedecken; wenn es hoch kommt, so tragen sie einen Mantel von baumwollenem Zeug [...] Ihr Lager besteht aus einer Matte von Schilf; höchstens schlafen sie in Decken, die wie Netze aufgehangen, und von den Einwohnern der Insel Hispaniola *Hamacas* [Hängematten] genannt werden« (Las Casas: S. 10).

Die Indianer der Karibik bildeten – im Vergleich etwa zu den Hochkulturen des Festlandes – weniger differenzierte Ethnien, die auch politisch-religiös und sozial nicht so stark gegliedert waren; es handelte sich zwar um seßhafte Stämme, diese lebten allerdings auf der Grundlage einer einfachen, kaum entwickelten Landwirtschaft; die Wirtschafts- und Sozialstruktur war wenig ausgeprägt. Allerdings berichtete Kolumbus wiederholt von den ausgezeichneten agrarischen Nutzungsmöglichkeiten, der Üppigkeit im Landwirtschaftsbereich, der Vielfalt von Gewürzen, insbesondere aber vom Goldreichtum.

Wichtig für ihn war vor allem, daß er auf seiner unermüdlichen Suche nach Gold an der Nordküste Hispaniolas Erfolg gehabt hatte (wenn auch nur mäßigen). Immerhin hatte er dort von den

Einheimischen goldene Nasenpflöcke und Armbänder erhalten; außerdem stieß er auf einen Fluß, dessen Sand »mit Gold durchsetzt« war. Später berichtete er auch von Goldminen, die es auf der Insel aber – außer in der östlichen Zentralkordillere – nicht in dem von den Spaniern erhofften Ausmaß gegeben hat. Jedenfalls schlug eine zwischen Kaiser Karl V. und den Welsern in Augsburg 1529 getroffene Vereinbarung, derzufolge 80 schlesische Bergarbeiter zum Abbau angeblicher Goldlager geschickt wurden, fehl. Damals waren die Goldvorkommen schon erschöpft.

Als Kolumbus die Insel am 5. Dezember 1492 für die kastilische Krone entdeckte und in Besitz nahm, gab er ihr wegen ihrer Schönheit und angeblichen Ähnlichkeit mit Spanien den Namen »Die Spanische Insel« (*La Isla Española* oder *Hispaniola*). Damals war er noch davon überzeugt, daß die von ihm in Besitz genommene Insel Cipangu (das ist Japan) war. Aus den Resten seiner schiffbrüchigen »Nao« *Santa María* ließ er um Weihnachten das Fort *La Navidad* – in der Nähe des heutigen Cap Haitien – bauen, in dem ein Teil seiner Mannschaft zurückblieb, als er im Januar 1493 die Rückreise nach Spanien antrat – im Bewußtsein, endlich den westlichen Seeweg nach Asien gefunden zu haben.

Die zweite Expedition des Kolumbus erreichte Hispaniola am 22. November 1493. Von nun an war die Insel das Zentrum der spanischen Kolonisationsversuche, Versorgungsbasis und militärischer Ausgangspunkt für die Eroberungszüge auf dem Kontinent. Als die Spanier feststellten, daß die im Fort *La Navidad* zurückgelassenen Männer getötet worden waren, wurden die vermeintlich schuldigen Einheimischen mit dem Tod bestraft. Sodann gründete Kolumbus im Nordosten der Insel eine neue Niederlassung (*La Isabela*). Von nun an verschlechterten sich die Beziehungen zwischen den Spaniern und den Taino zusehends; letztere weigerten sich immer häufiger und dezidierter, für den Lebensunterhalt der Spanier zu sorgen. Um sich den Zwangsrekrutierungen zu entziehen, floh die einheimische Bevölkerung massenhaft in die Berge. Die Spanier verfolgten die Flüchtlinge, fingen sie ein und zwangen sie zur Fronarbeit.

Die Inselwirtschaft war bis dahin Subsistenzwirtschaft gewesen; nunmehr sollte für eine rasch wachsende Bevölkerung produziert werden, wobei die Eroberer allerdings nicht bereit waren, sich am Arbeitsprozeß zu beteiligen. Durch den massiv erhöhten Nahrungsmittelbedarf änderte sich die Produktionsstruktur; die

Versorgung konnte unter den neuen (Zwangs-)Bedingungen nicht mehr gewährleistet werden. Hunger und Mangelerscheinungen (für Spanier ebenso wie für die einheimische Bevölkerung) waren die Folge. Der »Kontakt« mit den Europäern wirkte sich auf die Indianer verheerend aus: Entweder wurden sie massakriert oder physisch brutal ausgebeutet. Die neue, völlig ungewohnte Arbeitsweise wirkte auf die einheimische Gesellschaft sozial desintegrierend. Hinzu kam die Anfälligkeit der Indianer gegenüber den ansteckenden Krankheiten, die von den Spaniern eingeschleppt worden waren. In der Literatur spricht man von einem Mikrobenschock, den die Berührung mit Menschen und Tieren aus der Alten Welt auslöste; ein Massensterben war die Folge. So schleppte etwa Kolumbus auf seiner zweiten Reise eine Grippe ein, der die Hälfte der Ureinwohner der Insel zum Opfer gefallen sein soll. Das europäische Kolonisationskonzept erwies sich als unvereinbar mit den sozialen Verhältnissen auf Hispaniola und führte zum Zusammenbruch der Inselzivilisation (Meier: S. 205-223).

Auch unter den spanischen Kolonisten kam es zu Spannungen und Auseinandersetzungen. Die meisten hatten an der Expedition teilgenommen, um in der Neuen Welt schnell reich zu werden und ein angenehm-sorgloses Leben führen zu können. Als sie merkten, daß diese überzogenen Hoffnungen nicht in Erfüllung gingen, begann der Streit über das weitere Vorgehen. Obwohl Kolumbus anfangs für ein verständnisvolles Miteinander mit den Taino eintrat, mußte er schließlich den Zwangsrekrutierungen von Arbeitskräften zustimmen, die allerdings das Verhältnis zu den Einheimischen auf einen Tiefpunkt sinken ließen. Außerdem verbot die Krone, als Reaktion auf die intensive kolonialethische Debatte im Spanien jener Jahre, den Import indianischer Sklaven in das Mutterland.

Noch kritischer war die Situation, als Kolumbus einige Jahre später bei seiner dritten Expedition nach Hispaniola (1498) in der neugegründeten Stadt Santo Domingo an Land ging und feststellen mußte, daß die Kolonie in offenem Aufruhr war. Wiederum ging es um die Frage, wie die Spanier sich die indianische Arbeitskraft zunutze machen konnten. Die Aufständischen wollten die Taino einfach zur Zwangsarbeit verpflichten: Die Einheimischen sollten den Unterhalt der Spanier sicherstellen und für diese Gold durch Wäscherei aus den Flußsänden gewinnen. Schließlich mußte

Kolumbus vor den Rebellen klein beigeben; sein Modell einer friedlichen Handelskolonisation war endgültig gescheitert.

Während auf der Insel diese Auseinandersetzungen unter den Kolonisten stattfanden und diese immer deutlicher bestrebt waren, die Kontrolle durch die Vertreter der Krone abzuschütteln, setzten gleichzeitig die Versuche der spanischen Regierung ein, die weitreichenden Amtsbefugnisse der Eroberer einzuschränken und eine königsunmittelbare Verwaltung einzusetzen. 1499 ernannte die Krone Francisco de Bobadilla zum Untersuchungsrichter und Gouverneur von Hispaniola; zwei Jahre später folgte ihm Nicolás de Ovando auf diesem Posten; er blieb Gouverneur bis 1507.

Im Jahr 1500 befanden sich ungefähr 800 Spanier auf Hispaniola. Richter Bobadilla überließ es den Spaniern, wie sie ihr neues Leben auf der Insel organisieren wollten. Die meisten beschlossen, auf Hispaniola mit einheimischen Frauen zusammenzuleben. Von Anfang an war aber klar, daß sie nicht daran dachten, sich ihren Lebensunterhalt durch Arbeit zu verdienen. Sie umgaben sich mit Personal, ließen sich bewirten, zwangen die einheimische Bevölkerung zur Arbeit und zur Goldwäsche. In vielerlei Hinsicht paßten sie sich auch den Sitten und kulturellen Eigenarten der Indianer an, was wohl kurz darauf zu einer Neuformulierung der spanischen Kolonisationspolitik bei stärkerer Betonung erzieherischer Elemente führte. In der Verwaltungszeit Nicolás de Ovandos strömten über 10000 spanische Kolonisten auf die Insel. Sie bauten Ortschaften auf, legten Plantagen an, betrieben Handel und führten die Eroberungen von vielen karibischen Inseln und Teilen des Festlandes durch. Im Innern der Insel, in der dichtbesiedelten Vega Real (in der heutigen Dominikanischen Republik), erfolgten weitere Stadtgründungen: Concepción de la Vega (1495), Santiago de los treinta Caballeros. Anfang des 16. Jahrhunderts gab es schon 15 spanische Städte auf der Insel. In den zahlreichen Stadtgründungen wird die Eigenart der spanischen Kolonisationsmethode deutlich; sie wirkte später in einem relativ hohen Anteil an städtischer Bevölkerung nach. Der Sitz der Kolonialregierung wurde 1496 von *La Isabela* in das an der Südküste neugegründete *Santo Domingo de Guzmán* verlegt. Während der frühen spanischen Kolonisation war Santo Domingo nicht nur Verwaltungssitz von Hispaniola, sondern zugleich Sitz des Vizekönigs, dem alle spanischen Besitzungen in der Neuen Welt unterstanden. Die Stadt – die damals größte der Neuen Welt! – war eine Zeitlang

Ausgangspunkt für sämtliche Unternehmungen der Spanier in der Karibischen See (Blume: S. 181).

Als Nicolás de Ovando Gouverneur der Insel wurde, trug ihm die Krone Maßnahmen zum Schutz der eingeborenen Bevölkerung und zu ihrer Christianisierung auf. Die Spanier sollten geschlossen in Städten, die Indianer getrennt von ihnen in Siedlungen unter dem Befehl ihrer angestammten Kaziken leben. Aufgabe der spanischen Beamten und der Missionare war die »Zivilisierung« der Einheimischen, die sich in ihrem sexuellen Verhalten christlichen Vorschriften und in ihrer Arbeitsweise spanischen Gepflogenheiten anpassen sollten. Die Indianer mußten zwar Dienstleistungen für die Spanier verrichten, allerdings durften sie diese nicht übermäßig belasten. Dieses Konzept läßt sich als ein Siedlungskolonisationsprogramm beschreiben, das sowohl die Indianer als auch die in Amerika seßhaft werdenden Spanier umfassen sollte. Konsequent umgesetzt wurde es nur zu einem geringen Teil. Zumindest gelang es der Krone nie, die Rechte der einheimischen Bevölkerung wirkungsvoll zu schützen. Diese wurde vielmehr in brutaler Weise zur Goldwäsche und zu vielerlei Arbeitsleistungen gezwungen.

1507 wurde Diego Colón, Sohn von Christoph Kolumbus, Vizekönig und Gouverneur auf Hispaniola. Mit dieser Amtsübernahme flammten die alten Gegensätze zwischen Anhängern und Gegnern der Kolumbus-Dynastie erneut auf. Wieder war es so, daß die Kolumbus-Fraktion sich zwar – zur Errichtung einer dauerhaften spanischen Herrschaft – für Dienstleistungen der Indianer stark machte, diese aber zugleich vor allzu brutaler Ausbeutung schützen wollte. Demgegenüber ging es der Gegenpartei darum, möglichst schnell alle Edelmetallvorkommen auszubeuten und die Handelsmöglichkeiten der Region so gut wie möglich zu nutzen. Um die Kontrolle über die Entwicklung auf der Insel nicht zu verlieren, ließ König Ferdinand im Jahr 1511 in Santo Domingo ein oberstes Appellationsgericht (*Audiencia Real de la Española*) errichten. Die *Audiencia* war das oberste Gerichtsorgan für die ganze Karibik und große Teile des damals bekannten Festlandes. Später wurde sie in *Audiencia de Santo Domingo* umbenannt; ihr Wirkungsbereich umfaßte nur noch die Großen Antillen. Im gleichen Jahr 1511 hielt der Dominikanerpater Antonio de Montesinos seine berühmt gewordene Adventspredigt, in der er sich nachdrücklich für die Rechte der Ureinwohner einsetzte und das barbarische Verhalten seiner spanischen Landsleute vehement anprangerte (Meier: S. 166-184).

In jenen Jahren stellten die Antillen in vielerlei Hinsicht eine Art Laboratorium der spanischen Kolonisation dar. Dies gilt auch für die Indianerpolitik der Krone. Anfangs versuchten die Eroberer ja, die Indianer zu versklaven und damit den ökonomischen Nutzen der Antillen zu erhöhen. Im Jahr 1500 verbot die kastilische Krone allerdings die Indianersklaverei; die amerikanischen Urbewohner wurden als freie Vasallen der Krone betrachtet, womit sie die gleichen Rechte und Pflichten wie die nichtprivilegierten spanischen Untertanen im Mutterland erhielten. Zu den Instruktionen des Gouverneurs Nicolás de Ovando gehörte etwa, daß er sich um die gerechte Behandlung und Entlohnung der Indianer kümmern müsse, daß er um ihre Freiheit und Bekehrung zum Christentum besorgt zu sein habe, daß er für die Ablieferung des (Indianer-)Tributs verantwortlich zeichne.

In der Praxis gestaltete sich die Situation der Indianer ganz anders. Um ihren enormen Arbeitskräftebedarf für die Goldwäscherei zu decken, setzten die Kolonisten die Institution des *repartimiento* (»Zuteilung«) ein, derzufolge eine bestimmte Anzahl von Taino den Spaniern zur Arbeit zugewiesen wurde, wobei diese sich im Gegenzug zur Unterweisung der Indianer im Christentum und in »zivilisierter« Lebensweise verpflichteten. In der Praxis erwies sich dieses System des Arbeitszwanges als eine Umschreibung von Sklaverei.

In seinem sensationellen »Skandalbuch« beschreibt Fray Bartolomé de Las Casas den Raub, die Plünderung, den massenhaften Mord an der Urbevölkerung. Dabei hält sich der Autor selten bei abstrakten Thesen auf, vielmehr geht es ihm um das Detail. Las Casas hat über vierzig Jahre in den spanischen Kolonien Amerikas zugebracht; er referierte Beobachtungen und Erfahrungen, fürchterliche Grausamkeiten und den zermürbenden Alltag aus erster Hand. Zur Exterminierung der Bevölkerung Hispaniolas schreibt er, nachdem er zuvor deren Friedfertigkeit hervorgehoben hat: »Unter diese sanften Schafe, die ihr Schöpfer und Urheber mit oberwähnten Eigenschaften begabte, fuhren die Spanier, sobald sie nur ihr Dasein erfuhren, wie Wölfe, Tiger und Löwen, die mehrere Tage der Hunger quälte. Seit vierzig Jahren haben sie unter ihnen nichts anderes getan, und noch bis auf den heutigen Tag tun sie nichts anderes, als daß sie dieselben zerfleischen, erwürgen, peinigen, martern, foltern, und sie durch tausenderlei ebenso neue als seltsame Qualen [...] auf die grausamste Art aus der Welt vertilgen. Hierdurch brachten sie es dahin, daß gegenwärtig von mehr als drei Millionen Menschen, die ich ehedem auf der Insel Hispaniola mit eigenen Augen sah, nur noch zweihundert Eingeborene vorhanden sind« (Las Casas: S. 11).

Auch wenn die absoluten Zahlenangaben von Las Casas nicht wörtlich zu nehmen sind, haben demographische Untersuchungen zweifelsfrei ergeben, daß die Bevölkerung der Insel innerhalb weniger Jahrzehnte vollständig dezimiert wurde, entweder durch kriegerische Gewalttaten oder durch die aus Europa eingeschleppten Krankheitserreger. Fünfzig Jahre nach der Entdeckung soll es auf Hispaniola gerade noch tausend Indianer gegeben haben. Praktisch endete die autochthone Geschichte der Taino mit der Eroberung durch die Spanier.

Schon ab 1514 hatten die Erschöpfung der Goldvorkommen und der dramatische Bevölkerungsrückgang zu einer deutlichen Krise auf Hispaniola geführt. Der drastische Rückgang an indianischer Arbeitskraft zwang die Spanier bald zur Versklavung der eingeborenen Bevölkerung der Nachbarinseln, bis viele von diesen (Bahamas, Kleine Antillen) ebenfalls entvölkert waren. Diese in der Anfangsphase ganz besonders brutale Vorgehensweise gegen die Indianer hing damit zusammen, daß die wirtschaftliche Grundlage dieser Art von Kolonisation vor allem das geschürfte Gold war; in der Literatur spricht man daher auch von einer »Goldwirtschaft« (*economía del oro*), die auf Hispaniola bis etwa 1516 andauerte; dann erschöpften sich allmählich die Goldvorräte. Eine von Madrid entsandte Kommission von Hieronymitenmönchen sollte das »Indianerproblem« untersuchen, das aufgrund der Montesinospredigt und der Appelle von Las Casas in Europa inzwischen heftig diskutiert wurde. Die Kommission schlug den plantagenmäßigen Anbau des Zuckerrohrs als neue Wirtschaftsgrundlage der Insel vor (Kolumbus hatte schon 1493 Zuckerrohr von den Kanarischen Inseln nach Hispaniola gebracht); Indianer sollten in geeigneter Form am Zuckeranbau beteiligt werden. Wenige Jahre später (1519) vergab König Karl I. (als Karl V. Kaiser des Heiligen Römischen Reiches) die erste Lizenz zur Importierung afrikanischer Sklaven aus dem portugiesischen Herrschaftsbereich (*asiento de negros*). Ab 1552 wurden regelmäßig 2000 Sklaven pro Jahr nach Hispaniola importiert. Damit bildeten sich die Umrisse der späteren Zuckerrohr-Plantagenwirtschaft heraus (Meier: S. 267-290).

Die ersten Plantagen (nicht nur Hispaniolas, sondern in der Neuen Welt überhaupt!) entstanden in der Küstenebene von Santo Domingo, in der Nähe der Hafenstadt und des brennstoffliefernden Waldes. Um 1550 soll es 40 Plantagen gegeben haben, die bis zu 50 schwarze Sklaven beschäftigten. In der ersten Hälfte des 16. Jahrhunderts wiesen diese Plantagen bereits alle Merkmale auf, die über 200 Jahre später – in der hohen Zeit der antillanischen Zuckerrohrplantagenwirtschaft – ihre vollständige Ausprägung erfuhren: Es gab ein Herrenhaus und Sklavenquartiere, Rohrpresse und Zuckersiederei, Rinderhaltung (zur Deckung des Zugtierbedarfs) und Felder (zum Rohranbau und zur Selbstversorgung). Die Plantagen gehörten einem kapitalstarken Unternehmer; sie beruhten auf Sklavenarbeit, produzierten exportorientiert und lagen in Hafennähe (Blume: S. 183).

Seit den 1520er Jahren wurde auch schon Zucker nach Spanien exportiert, von dort allerdings häufig nach Nordeuropa wieder ausgeführt. Ihren anfänglichen Wohlstand verdankte die Insel Hispaniola jedenfalls der Erzeugung von Zucker. Allerdings erschwerten einige Hindernisse eine Zunahme der Zuckerproduktion für den Export: So wurde etwa Zuckerrohr in Spanien selber angebaut, und die Frachtkosten nach Europa waren sehr hoch. Hinzu kam, daß die Seeverbindung zwischen der spanischen Karibik und dem Mutterland außerordentlich schlecht war und zumeist nur einen Transport pro Jahr ermöglichte. Obwohl somit noch zu Lebzeiten des Kolumbus Zucker auf den Antillen exportorientiert angebaut wurde, wurden die spanischen Kolonien nie ein bedeutender Zuckerexporteur. Von den 20 000 Tonnen Zucker, die Europa um 1600 verbrauchte, kamen 18 000 Tonnen aus Brasilien. Erst im Verlauf des 17. Jahrhunderts begann der Aufstieg der karibischen Zuckerwirtschaft. Um 1690 übertrafen die englischen Kolonien, vor allem Barbados und Jamaika, bereits die brasilianische Zuckerproduktion. Zum weltweit größten Zuckerproduzenten stiegen mit Beginn des 18. Jahrhunderts die französischen Antillen auf: vor allem die Perle Saint-Domingue – inzwischen eine französische Kolonie und nicht mehr Teil des spanischen Kolonialreiches –, sodann Martinique und Guadeloupe.

In der frühen Phase der kastilischen Expansion spielte die Mission nur eine unbedeutende Rolle. An der zweiten Kolumbus-

Expedition (von 1493) nahmen zwar einige Welt- und Ordensgeistliche teil, auf Hispaniola gerieten sie jedoch bald in Streit miteinander, woraufhin mehrere von ihnen nach Spanien zurückkehrten. Nur Ramón Pané, ein Hieronymitenpater, war um die Bekehrung der Eingeborenen bemüht; 1496 verfaßte er schon einen ersten Bericht über die »Altertümer« (*Antigüedades*) der Indianer und eröffnete damit die Reihe jener ethnographischen Beschreibungen, die bis heute zu den wichtigsten Quellen für die ethnohistorische Erforschung des vorspanischen Amerika gehören (Pané).

Das eigentliche Evangelisierungswerk begann sodann mit der Ankunft der ersten Franziskaner (1500) auf Hispaniola; knapp zehn Jahre später folgten die Dominikaner. Seit damals führte der Ordensklerus seinen Kampf um Gerechtigkeit und Menschenwürde für die Indianer. Die Voraussetzungen für die Christianisierung waren allerdings denkbar schlecht, nachdem ja die angeblich »christlichen« Kolonisten ein äußerst schlechtes Beispiel christlichen Verhaltens abgaben. Es kommt sicherlich nicht von ungefähr, daß rund hundert Jahre später der größte Teil der aus Afrika zwangsimportierten Sklaven sich einer anderen Religion, dem Voodoo, zuwandte.

Die Vorschläge der Hieronymiten hatten auch eine Trennung der Siedlungsräume der einheimischen Ethnien von den spanischen Kolonisten vorgesehen, da allzu enger Kontakt zwischen Spaniern und Indianern letzteren nur geschadet hatte. Diese Segregationspolitik sollte ab 1516 auch auf Hispaniola durchgeführt werden, nachdem Hieronymitenmönchen die Regentschaft über die Insel übertragen worden war. Als diese auf Hispaniola eintrafen, mußten sie allerdings feststellen, daß eine Umsetzung dieser Politik wegen des drastischen Rückgangs der autochthonen Bevölkerung nicht möglich war. Daher beschränkten sie sich vorerst auf eine Umsiedlung der vorhandenen Indianer; eine gewaltige Pockenepidemie ließ in der Folge das Projekt auf Hispaniola ganz scheitern; umgesetzt wurde die Segregationspolitik später auf dem Festland.

Mit dem Ende der frühen Kolonialphase, die vor allem durch den Goldabbau gekennzeichnet war, läßt sich eine erste Divergenz in der Kulturlandschaftsentwicklung Hispaniolas feststellen. Die wenig ergiebigen Goldlagerstätten des westlichen Inselteils – also des heutigen Haiti – waren bald erschöpft; um 1520 hatten sich die Spanier daher aus diesen Regionen bereits zurückgezogen. Da die indianische Bevölkerung vernichtet war, das Kulturland verfiel und mit dem Abzug der Spanier ihre Siedlungen wüstfielen, wurde der Westteil der Insel schon sehr früh – obwohl nominell spanisch – zu einer Art Niemandsland; dies erklärt auch, weshalb sich im 17. Jahrhundert Franzosen und Briten bei ihren Eroberungsversuchen vor allem auf diesen Inselteil konzentrierten. Im östlichen Teil der Insel läßt sich demgegenüber eine Kontinuität der Besiedelung feststellen, deren ökonomische Grundlage (nach dem Niedergang auch der dortigen Goldförderung) extensive Rinderhaltung war. Über die Ebenen des Landes waren *hatos*, extensive Rinderhaltungsbetriebe, verstreut, während die Gebirge mit ihren Wäldern weiterhin menschenleer blieben. Erst in der zweiten Hälfte des 18. Jahrhunderts sollte die Viehhaltung etwas zurückgedrängt werden; damals entstanden aufs neue einige Zuckerrohrplantagen, vor allem aber mittelgroße (*estancias*) und kleine (*ranchos*) bäuerliche Betriebe gemischten Anbaus. Bis zur Unabhängigkeit der französischen Kolonie Saint-Domingue Anfang des 19. Jahrhunderts war jedoch die extensive Rinderhaltung im Ostteil der Insel, der spanischen Kolonie Santo Domingo, als dominierender Wirtschaftszweig die Grundlage für die Fleischexporte in die dichtbevölkerte französische Nachbarkolonie im Westen.

2. Die französische Kolonie Saint-Domingue: Zucker und Sklaverei

Frankreich und England, etwas später auch die Niederlande, wandten sich schon sehr früh – seit der ersten Hälfte des 16. Jahrhunderts – gegen den spanisch-portugiesischen Herrschaftsanspruch in Amerika und bekämpften die im Vertrag von Tordesillas (1494) zwischen den beiden iberischen Mächten vereinbarte Weltteilung. Seit dem 16. Jahrhundert setzte sich unter den damaligen Seemächten auch die Vorstellung zweier Bereiche durch: In dem einen galt das europäische öffentliche Recht, in dem anderen die Macht des Stärkeren. Die Konflikte in und um Amerika waren damit nicht mehr den Normen des abendländischen Rechts, sondern eigenen Gesetzen unterworfen. Der Krieg wurde für lange Zeit ein Dauerzustand (Kahle: S. 12-16).

In der ersten Hälfte des 16. Jahrhunderts tauchten auch vermehrt Korsare und Freibeuter in den amerikanischen Gewässern

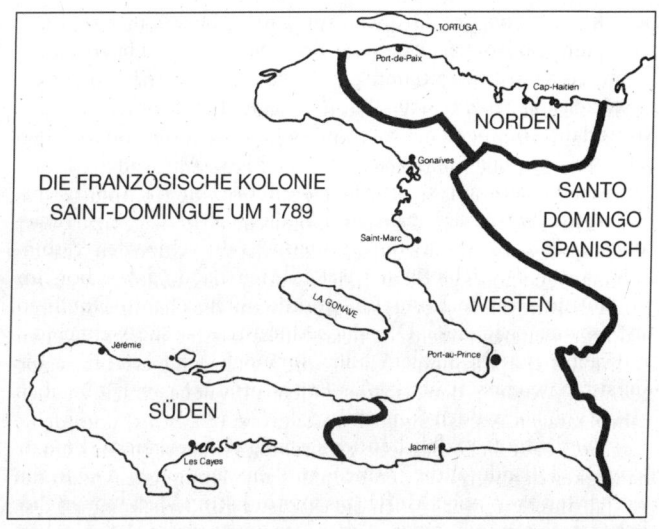

auf. Kaperei und Seeraub gingen in der Praxis oft ineinander über und waren im Grunde nichts anderes als Piraterie. Deswegen hielten die Spanier es schon 1513 für notwendig, zum Schutz vor französischen Piraten Kriegsschiffe vor den Küsten ihrer antillanischen Besitzungen patrouillieren zu lassen. Immer mehr konzentrierten sich die Piraten fortan auf die Brandschatzung und Plünderung hispanoamerikanischer Küstenplätze. Früh gesellten sich die Briten zu den Franzosen: Im Januar 1586 plünderte Francis Drake, der gefürchtetste Korsar der westlichen Hemisphäre, dessen erfolgreiche Raubzüge ihm in England zu größter Popularität verhalfen, Santo Domingo und äscherte die Stadt teilweise ein.

Die europäischen Seemächte gaben auch in der Folgezeit ihr Interesse an der Karibik nicht auf. Seit der zweiten Hälfte des 16. Jahrhunderts waren die Inseln der Großen Antillen (Kuba, Hispaniola, Jamaika, Puerto Rico) von den Spaniern vernachlässigt worden, da kein weiteres Gold gefunden wurde und das Schwergewicht des spanischen Kolonialreiches sich auf das Festland, nach Neu-Spanien (Mexiko) und Peru, verlagerte. Diese Entwicklung führte zu einer starken Abwanderung der weißen

Bevölkerung von den Großen Antillen in die neuen ökonomischen und politischen Zentren. Zwar behielt der Hafen Santo Domingo als Stützpunkt der spanischen Flotte seine Bedeutung – er war das Verteilerzentrum für die spanischen Schiffe, die vom Mutterland kommend das amerikanische Festland anfuhren –, der Schiffsverkehr ließ insgesamt jedoch nach. Allmählich wurde dann La Habana zum wichtigsten westindischen Hafen Spaniens. Die Abwanderung der spanischen Siedler, die deutliche Verringerung des Schiffsverkehrs mit Spanien und die schlechten Verbindungen auf der gebirgigen Insel führten dazu, daß schon im 16. Jahrhundert die Kommunikation zwischen Santo Domingo und Spanien nachließ. Die Zuckerindustrie wurde weitgehend aufgegeben; vielen Siedlern blieb nur noch der Rückzug in die Subsistenzwirtschaft übrig. Als Exportprodukt gab es nur noch Häute von halbwilden Rindern.

Im Verlauf des 17. Jahrhunderts gelang es Engländern, Franzosen und Holländern, die Kleinen Antillen zu besetzen. Die Inseln wechselten zwar noch häufig (bis ins 19. Jahrhundert hinein) ihre Besitzer; die Spanier mußten aber ihre Besitzansprüche aufgeben. Andererseits hatten sie den Kleinen Antillen nie allzu große Bedeutung beigemessen, weshalb sich auch die militärischen Anstrengungen zur Verteidigung oder Wiedereroberung der Inseln in Grenzen hielten. Die englischen, französischen und holländischen Siedler machten fortan von ihren neuen Siedlungsplätzen aus den Schmuggelhandel zu einer ihrer einträglichsten Einnahmequellen. Die spanischen Kolonisten begrüßten in der Regel diese Schmuggelaktivitäten, da die offiziellen Kosten für europäische Gebrauchsgüter (wegen der Zentralisierung des Handels mit Hispanoamerika) sehr hoch waren und auf diese Weise gesenkt werden konnten. Andererseits waren Schmuggelaktivitäten häufig mit Piraterie verbunden: Im Norden von Hispaniola etwa waren die profitablen Schmuggelumtriebe, verbunden mit Überfällen und Plünderungen, derart intensiv, daß sie dort zu einer systematischen Entvölkerung der Küstenregionen führten.

Gefährlich wurde die Situation für die Spanier, als Engländer und Franzosen ihr Interesse an den Großen Antillen anmeldeten, nachdem die enormen Gewinne aus dem Zuckeranbau auf den Nachbarinseln sehr bald die Begehrlichkeiten der europäischen Großmächte auch an diesen Inseln geweckt hatten; damit wurde die Karibik endgültig zu einem dauerhaften Konfliktgebiet der

Der Bukanier

unterschiedlichsten Interessen. Ein erster Vorbote war die britisch-französische Besetzung der nördlich von Hispaniola gelegenen, nur 220 km² großen und bergigen Insel La Tortuga (La Tortue). Fortan konnten die Franzosen von dort aus die spanischen Schiffahrtslinien bedrohen, später sollte ihnen diese Insel als Sprungbrett zur Eroberung von Santo Domingo dienen. Den Spaniern gelang es zwar vorübergehend noch einmal, La Tortuga durch eine militärische Expedition von den französischen und britischen Besatzern zu räumen; sie konnten jedoch nicht verhindern, daß die Kämpfe um die Insel fortgingen und die Franzosen sich schließlich endgültig dort festsetzten. Seit Mitte des 17. Jahrhunderts wurde La Tortue zu einem wichtigen Stützpunkt der Bukanier, jener westindischen Variante des Piratenwesens, die über befestigte Stützpunkte in ständigen Siedlungen verfügten, von denen aus die Seeräuber ihre Piratenzüge unternahmen. Die Bukanier gründeten im Westteil Santo Domingos zahlreiche Niederlassungen. Man kann bei diesen neuen Kolonisatoren kaum von einer »strukturierten« Gesellschaft sprechen; sie hatten für längere Zeit keine politische Organisation und unterlagen keiner effektiven Kontrolle durch eine europäische Kolonialmacht. Erst in den 60er Jahren des 17. Jahrhunderts erließ Frankreich Bestimmungen, durch die ein Herrschaftsanspruch ausgedrückt wurde.

Zum damaligen Zeitpunkt hatte, während der Regierungszeit Ludwigs XIV., Kardinal Jules Mazarin (1602-1661) seine Aktivitäten auch auf die Kolonialpolitik verlegt. Marineminister Jean-Baptiste Colbert (1619-1683) nutzte vor allem die Aktivitäten großer Handelsgesellschaften – etwa der 1664 gegründeten *Compagnie des Indes Occidentales* –, um die politische und wirtschaftliche Kontrolle Frankreichs über die Besitzungen in Westindien auszudehnen. 1674 wurde die Kolonie sodann der direkten Kontrolle der Krone unterstellt (Schüller 1992: S. 13).

In der zweiten Hälfte des 17. Jahrhunderts begnügten sich Engländer und Franzosen nicht mehr damit, den Spaniern in der Karibik kleine Nadelstiche zuzufügen; sie setzten jetzt zu einer grundlegenden Veränderung der Machtverhältnisse in Übersee an. Oliver Cromwell ließ Ende 1654 eine englische Flotte nach Westindien auslaufen und griff als erste spanische Besitzung Santo Domingo an; trotz ihrer gewaltigen Übermacht wurden die Engländer allerdings zurückgeschlagen, woraufhin sie sich mit der Besetzung Jamaikas begnügten. Französische Bukanier ließen sich gleichzeitig in großer Zahl auf La Tortuga und im Westteil Hispaniolas, dem späteren Haiti, nieder. Minister Jean-Baptiste Colbert (1619-1683) ernannte einen ehemaligen Bukanier, Bertrand d'Ogeron, zum Gouverneur von La Tortuga, der den französischen Staatsanspruch mit harter Hand durchsetzte. Seit 1665 starteten die Franzosen von La Tortuga aus ihre Angriffe gegen Santo Domingo; sie konnten sich schließlich im Nordwesten Hispaniolas definitiv niederlassen. In den folgenden Jahren blieb die Insel Schauplatz heftiger Kämpfe und intensiven Schmuggels, bis Spanien schließlich im Frieden von Rijswijk (1697) den Westteil der Insel, der fortan Saint-Domingue hieß, an Frankreich abtreten mußte. Die Grenze zwischen beiden Kolonien verlief allerdings wesentlich weiter westlich als heute; endgültig festgelegt wurde sie erst bedeutend später (1777 Vertrag von Aranjuez).

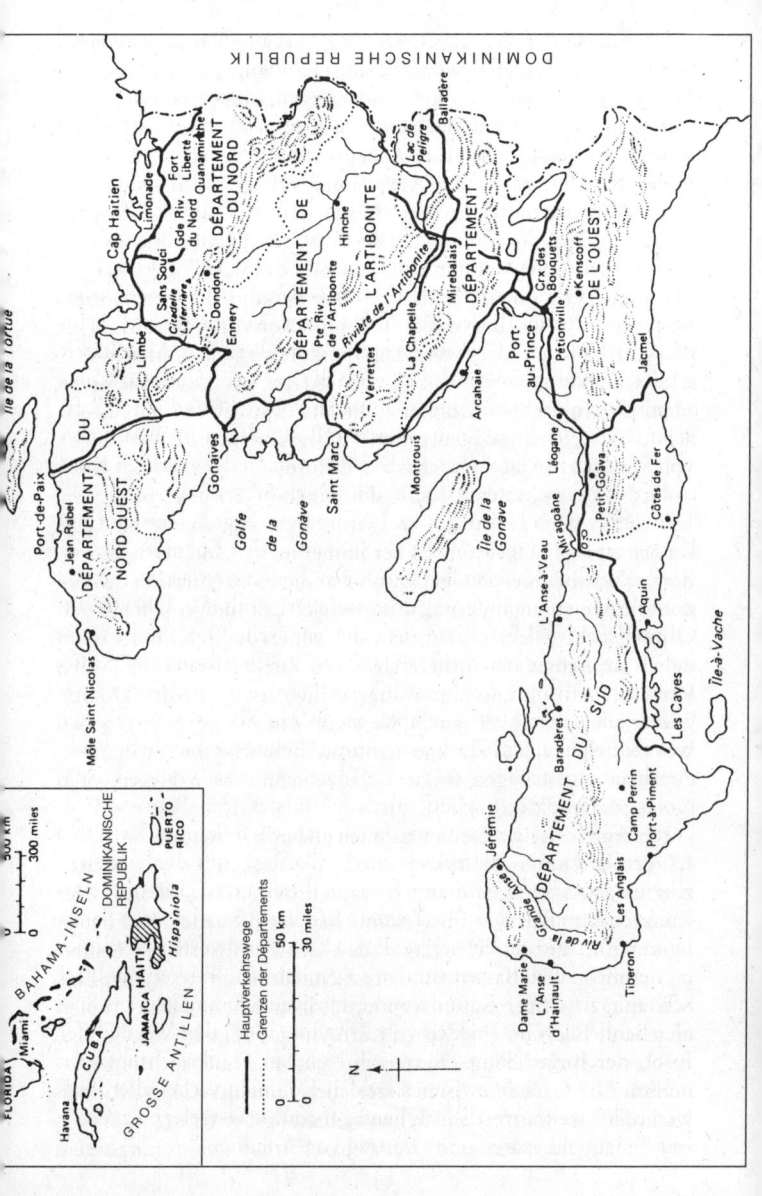

Grundlage der ökonomischen Entwicklung Saint-Domingues waren fortan der Sklavenhandel und die Plantagenwirtschaft. In den ersten Jahrzehnten, in denen Saint-Domingue eine französische Kolonie war, rissen allerdings die Klagen der Pflanzer über zu wenig (versklavte schwarze) Arbeitskräfte nicht ab. Den Höhepunkt der ökonomischen Ausbeutung erlebte Saint-Domingue erst in der zweiten Hälfte des 18. Jahrhunderts, bis zum Beginn der Unabhängigkeitskämpfe. Die günstigen Klima- und Bodenverhältnisse ließen auf der französischen Kolonie eine Plantagenökonomie entstehen, deren Charakteristikum die exportorientierte, von Sklaven durchgeführte Produktion von Agrargütern für den europäischen Markt war. Das dreikontinentale politisch-ökonomische Verbundsystem zwischen Afrika als Sklavenlieferant, Haiti als tropisch-subtropisches Produktionsgebiet und Europa als Bedarfsregion und Steuerzentrum begründete die Beziehungen von Hispaniola-Haiti zu Afrika und Europa.

Im Jahr 1713 gab es auf Saint-Domingue 138 Zuckerplantagen. Die relativ geringe Anzahl an Plantagen deutet darauf hin, daß immer weniger Eigentümer über immer mehr Land verfügten; in der vorhergegangenen Generation war die Konzentration des Bodens rapide vorangeschritten. Im Bereich des Indigo-Anbaus gab es noch 1182 (kleinere) Farmen, die jedoch die sich immer deutlicher abzeichnende Vorherrschaft des Zuckers nicht gefährden konnten. Aber immerhin: Während im Jahr 1714 Saint-Domingues Zuckerernte mit einem Wert von 853 774 *livres* angegeben wurde, belief sich die Indigo-Ernte auf beachtliche 611 689 *livres*; deutlich abgeschlagen folgte – bei einem zehnmal geringeren Wert – Kaffee (Munford: S. 17).

Die französischen Siedler nahmen alle in Betracht kommenden Ländereien unter Kultur; je nach physischen Gegebenheiten zeigte der Anbau eine deutliche räumliche Differenzierung: Der Zuckerrohranbau war im wesentlichen auf die feuchten Ebenen beschränkt, an den Hanglagen der Gebirge herrschten Kaffeepflanzungen vor, Baumwollfelder dehnten sich in trockenen Ebenen mit Bewässerungsanlagen aus, dazwischen wurde Indigo angebaut. Die wirtschaftlichen Kernräume – zugleich die Gebiete dichtester Besiedelung – waren die feuchten Ebenen: die ausgedehnte *Plaine du Nord*, im Süden die *Plaine des Cayes*. Rinderzuchtbetriebe (*hattes*) und Schweinehaltungsbetriebe (*corails*) waren in abgelegenem und agrarwirtschaftlich nicht nutzbarem

Gelände anzutreffen. Die dominierende Betriebsform waren Großbetriebe (Plantagen), auf denen nicht nur der Anbau, sondern zugleich die industrielle Aufbereitung der dort erzeugten Produkte (zumeist Zucker) erfolgte (Blume: S. 184f.).

Die weitere Entwicklung des Zuckeranbaus stimulierte den fortgesetzten Import von Sklaven und festigte in den letzten 15 Jahren der Herrschaft Ludwigs XIV. (1638-1715) das System kapitalistischer Plantagen. 1679 erhielt die *Compagnie d'Afrique* das Monopol auf den stetig wachsenden Sklavenhandel übertragen. Die Ablehnung körperlicher Arbeit, die in Frankreich das Privileg einer Klasse (der sich den Überschuß aneignenden Grundherren) war, wurde auf Saint-Domingue ein von der weißen Hautfarbe abhängiges rassisches Attribut. Dabei blieben die Klagen der weißen Pflanzer über Sklavenmangel ein endemisches Phänomen auf Saint-Domingue. Da wegen der außerordentlichen Arbeitsbelastung und aufgrund sozialer Rücksichtslosigkeit (Familientrennungen) die Sklavenbevölkerung sich nicht selbst ausreichend reproduzierte, mußten ständig neue Sklaven geliefert werden. Die durchschnittliche Lebenserwartung eines Sklaven betrug auf der Insel nicht mehr als sieben bis zehn Jahre!

Die Plantage war nicht nur eine ökonomische Einheit, sondern auch eine soziale Organisationsform. Sie konstituierte eine Gesellschaftsstruktur, die anfangs nur aus zwei Schichten bestand. Die ökonomische und politische Macht wurde von einer schmalen europäischen Pflanzerschicht ausgeübt, während die körperlichen Arbeiten von rechtlosen afrikanischen Sklaven verrichtet wurden. Der dichotomischen Gesellschaftsstruktur entsprach die rassische Einteilung in weiß (europäisch) und schwarz (afrikanisch). Die Zwangseinfuhr afrikanischer Arbeitskräfte hat sich auch entscheidend auf die demographische Struktur Haitis ausgewirkt. Sehr schnell stellten die Schwarzafrikaner den größten Teil der Bevölkerung, gegenüber einer schmalen Schicht weißer Europäer und einer wachsenden Anzahl von Mulatten.

Als Arbeiter kamen vorübergehend – neben den Sklaven – auch sogenannte *Engagés* in die Kolonie. Darunter verstand man weiße Franzosen, die ihre Freiheit für einen bestimmten Zeitraum (in der Regel drei Jahre) »verkauften«, um die Überfahrt nach Saint-Domingue bezahlen zu können. Während ihrer ersten drei Jahre auf der Antilleninsel mußten sie, quasi als Leibeigene, die Passage abarbeiten. Im Laufe des 18. Jahrhunderts verdrängten die Groß-

Die koloniale Zuckersiederei

grundbesitzer immer mehr die weißen Kleinbesitzer. Auf den Plantagen verfügten sie über zahlreiche Sklaven, und auf ihren Ländereien setzten sie ehemalige *Engagés* als Verwalter (*procureurs et économes gérants*) ein. Sie selbst zogen sich häufig als *grands blancs sucreries* nach Frankreich zurück.

Die Plantagenwirtschaft bestimmte auch das ländliche Siedlungsbild. Herrenhaus, Wirtschaftsgebäude und Sklavenquartiere bildeten jeweils eine Siedlungseinheit. Im Laufe der Zeit dehnte sich die Plantagenwirtschaft auch auf küstenferne Gebiete aus, nachdem allmählich neu gebaute und zum Teil gepflasterte Straßen Verkehrs- und Handelsbeziehungen ermöglichten. Wichtig waren vor allem die Verbindungen zwischen den Plantagen und den fast ausnahmslos an den Küsten gelegenen städtischen Siedlungen, die Hafen- und Handelsfunktionen hatten. Der bedeutendste Hafenplatz der Kolonie war das an der Nordküste gelegene Cap Français, das heutige Cap-Haitien, das 18 500 Einwohner zählte.

In der zweiten Hälfte des 18. Jahrhunderts erfuhr die Wirtschaft Saint-Domingues eine gewaltige Veränderung: Die Kaffeeproduktion erlebte ein geradezu sensationelles Wachstum, das für die Kolonie derart bedeutsam war, daß einige Autoren von einer »Kaffeerevolution« sprechen. Als nach dem Siebenjährigen Krieg (1756-1763) die Seeverbindungen zwischen Frankreich und Saint-

Plantage

Domingue wiederhergestellt wurden, ergoß sich eine neue Welle französischer Einwanderer in die Kolonie. Es waren ausgemusterte Soldaten, Kleinadelige oder Handwerker, die sich vor allem an jenen Hanglagen der Berge niederließen, die für die mächtige Zuckeraristokratie bisher ökonomisch nicht bedeutsam gewesen waren. Dort intensivierten sie den Kaffee-Anbau; in der Regel verfügten sie über je 20 bis 30 Sklaven, die die Arbeit verrichteten. Fortan nahm der Kaffee-Anbau dramatisch zu.

Diese »Kaffeerevolution« hatte nicht nur ökonomische, sondern auch geistige Folgen von großer Tragweite: Unter den Kaffee-Anbauern, zu denen auch freie Mulatten gehörten, entstand so etwas wie ein »Autonomiegeist«, der aus dem Stolz auf die eigene Leistung hervorging. Die Bindung an Frankreich war unter diesen Spätauswanderern ohnehin gering, und bald bildete sich eine »Inselidentität« heraus, die den Hintergrund für die spätere Unabhängigkeitsbewegung bildete (Mintz: S. 37).

Parallel zu dieser durch den Kaffee-Anbau bewirkten Ausdehnung der Landnutzung von den Ebenen in die Hanglagen der Berge erfolgte eine weitere Veränderung im Wirtschaftssektor: Die unebene Topographie des Landes hatte zur Folge, daß größere Teile des Bodens nicht für die Großwirtschaft des Plantagentyps verwendet werden konnten. Auf diesen kleinen Grundstücken in der Nähe der Plantagen durften Sklaven für sich und ihre Familien Agrarprodukte anbauen – was von den Pflanzern einen Teil der Verantwortung für die Ernährung der Sklaven nahm. Um die Plantagenwirtschaft herum entwickelte sich eine kleinbäuerliche Wirtschaft, die sowohl für die Subsistenz der Sklaven als auch für lokale Märkte produzierte. Damit entstand neben der Plantagenwirtschaft eine bäuerliche Produktionsweise, was für die Sklaven von großer ideologischer Bedeutung war: Beraubt von den elementarsten Rechten, bedeutete für die Sklaven die Möglichkeit zur Bewirtschaftung einer eigenen Parzelle – auch wenn sie noch so klein war – eine der wenigen verbliebenen Freiheiten. Es ist bezeichnend, daß später – während des Aufstandes von 1791 – rebellierende Sklaven häufig gar nicht primär eine Beendigung der Sklaverei, sondern mehr Zeit zur Bearbeitung ihres eigenen Bodens forderten. Freiheit wurde somit (auch und insbesondere) als Recht auf Boden interpretiert – eine Deutung, die in der Geschichte des unabhängigen Haiti noch von großer Bedeutung werden sollte (Mintz: S. 38-40).

Bis 1770 wurden rund 800 000 Sklaven in die Kolonie importiert. Deren Arbeit bewirkte, daß Saint-Domingue zur reichsten Kolonie der Welt wurde: Am Vorabend der Revolution lieferte die »Perle der Antillen« jährlich einen Erntewert von 500 Millionen *livres tournois*, eine für damalige Verhältnisse geradezu sensationelle Summe. (Zum Vergleich: Der Gesamtwert aller französischen Importe und Exporte aus dem östlichen Mittelmeer und ganz Asien belief sich auf 118 Millionen *livres tournois*.) Saint-Domingue warf mehr Profit ab als Brasilien, Peru und Mexiko. Die Landwirtschaft der Karibikkolonie umfaßte damals 50 Kakaofarmen, 3 117 Kaffeeplantagen – der Kaffee aus Saint-Domingue machte in den 1780er Jahren die Hälfte der Weltproduktion aus, im Jahr 1789 produzierte die Kolonie 60 Prozent des gesamten Kaffeeverbrauchs der westlichen Welt! –, über 3 000 kleine Indigobetriebe, 793 Zuckerplantagen (je zwischen 300 und 1000 ha) auf den fruchtbarsten Böden. Die Sklavenarbeit der Afrikaner ließ französische Siedler, das Handelsbürgertum und einige Aristokraten unendlich reich werden (Munford: S. 1-19); Saint-Domingue war der Neid aller übrigen Kolonialmächte. Die lohnende Zuckerproduktion war im 18. Jahrhundert schnell angestiegen: 1710-1714 betrug sie 5 012 Tonnen, 1720-1724 schon 10 741 Tonnen, 1740-1744 gar 42 400 Tonnen. Damit überflügelte Saint-

Domingue bei weitem alle anderen Inseln der Karibik. Im Jahr der Französischen Revolution umfaßte der Zuckerexport der Kolonie 64 000 Tonnen, der Kaffee-Export 35 000 Tonnen.

Tabelle 1: Die französischen Antillen und Guyana 1789

	Bevölkerung			Wert der Produkte in kolonialen Pfund
	Blancs	*Affranchis*	Sklaven	
Saint-Domingue	30 826	27 548	465 429	175 000 000
Martinique	10 634	5 236	83 414	27 900 000
Guadeloupe	13 712	3 058	89 823	24 000 000
Guyana	1 735	460	10 478	600 000

Quelle: Pluchon 1982: S. 267

Die Ausrichtung der Produktion auf den Export bewirkte, daß die Infrastruktur des Landes (Straßen, Häfen) ganz auf die Exportbedürfnisse ausgerichtet war. Städteneugründungen – Port-au-Prince, die spätere haitianische Hauptstadt, wurde 1749 gegründet – standen ganz im Dienst entweder der Exportwirtschaft oder des Sklavenhandels. Eine Binnenwirtschaft war nahezu inexistent; alle Agrarprodukte, die nicht für die Ausfuhr bestimmt waren, dienten der Subsistenz. Umso bedeutender waren dafür die Außenwirtschaftsbeziehungen. Für die französischen Händler von Nantes, La Rochelle und Bordeaux stellte Saint-Domingue im 18. Jahrhundert die wichtigste Einkommensquelle dar, die es Frankreich ermöglichte, allmählich den europäischen Zuckermarkt zu kontrollieren. Schließlich fanden zwei Drittel des gesamten Außenhandels Frankreichs mit Saint-Domingue statt: Das Handelsvolumen wurde auf drei Milliarden Goldfrancs geschätzt; 750 Schiffe und 80 000 Seeleute standen hierfür zur Verfügung (Caprio: S. 33-36). Zwei Drittel des Warenwertes, der von Französisch-Westindien exportiert wurde, entfielen allein auf Saint-Domingue.

Im Unterschied zu anderen Sklavengesellschaften war die Saint-Domingues relativ komplex strukturiert: Die Plantagen gehörten zumeist ehemaligen französischen Bauern und Adeligen, die häufig nicht auf ihren Latifundien lebten. Neben dieser »traditionellen« Herrenschicht entstand im Verlauf des 18. Jahrhunderts eine neue

Schicht, die *Affranchis* (»freie Farbige«), die als freigelassene Sklaven oder Mulatten später im Unabhängigkeitskrieg eine große Rolle spielen sollten. Sie konnten zwar Eigentümer von Land und Sklaven sein, verfügten aber nicht über politische Rechte; mit den weißen Pflanzern lagen sie in einer Art Dauerkonflikt. Um 1791 sollen sie etwa ein Drittel des bebaubaren Landes der Kolonie und ein Viertel der Sklaven besessen haben (Leyburn: S. 18). Die »freien Farbigen« hielten an der scharfen sozialen Trennungslinie gegenüber den Sklaven fest. Zu den Freien zählten auch die *Petits blancs*, die als Handwerker oder Kleinhändler Nachkommen früherer *Engagés* waren; und schließlich gehörten dieser Gruppe die Beamten der französischen Kolonialverwaltung an. Diese Kolonialverwaltung, an deren Spitze Gouverneure (*gouverneurs*) und Intendanten (*intendants*) standen, mußte zuallererst die Wirtschaftsinteressen der Metropole Frankreich sicherstellen – wenn nötig, auch gegen die Plantagenbesitzer auf der Insel, die ihre Produkte zu festgesetzten Preisen an Frankreich zu verkaufen hatten (*exclusif*). Somit bildete auch die Gruppe der Weißen keine homogene Einheit.

Zu der bei weitem größten Bevölkerungsgruppe der Schwarzen gehörten die im Lande geborenen Sklaven (*nègres créoles*), die häufig hervorgehobene Funktionen in Haus und Betrieb innehatten; die entlaufenen Sklaven (*marons*), die sich zu Banden zusammenschlossen und im schwer zugänglichen östlichen Grenzbereich zum spanischen Teil der Insel weite Gebiete kontrollierten und Pflanzungen bedrohten; und sodann die große Masse der noch in Afrika geborenen und zwangsimportierten Sklaven, die auf den Plantagen arbeiteten. Wo immer sie konnten, vermieden Pflanzer eine Konzentration von Sklaven gleicher Stammeszugehörigkeit; für den Zusammenhalt von Sklaven sollte (bis zu einem gewissen Grad) der *Voodoo*-Kult sorgen.

In einem Standardwerk über den Voodoo wird dieser definiert als »Ensemble von religiösen Vorstellungen und Riten afrikanischen Ursprungs, das, eng verknüpft mit katholischen Praktiken, zur Religion nahezu der gesamten bäurischen Bevölkerung und des Stadtproletariats der schwarzen Republik von Haiti geworden ist« (Métraux: S. 11). Die Sprache der Voodoo-Anhänger ist kreolisch (*créole*), eine Sprache, die sich im Laufe der Zeit aus dem Französischen entwickelt hat, die aber zugleich viele phonetische Gewohnheiten und grammatikalische Strukturen afrikanischen Ursprungs enthält.

Die Geschichte des Voodoo beginnt mit der Ankunft der ersten Sklavenschiffe in Santo Domingo; von gesellschaftlicher Bedeutung wurde die Religion erst mit der Zunahme der Sklaverei im Lauf des 17. Jahrhunderts. Die Sklaven stammten überwiegend aus der Gegend der Bucht von Benin (»Sklavenküste«), aus den späteren Staten Dahomey und Nigeria. Aus dieser Gegend dürfte auch die Bezeichnung für die Religion stammen, denn dort bedeutet *vodû* Gott, Geist oder das, was in Europa als Fetisch bezeichnet wird. Auch der kreolische Wortschatz hat in seiner Phonetik und Grammatik viele Gemeinsamkeiten mit den Sprachen Dahomeys und Nigerias.

Der Voodoo konnte sich in Saint-Domingue entwickeln, weil in den Laderäumen der Sklavenschiffe auch Priester und »Diener der Götter« waren, die die afrikanischen Rituale kannten und ihre Leidensgefährten in diese Rituale einführen durften. Auf sie ist es zurückzuführen, daß auf der Karibikinsel eine organisierte Priesterschaft dieses Kultes Ritual, Tänze und Rhythmen tradierte. Obgleich die Sklaven brutal aus ihrem sozialen Milieu gerissen wurden, konnten sie in der Fremde Teile ihrer alten religiösen Ordnung wiederherstellen. Der Geister- und Götterkult war – ebenso wie die Magie – für die Sklaven eine Zuflucht und eine Art Schutz vor der Unterdrückung. Vor allem nachts nahmen sie an geheimen Voodoo-Tanzveranstaltungen teil. (Einige Autoren sprechen vom Voodoo als einer »getanzten Religion«.) Zu Beginn des 18. Jahrhunderts wurde den Sklaven ausdrücklich verboten, nächtliche Versammlungen »unter dem Vorwand von allgemeinen Tanzveranstaltungen« abzuhalten.

Offiziell waren die dem Voodoo anhängenden schwarzen Sklaven Christen. Die Herren hatten auch die Pflicht, ihre Sklaven zu taufen, war die Bekehrung der Schwarzen doch die einzige moralische Rechtfertigung für den Sklavenhandel. Sieht man von der Taufe ab, so scheinen sich die Sklavenbesitzer aber wenig um die religiöse Unterweisung ihrer Sklaven gekümmert zu haben, so daß die Schwarzen problemlos an ihren afrikanischen Kulten festhalten konnten, in die sie allerdings katholische Glaubenssätze und Riten einbauten. Dieser Synkretismus sollte Jahrhunderte – bis heute – überdauern (Petit-Monsieur: passim).

Zweifellos hat die Bevölkerung afrikanischen Ursprungs Kultur und Lebensformen der Antillen entscheidend geprägt. Grad und Form der Bewahrung afrikanischer Kulturtraditionen wurden durch die Bedingungen des Transports afrikanischer Sklaven und durch die unterschiedliche Stellung der Afrikaner bzw. Europäer im kolonialen Plantagensystem bestimmt. Die wirtschaftliche und politische Macht der Europäer war auch kulturell derart dominierend, daß sich afrikanische Kulturtraditionen nur durch Unterordnung unter die von Weißen dominierten Lebensformen erhalten konnten. Daher erfolgte die Reaktion der Afrikaner und ihrer Nachkommen auf ihre Unterdrückung in der Schaffung neuer kultureller Ausdrucksformen. Besonders rein konnten sich afrikanische Elemente in den abgeschiedenen Maronengesellschaften halten, nachdem die *marons* durch ihr Leben außerhalb des Plantagensystems und des europäischen Einflusses ihre ethnische Identität weitgehend bewahren konnten.

Auch wenn es für das Ende des 18. Jahrhunderts kein genaues Zahlenmaterial gibt, kann man wohl davon ausgehen, daß am Vorabend der Revolution rund 88 Prozent der 560000 Bewohner Saint-Domingues schwarze, überwiegend in Afrika geborene Sklaven waren; die restlichen 12 Prozent waren ethnisch und wirtschaftlich stark gespalten: Weiße und Farbige (*gens de couleur*) dürften mit je sechs Prozent zahlenmäßig etwa gleich stark gewesen sein, die jeweiligen Rechte waren aber sehr unterschiedlich. Politische Macht war ein ausschließliches Privileg der weißen Bevölkerung. Innerhalb dieser Gruppe gab es wiederum viele soziale Abstufungen: Die Oberschicht (*grands blancs*) – zu der Pflanzer, Händler und hohe Beamte zählten – hatte kaum Berührungspunkte mit den »kleinen« Weißen (*petits blancs*); eine ähnliche soziale Hierarchie gab es in der farbigen freien Bevölkerung (Ostindie: S. 360-362).

Im Laufe des 18. Jahrhunderts hatten die Spannungen auf Saint-Domingue deutlich zugenommen. Konnte man im 17. Jahrhundert fast noch von »patriarchalischen« Verhältnissen im Zusammenleben von Pflanzern und Sklaven sprechen, so war im Zuge des wirtschaftlichen Aufschwungs der Kolonie und der Entwicklung immer größerer Plantagen eine Verhaltensweise getreten, deren ausschließliches Kriterium Rentabilitätsüberlegungen waren; entsprechend härter wurde die Ausbeutung, entsprechend größer wurde auch die Diskrepanz zwischen der ursprünglich relativ »humanen« Sklavengesetzgebung – der *Code Noir* von 1685 war nach wie vor in Kraft – und der immer brutaleren örtlichen Rechtspraxis (Schottelius: S. 134-137). Auch zwischen den Weißen, etwa den Großpflanzern und den Städten, nahmen die wirtschaftlichen Interessengegensätze zu.

Dieses vielfältig ineinander verschachtelte soziale Gefüge Saint-Domingues war zwar explosiv, letztlich jedoch nicht instabiler als das auf einer der benachbarten Inseln. Daß es auf Saint-Domingue zu einem Sklavenaufstand kam, der in eine soziale Revolution und schließlich die Unabhängigkeit der Kolonie mündete, hängt eng mit den Ereignissen in Europa, vor allem der Französischen Revolution, zusammen.

3. Die Geburt Haitis: Revolution und Unabhängigkeit

Zu den auf Saint-Domingue bestehenden latenten Spannungen gehörte die Opposition der kreolischen, d. h. der weißen Pflanzer gegen das Mutterland. Diese Opposition war lange Zeit durch den stürmischen ökonomischen Aufschwung verdeckt worden, entlud sich schließlich aber aufgrund der revolutionären Ereignisse im Frankreich des Jahres 1789. Die Tropenpflanzer (*grands blancs*) waren seit jeher an einer Ausweitung ihrer Autonomierechte interessiert; sie leiteten ihre politischen Ansprüche aus der Tradition freiwilliger Unterwerfung unter die französische Krone im 17. Jahrhundert her. Als besonders lästig empfand die weiße Stadtbevölkerung den Dienst in der Miliz, deren Offiziere die Polizeigewalt und die niedere Gerichtsbarkeit auf dem Land ausübten. An die Stelle der Verwaltungsorgane des Mutterlandes wollten die Pflanzer Körperschaften mit weitgehenden Selbstverwaltungsbefugnissen (*Conseils*) setzen. Schon lange waren ihnen auch die merkantilistischen Restriktionen des Mutterlandes (*exclusif*) und ihre Abhängigkeit von Nahrungsmittellieferungen ein Dorn im Auge; letztere bekamen sie vor allem zu spüren, wenn etwa Dürren (wie erneut 1788/89) Versorgungskrisen auslösten. Hinzu kamen die wachsende Steuerlast und der Druck durch viele Schulden, die die antillanischen Pflanzer bei Gläubigern im französischen Mutterland hatten (Schottelius: S. 135-137).

Um ihrer Forderung nach politischer Mitbestimmung Nachdruck zu verleihen, organisierten Ende 1788 weiße Pflanzer in Paris eine Interessenvertretung (*Comité Colonial*), der im folgenden Jahr die Zulassung von Deputierten aus Saint-Domingue beim *Tiers Etat* gelang, womit der örtlichen französischen Kolonialverwaltung ein entscheidender Schlag versetzt wurde. Allerdings erkannten die weißen Pflanzer – die ja nur eine Erweiterung ihrer politischen Mitbestimmung, aber keine Änderung der kolonialen Sozialordnung wollten – nicht, daß infolge ihrer Initiativen die Geschicke ihrer Insel fortan unzertrennlich mit den Revolutionsvorgängen in Frankreich verbunden waren. Die Interessengruppe der *grands blancs* in Paris war der *Club Massiac*, der sich nur für mehr Autonomie Saint-Domingues und weitere Handelsliberalisierung einsetzte (Rüsch: S. 30-47).

Bedeutend weiter gingen die Forderungen der *gens de couleur*, die sich ebenfalls 1788 in der abolitionistischen *Société des Amis des Noirs* organisierten. Diese interpretierten die französische Revolutionsparole *Egalité* als Zugang zu jener politischen Gleichberechtigung, die ihnen von den Weißen so lange vorenthalten worden war. Letztere wandten sich entschieden gegen die Forderungen der Farbigen und riefen zur Unterstützung ihrer Position Provinzversammlungen ein. Eine vor allem von *petits blancs* organisierte Kolonialversammlung unterstellte sich im Februar 1790 in St. Marc nur noch dem französischen König (Motto: *Saint-Domingue, la Loi et le Roi*) und legte die Grundlagen einer zukünftigen Kolonialverfassung fest. Sehr schnell wurde aber deutlich, daß diese »patriotische« Versammlung nicht die Unterstützung aller Weißen hatte. Die Großpflanzer schlugen sich wieder auf die Seite der (inzwischen revolutionären) Kolonialverwaltung, womit ein Bürgerkrieg unausweichlich wurde.

Die nächste Phase in diesem vielschichtigen Prozeß, die als Bürgerkrieg bezeichnet wird, wurde im Februar 1791 mit einem Mulattenaufstand eingeleitet, der zwar niedergeschlagen werden konnte, in Frankreich aber dazu führte, daß die Konstituante im Mai 1791 die Gleichberechtigung der freigeborenen Farbigen verfügte. Außerdem machte einen Monat später ein Kolonialstatut die Überseegebiete zu Teilen des Mutterlandes. Wie nicht anders zu erwarten, lösten diese Dekrete unter den Weißen Saint-Domingues Empörung aus; sie sahen ihre Interessen verletzt und waren nicht bereit, eine Gleichberechtigung der Mulatten anzuerkennen und damit deren Integration in eine (noch zu schaffende) haitianische Nation zuzulassen. Damit war aber das Ziel einer Autonomie der Kolonie grundsätzlich in Frage gestellt (Schottelius: S. 137-139).

Als die kolonialen Veränderungen (in der kreolisch-autonomistischen Phase) an diesem Punkt angelangt waren, kam es am 14. August 1791 auf den großen Zuckerrohrpflanzungen in der *Plaine du Nord* Saint-Domingues zu jenem Sklavenaufstand, der die entscheidende Wende in der Geschichte der Insel einleitete und den Bürgerkrieg in die Phase der Rassenemanzipation überführte. Anführer des Aufstandes waren Biassou und ein aus Jamaika entflohener Sklave namens Boukman, die in einer Lichtung des Caiman-Waldes (*Bois Caiman*) eine große Anzahl von Sklaven um sich vereinigten und auf den Kampf einschworen (Métraux: S. 42).

Bei der Vorbereitung und schnellen Verbreitung des Aufstandes dürfte der Voodoo-Kult eine große Rolle gespielt haben. Gegen Ende des 18. Jahrhunderts war der Voodoo längst eine organisierte Religion, die sich von ihrer heutigen Form vor allem durch den wesentlich ausgeprägteren afrikanischen Charakter unterschied. Es ist heute unbestritten, daß die afrikanischen Kulte im Unabhängigkeitskampf gegen Frankreich eine Mittlerfunktion hatten; die Voodoo-Priester feuerten die schwarzen Soldaten an. (Auch Boukman war ein Voodoo-Priester.) Revolutionshistoriker bezeichnen in diesem Zusammenhang den Voodoo weniger als eine Religion denn vielmehr als einen »politischen Geheimbund« zur Befreiung der Sklaven und zur Erringung der völkerrechtlichen Unabhängigkeit (Rüsch: S. 48-63).

Ohne von dem Sklavenaufstand Kenntnis zu haben, hob die französische Konstituante im September 1791 den Beschluß vom Mai desselben Jahres hinsichtlich der rechtlichen Gleichstellung von Mulatten wieder auf. Die auf lokaler Ebene eingegangenen Bündnisse zwischen Weißen und Mulatten wurden daraufhin aufgelöst, die Polarisierung zwischen Weißen und Farbigen (aller Art) nahm weiter zu – unabhängig davon, daß im April 1792 die französische Legislative abermals das Steuer herumriß und nunmehr endgültig das Gleichstellungsdekret vom Mai 1791 in Kraft setzte. Französische Regierungskommissare sollten die Durchsetzung des Dekrets überwachen: Léger-Félicité Sonthonax, Etienne Polverel und Jean-Antoine Ailhaud wurden – mit beträchtlichen Truppenkontingenten – im September 1792 nach Saint-Domingue entsandt, bekämpften dort aber weniger die schwarzen Rebellen als vielmehr die weißen Gegenrevolutionäre. Zuerst wurden die weißen Pflanzer im Norden unterworfen; alle der »Gegenrevolution« Verdächtigen wurden nach Frankreich abtransportiert, viele Gefährdete flohen in die USA. Sodann wandten sich die jakobini-

Hinrichtungen während der Revolution

schen Kommissare – mit Unterstützung durch die Mulatten – gegen die für die Unabhängigkeit von Frankreich kämpfenden weißen »Patrioten« (Rüsch: S. 63-83).

In dieser Phase des Kampfes wurden die Auseinandersetzungen »internationalisiert«. Zu Beginn des Jahres 1793 erklärte Frankreich sowohl England als auch Spanien den Krieg. Daraufhin traten die aufständischen Schwarzen in spanische Dienste, wodurch sich die militärische Position der Franzosen entscheidend verschlechterte. Um wieder Terrain zu gewinnen, proklamierten die Kommissare im August 1793 – noch vor dem französischen Konvent (Februar 1794)! – die Aufhebung der Sklaverei und die Enteignung aller verlassenen Pflanzungen. Zur gleichen Zeit schloß die weiße Kolonialbevölkerung im Süden mit englischen Seestreitkräften ein Abkommen, das ihr Gebiet der britischen Krone unterstellte. Englische Truppen konnten verschiedene Teile Saint-Domingues besetzen, so daß die Franzosen immer weiter in die Enge getrieben wurden (Schottelius: S. 140-142).

Als ein Ende der französischen Kolonialherrschaft schon abzusehen war, nahm der Kriegsverlauf abermals eine überraschende Wendung: Der Sklavenführer François Dominique Toussaint-L'Ouverture (1745-1803) trat, als der französische Konvent die Aufhebung der Sklaverei verkündete, im Mai 1794 wieder auf die französische Seite über und veränderte damit die militärische Lage abermals entscheidend; ihm folgten 4000 Mann disziplinierte Truppen. Toussaint-L'Ouverture war ein ebenso fähiger militärischer Führer wie politischer Organisator. Als auf der Insel (auf der Plantage Bréda) geborener Haussklave – zuerst war er Hirte, dann Kutscher, schließlich Vorsteher eines Plantagenbereichs – zeichnete er sich von Anfang an durch geschicktes Vorgehen wie rationales Handeln aus. Es gelang ihm, ein gewisses Maß an Einigkeit unter der Sklavenbevölkerung herzustellen und damit weiße ebenso wie mulattische Gegner zu besiegen (Ostindie: S. 363). Im Kampf gegen Engländer und Spanier dehnte er den französischen Herrschaftsbereich wieder aus, führte auf den großen Plantagen die Arbeitspflicht für ehemalige Sklaven ein und stellte damit wieder »geordnete« Verhältnisse her, brachte – mit Unterstützung von Weißen – den Produktionsprozeß erneut in Gang. Allmählich konnte Toussaint-L'Ouverture sowohl die französischen Kommissare als auch den Generalgouverneur politisch ausmanövrieren. Das revolutionäre Direktorium in Paris erkannte schließlich Toussaint-L'Ouvertures Machtstellung an und beförderte ihn zum General und Gouverneur der Kolonie. Als Statthalter Frankreichs konnte dieser »schwarze Spartakus« nahezu unbeschränkt herrschen (Rüsch: S. 87-108, S. 147-173).

Die nächste Phase des Kampfes war ein erneuter Bürgerkrieg – diesmal zwischen den Mulatten im Süden des Landes unter General André Rigaud (1761-1811) und den Schwarzen unter Toussaint-L'Ouverture. Das ganze Jahr 1799 wurde erbittert gekämpft, bis der Krieg schließlich mit der Niederlage und der weitgehenden Exterminierung der Mulatten (im Zentrum und Norden der Kolonie) endete, was für die weitere Entwicklung des Landes insofern besonders negativ war, als ein Großteil jener Schicht verschwand, von der besondere Entwicklungsimpulse erwartet wurden.

Nachdem er jetzt die Konkurrenz keiner Rivalen mehr befürchten mußte, machte sich Toussaint-L'Ouverture an den Wiederaufbau des zerstörten Landes. In einer Art schwarz-weißer Partnerschaft übertrug er den Schwarzen Leitungspositionen im Militär, den Weißen überließ er Wirtschaft und Verwaltung. Viele weiße Pflanzer, die vor den Kriegswirren geflohen waren, kehrten zurück. Aus ökonomischen Überlegungen wurde die (jetzt von Militärs kontrollierte) Plantangenwirtschaft beibehalten; die schwarzen Arbeiter, die durch strenge Verträge an ihre Plantagen gebunden waren, erhielten jedoch eine Beteiligung an den Erträgen. Die Landbevölkerung wurde zum Militär- oder zum Arbeitsdienst verpflichtet; verlassene Pflanzungen wurden, zum Teil parzelliert, an schwarze Militärs oder an Kleinpächter übergeben. Unter Toussaint-L'Ouvertures Diktatur schien sich das Land allmählich zu erholen; schnell hergestellte Außenhandelsbeziehungen mit den USA und den britischen Nachbarinseln sorgten für Güteraustausch und Deviseneinnahmen.

Die eigentliche Problematik des Kampfes und der Herrschaft von Toussaint-L'Ouverture bestand im Widerspruch zwischen dem Ziel rassischer und politischer Freiheit auf der einen und der ökonomischen Aufrechterhaltung des Plantagensystems auf der anderen Seite. Das Plantagensystem konnte nur bei Vorhandensein entsprechender Arbeitskräfte beibehalten werden. Da die Sklaverei aufgehoben und an eine Wiedereinführung nicht zu denken war, führte Toussaint-L'Ouverture ein Zwangsarbeitssystem ein, das von haitianischen Historikern häufig als *caporalisme agraire* – so etwas wie »militarisierte Landwirtschaft« – bezeichnet wird. Die Diskrepanz zwischen den am Staat orientierten ökonomischen Vorstellungen Toussaint-L'Ouvertures und den Wünschen großer Teile der Gesellschaft ist offensichtlich: Während für die bäuerliche Bevölkerung »Freiheit« das Recht bedeutete, individuell ein eigenes Stück Boden zu bewirtschaften, ging es dem ersten Vertreter des neuen Staates um die Beibehaltung des Plantagensystems, da er sich nur davon wirtschaftliche Prosperität versprach. Diese Zielkonflikte sollten in der ersten Phase der haitianischen Unabhängigkeit noch wiederholt auftreten. Politiker pflegten einen nationalistischen Diskurs, sprachen von staatlicher Unabhängigkeit und wirtschaftlichem Fortschritt, die große Mehr-

Toussaint-L'Ouverture

heit der Schwarzen aber dachte an eine kleinbäuerliche Zukunft. Michel-Rolph Trouillot konstatiert daher seit Beginn der Unabhängigkeit in Haiti eine Auseinanderentwicklung zwischen »Staat« und »Nation« (1990: S. 35-59).

Mit dem Frieden von Basel (1795) war Spanien als Kriegsgegner ausgeschieden, der spanische Ostteil Hispaniolas wurde den Franzosen übertragen, die damit theoretisch die gesamte Insel beherrschten. Von praktischer Bedeutung wurde diese Ausdehnung des französischen Hoheitsanspruchs jedoch nicht, da der gleichzeitige Sklavenaufstand im Westteil der Insel schnell in den Unabhängigkeitskampf überging. Im Gegensatz zum westlichen

Saint-Domingue war der spanische Osten dünn besiedelt und wirtschaftlich wenig entwickelt. Außerdem gab es keine der französischen Kolonie vergleichbare soziale Spannungen. Von den etwa 125 000 Bewohnern des überwiegend zur Viehzucht genutzten Landes waren 50 Prozent Weiße, 40 Prozent freie Farbige und 10 Prozent schwarze Sklaven, deren Rechtsschutz allerdings viel ausgeprägter als im westlichen Teil der Insel war. Im Jahr 1801 besetzte Toussaint-L'Ouverture sodann mit seinen Truppen den Ostteil der Insel, die er damit faktisch vollständig beherrschte. Es war die erste von mehreren haitianischen Besetzungen, die Santo Domingo im 19. Jahrhundert über sich ergehen lassen mußte. Nunmehr erließ Toussaint-L'Ouverture im Juli 1801 für ganz Hispaniola eine Verfassung, die Frankreich nur noch eine formale Oberhoheit beließ. Der Diktator proklamierte die Verfassung eigenmächtig, er wartete nicht die Zustimmung des Mutterlandes ab. Seine eigene Position wurde außerordentlich gestärkt: Er wurde Gouverneur auf Lebenszeit, durfte seinen Nachfolger selbst bestimmen, alle Gesetze mußten von ihm bestätigt werden. Personen aller Hautfarben wurden juristisch gleichgestellt; die abwesenden Pflanzer erhielten eine Garantie ihres Eigentums. Herbert Schottelius bezeichnet diese Verfassung als Muster einer durch Scheinparlamentarismus kaum eingeschränkten Präsidialautokratie, die das formale Gleichheitsprinzip mit einer autoritären Staatsstruktur verband (S. 145).

Der Anstoß zum letzten Schritt hin zur Unabhängigkeit kam abermals aus Frankreich: Noch vor dem Frieden von Amiens (1802, mit England) faßte Napoleon, der sich die Interessen der emigrierten Pflanzer zu eigen gemacht hatte, den Entschluß zur vollständigen kolonialen Restauration in Westindien. Er sandte seinen Schwager Charles-Victor-Emmanuel Leclerc (1772-1802) mit einer großen Expeditionsarmee von fast 60000 Mann nach Saint-Domingue. Diesem gelang zwar die Rückeroberung der Kolonie und der Abtransport Toussaint-L'Ouvertures nach Frankreich (wo der Schwarzenführer ein Jahr später im Gefängnis von Fort Joux, nahe der Schweizer Grenze, jämmerlich starb); als aber bekannt wurde, daß Leclerc die Sklaverei wiedereinführte, kam es zu einem vereinten Aufstand der Schwarzen und der noch verbliebenen Mulatten, der sich bald zu einem Volkskrieg ausweitete. Nunmehr kämpften gegen die Franzosen auch jene Führer, die in der Folgezeit noch eine bedeutende Rolle im Land spielen sollten:

der Mulatte Alexandre Pétion, die Schwarzen Henri Christophe und Jean-Jacques Dessalines.

Die französische Armee unterlag zum einen diesen tapfer kämpfenden Truppen, zum anderen den tropischen Krankheiten (Gelbfieber), zum dritten schließlich den erneut ins Kampfgeschehen eingreifenden Briten (seit Mai 1803 lagen England und Frankreich wieder im Krieg!). Viele Franzosen flohen in den Ostteil der Insel oder auf die benachbarten Karibikinseln (Rüsch: S. 178-194). Dieser Farbigenaufstand zerstörte Napoleons Restaurationsversuch, allerdings auch die Voraussetzungen für einen wirtschaftlichen Wiederaufbau der Insel, nachdem der schwarze Oberbefehlshaber Jean-Jacques Dessalines (1758-1806) die Reste der europäischen Bevölkerung eliminierte und der Emanzipationsprozeß damit erneut einer »Afrikanisierung« verfiel, vor der sie der Realpolitiker Toussaint-L'Ouverture hatte bewahren wollen. Am 1. Januar 1804 proklamierte die siegreiche Allianz aus schwarzen und mulattischen Offizieren die Unabhängigkeit der Kolonie. Ihrem Staat gaben sie den alten arawakischen Namen *Ayti* (»Bergiges Land«), mit dem die Ureinwohner der Insel einst Christoph Kolumbus begrüßt hatten.

Die neuere Historiographie hat den Versuch unternommen, das überaus komplexe Geschehen des haitianischen Unabhängigkeitskampfes systematisch zu erfassen und typologisch zu klassifizieren. Demnach lassen sich die Vorgänge auf der Karibikinsel zwar mit anderen Sklavenaufständen vergleichen, in die Reihe der amerikanischen Unabhängigkeitskämpfe einordnen oder zu »bürgerlichen Revolutionen« europäischer Prägung in Beziehung setzen; zugleich stellen die haitianischen Vorgänge aber bei jedem dieser Versuche einen Sonderfall dar, der eine Typologisierung erschwert. Einzelne Phasen der Revolution lassen sich aber unter den genannten Kategorien fassen (Schüller 1994: S. 137-143):

Die Ereignisse zwischen 1789 und 1791 können als »Bestandteil der Französischen Revolution« bezeichnet werden: In dieser ersten Phase ging es der weißen Pflanzeraristokratie um Beseitigung der kolonialen Wirtschaftsrestriktionen; die *gens de couleur* wollten gleiche bürgerliche Rechte. Die Französische Revolution war gewissermaßen der Auslöser der antillanischen Ereignisse. Ein entscheidender Beitrag der Französischen Revolution zur Sklavenemanzipation auf Haiti war die Abschaffung der Sklaverei.

Die zweite Phase, der Sklavenaufstand, reichte von August 1791 bis zum Eintreffen der französischen Expeditionsarmee unter Leclerc 1802. In dieser Zeit stieg Toussaint-L'Ouverture zur entscheidenden Persönlichkeit auf; am Ende dieser Phase sollte durch das Zusammenwirken von Schwarzen und Weißen, die Vereinigung der gesamten Insel und den Erlaß einer Verfassung eine neue politische Ordnung geschaffen werden. Unabhängig davon, wie die Ereignisse in Saint-Domingue zwischen 1788 und 1804 bewertet werden – die einen sprechen von Rassen-, die anderen von Klassenkrieg, einige betonen den revolutionären, andere den internationalen Charakter der Kämpfe –, ist sich die Geschichtsschreibung aller Richtungen darin einig, daß Toussaint-L'Ouverture die überragende Figur des Gesamtgeschehens war.

Mit der Expedition Leclercs begann die dritte Phase (1802-1804), der Unabhängigkeitskampf; er endete mit der völkerrechtlichen Souveränität der Kolonie. Daß Frankreich die Unabhängigkeit Haitis hinnehmen mußte, hing mit der militärisch-politischen Konstellation in Europa und auf anderen Kriegsschauplätzen zusammen. Die Kräfte Napoleons waren an derart vielen Fronten gebunden, daß er den Kampf auf Haiti nicht konsequent zu Ende führen konnte. Diese günstige Konstellation wurde von den ehemaligen Sklaven erkannt und geschickt genutzt.

Die Geburt des unabhängigen Haiti war überaus schmerzhaft. Der mehrstufige Prozeß war von außerordentlicher Grausamkeit und Brutalität geprägt. Die Unabhängigkeit des ersten lateinamerikanischen Landes, die Aufhebung der Sklaverei, die Proklamation der Gleichheit aller vor dem Gesetz: Auch wenn diese Ziele von vielen Zeitgenossen als positiv und erstrebenswert eingeschätzt wurden, so wirkten Verlauf und Ergebnis der revolutionären Emanzipation auf Hispaniola eher abschreckend. Haiti wirkte nicht beispielgebend, vielmehr retardierend (Geggus 1989b: S. 108-124), zumindest für die weißen Kreolen Lateinamerikas häufig als radikales, negativ besetztes Gegenmodell, als traumatische Bruchstelle der modernen Geschichte.

II. Von der Unabhängigkeit zur US-Invasion

1. Die Spaltung des Landes: Pétion und Christophe

Der alt-neue Name Haiti stellte für das nunmehr unabhängige Land gewissermaßen ein politisches Programm dar: Er sollte ein weithin sichtbares Zeichen für die wiedergewonnene Freiheit sein und die bedingungslose Bereitschaft unterstreichen, die Unabhängigkeit zu behaupten.

An eben jenem 1. Januar 1804, an dem die Unabhängigkeit des Landes proklamiert wurde, machten die Befreier ihren Anführer Dessalines zum Generalgouverneur Haitis auf Lebenszeit und schworen ihm einträchtig die Treue. An Regierungserfahrung mangelte es letztlich allen Revolutionären gleichermaßen, und dem frisch erkorenen Staatschef schien eine militärische Organisation des neuen Staates die nächstliegende Lösung. Vier seiner prominenten Generäle – Christophe, Pétion, Geffrard und Gabart – schickte er in die Provinzen des Landes, um dort als Distriktkommandanten die Ordnung aufrechtzuerhalten (Davis: S. 91). Die größte Gefahr drohte dem jungen Staat damals von außen. Haiti fand sich ja von europäischen Besitzungen und sklavenhaltenden Gesellschaften umgeben. Besondere Gefahr drohte seitens Frankreichs, das die Absicht, die verlorengegangene Kolonie wiederzuerobern, keineswegs aufgegeben hatte. So erscheint es einleuchtend, daß Dessalines sich beeilte, Haitis Stellung in der Welt zu definieren und den potentiellen Gegnern zu versichern, daß von seinem Land keinerlei Gefahr für den Status quo anderer Kolonien ausgehe. Die außenpolitische Formel lautete: »Frieden unseren Nachbarn, aber Schande über den Namen Frankreichs« (Nicholls 1979: S. 36f.).

Wirtschaftspolitisch ging es dem neuen Herrscher vor allem um den Wiederaufbau des während der Revolution stark zerstörten Landes. Die Wirtschaft der ehemaligen Kolonie war vollständig auf den Export ausgerichtet gewesen. Zwar schied Frankreich als Handelspartner verständlicherweise aus, die USA und Großbritannien zeigten jedoch bald nachhaltiges Interesse an der Aufnahme wirtschaftlicher Beziehungen. Besonders die USA avancierten für die ersten zwei Jahre der Unabhängigkeit zum wichtigsten Handelspartner Haitis (Nicholls 1979: S. 91).

Als im August 1804 die Nachricht von der bevorstehenden Kaiserkrönung Napoleons den Inselstaat erreichte, zögerte Dessalines nicht lange, es dem Franzosen gleichzutun. Mit großer Betriebsamkeit ließ er seine Krönungsabsichten auf der Insel verbreiten; seine Getreuen bereiteten die Feierlichkeiten in Cap Haitien vor. Am 8. Oktober 1804 fand der Krönungsakt statt, begleitet von Salutschüssen und der Salbung des Kaisers durch den Kapuzinerpater Corneille Brelle. Als Seine Majestät Jacques I. trug Dessalines nun die Krone des neuen Staates (Heinl: S. 131f.).

Außenpolitisch versuchte der Kaiser, seine weißen Nachbarn zu beruhigen; im eigenen Land ließ er seinem unbändigen Weißenhaß jedoch freien Lauf. Kurz nach seiner Amtseinführung veranlaßte er – wohl kaum in Übereinstimmung mit der Mehrheit der Bevölkerung und seiner Generäle – ein grausames Massaker an den verbliebenen Franzosen in Cap Haitien. Auch gegen den Ostteil der Insel richtete sich sein Haß. Santo Domingo war ja 1795 durch den Frieden von Basel an Frankreich gefallen, und noch immer verweilten kleinere Truppenteile der französischen Armee in der östlichen Hauptstadt. Dessalines verfolgte nun mit allen Mitteln das Ziel, die Insel von sämtlichen Weißen zu »säubern«. Nachdem ein Jahr, in dem er seine Macht festigte, verstrichen war, zog er im Februar 1805 mit einer 21 000 Mann starken Armee in den Ostteil der Insel. Ohne allzu großen militärischen Widerstand zu erfahren, erreichte der Feldherr die Hauptstadt Santo Domingo. Dort hielt jedoch der verzweifelte Widerstand von (inzwischen auch in Europa verbündeten) Spaniern und Franzosen der dreiwöchigen Belagerung durch die Truppen Dessalines' stand. Verärgert über den Mißerfolg seines Unternehmens, begann der Haitianer den Rückzug. Furchtbare Plünderungen, Brandschatzungen und Massaker an der dominikanischen Bevölkerung begleiteten die Rückführung der Armee nach Haiti. Auf lange Zeit hinaus sollten sich die Dominikaner an die von Jacques I. begangenen Verbrechen erinnern und ihrem westlichen Nachbarn mit größter Skepsis begegnen. Aus dieser Zeit stammt auch das Bild, das in einem Großteil der dominikanischen Geschichtsschreibung von den Haitianern als schwarzen Barbaren und unzivilisierten Plünderern besteht.

Noch während der Feldzug gegen Santo Domingo stattfand, waren zwei kaiserliche Getreue damit beschäftigt, eine neue Verfassungsgrundlage für den jungen Staat zu erarbeiten. Den Maximen des Befreiungskampfes entsprechend bildeten die Abschaffung der Sklaverei und das Verbot ausländischen (das hieß: weißen) Eigentums auf der Insel Grundelemente der neuen Verfassungsordnung. Außerdem bezeichnete die neue Verfassung alle Haitianer ausnahmslos als *nègres* (Schwarze). Zwar war damit die ideologische Komponente des haitianischen »Staatsbewußtseins« umschrieben, die tatsächlich weiter bestehenden ethnischen Grenzlinien innerhalb der Bevölkerung Haitis konnte diese Formel jedoch nicht überdecken. Der im Unabhängigkeitskrieg geschmiedeten (zwischenzeitlichen) Allianz von Mulatten und Schwarzen war auch mit dem Wegfall des gemeinsamen Feindes die weitere Lebensfähigkeit genommen. Die ethnischen Linien, entlang denen das Bündnis zerbrach, waren zugleich ökonomische und kulturelle.

Die Schicht der *anciens libres* – oder *affranchis*, wie sie während der Kolonialzeit hießen – umfaßte einen Anteil von ungefähr zehn Prozent der Gesamtbevölkerung. Diese knapp 30 000 Personen waren vornehmlich Mulatten, die schon während der Kolonialherrschaft Grundeigentümer gewesen waren und vor allem ihrer europäischen Bildung wegen einen Führungsanspruch in der Gesellschaft behaupteten. Mit der Unabhängigkeit sahen sie die Zeit gekommen, ihre wirtschaftliche und gesellschaftliche Stellung noch wesentlich auszubauen. Ihnen stand die schwarze Bevölkerungsmehrheit gegenüber. Diese war im Verlauf des Krieges schätzungsweise um ein Drittel auf 300 000 reduziert worden; jetzt wurden diese aus der Sklaverei befreiten Schwarzen *nouveaux libres* genannt. Diese große Zahl von zumeist noch in Afrika geborenen Schwarzen war nach europäischen Maßstäben völlig ungebildet; schon bald sollten die Schwarzen aber ihre ökonomischen Rechte einklagen. Die schwarzen Generäle und Offiziere aus dem Unabhängigkeitskrieg bildeten so etwas wie eine schwarze Elite. Diese stand sozusagen in doppelter Konkurrenz zu den *anciens libres* und der schwarzen Bauernbevölkerung. Auch diese »Elite« sah keinen Anlaß, ihre Führungsrolle aufzugeben, hoffte vielmehr, ihren Einfluß ausbauen zu können.

Der Kaiser nahm diese Unterschiede vorerst kaum wahr. Sein autokratischer Herrschaftsstil erlaubte keine Feinheiten bei der

Führung des Volkes, und nach außen zählte ohnehin nur der ideologische Gegensatz zwischen schwarz und weiß. Unter der Führung seiner Provinzgouverneure trieb er die Soldaten unter Androhung drakonischer Strafen zum Ausbau der Befestigungsanlagen an der Küste. Größte Gefahr wurde noch immer von der möglichen Rückkehr der Franzosen befürchtet. Artikel 5 der Verfassung lautete dementsprechend: »Bei dem ersten Schuß des Warngeschützes sollen die Städte zerstört werden, und die Nation wird sich bewaffnet erheben« (Heinl: S. 135).

Saint-Domingue war einst die blühendste Kolonie Frankreichs gewesen. Die Revolution hatte auf der Insel allerdings beispiellose Zerstörungen angerichtet. Die weißen Plantagenbesitzer waren vertrieben oder ermordet; die Ländereien und Zuckersiedereien zu einem beträchtlichen Teil verwüstet worden. Der Zuckerexport fiel in den ersten Jahren der Unabhängigkeit auf vernachlässigbare 1 100 Tonnen im Jahr, der Kaffee-Export betrug (von vormals 35 000) nurmehr 15 000 Tonnen. Die einfachste Art, den vormaligen Wohlstand der Insel wiederaufleben zu lassen und zugleich dringend benötigte Gelder für die Staatskasse einzunehmen, lag sicherlich in der Weiterführung der Plantagenwirtschaft. Dementsprechend ließ der Kaiser die Ländereien der vertriebenen Weißen zunächst für den Staat konfiszieren, verteilte dann jedoch die Besitzungen als Pfründe unter seine schwarzen Generäle – mit der Auflage, ein Viertel der Erträge an die Staatskasse abzuführen (*quart de subvention*). Mats Lundahl schätzt, daß auf diese Weise mehr als zwei Drittel des gesamten agrarischen Nutzlandes in Staatseigentum übergingen (1979: S. 261). Mulatten, die schon vor dem Krieg Plantagen besessen hatten, konnten zum Großteil ihre Eigentumstitel bewahren; oftmals erreichten sie sogar die Übertragung von Besitzungen vertriebener Weißer, in deren Diensten sie gestanden hatten. Das Los der schwarzen Landarbeiter hingegen bestand weiterhin in harter Arbeit auf Feldern, deren jetzige Besitzer sich als ihre Befreier feiern ließen. Zwar sollte ihnen jeweils ein Drittel der eingebrachten Ernteerlöse zukommen; auch wurde die Sklavenpeitsche als Züchtigungsinstrument verboten. Doch bald ersetzte der sogenannte *coco-macaque*, ein schwerer Rohrstock, die frühere Peitsche, und die Sklaverei kehrte unter anderer Bezeichnung in den Alltag der Bauern zurück (Davis: S. 97).

Natürlich hatte sich die schwarze Landbevölkerung andere Vorstellungen von ihrer Freiheit gemacht. Für sie bedeutete die Abschaffung der Sklaverei gleichzeitig das Anrecht auf ein Stück Ackerland, mit dem sie ihre Existenz bestreiten konnte. Die Krise von Dessalines' Herrschaft entzündete sich unter anderem an dieser Frage. Der Ruf der Bauern nach Parzellierung des Plantagenlandes wurde immer lauter, und schließlich sah sich der Kaiser gezwungen, diesen Wünschen Rechnung zu tragen. Er verordnete nunmehr kurzerhand die Überprüfung aller Eigentumstitel, die nach der Unabhängigkeit vergeben worden waren, um eine Neuverteilung vornehmen zu können. Diese Maßnahme richtete sich gezielt an die Adresse der zuvor begünstigten Eliten des Landes; Schwarze und Mulatten waren in gleicher Weise betroffen und wandten sich von Dessalines ab (Gewecke 1991: S. 13). Hinzu kam, daß der autokratische Herrschaftsanspruch des Kaisers und sein despotischer Führungsstil gerade bei der (oftmals in Europa ausgebildeten) mulattischen Elite auf Mißfallen stieß. So hatte sich Jacques I. nicht nur die Bauernbevölkerung entfremdet, sondern auch die Mißgunst seiner politisch entmündigten Generäle wuchs. Dessalines sah sich somit ähnlichen Problemen gegenüber wie zuvor schon Toussaint-L'Ouverture: Aus ökonomischen Gründen wollte er eine Beibehaltung des Plantagensystems – mit der Unabhängigkeit war der Staat ja zum größten Grundbesitzer geworden; die *anciens libres*, die zumeist Mulatten waren, traten zwar auch für ein Plantagensystem ein, aber auf der Grundlage von Privateigentum. Diese unterschiedlichen Vorstellungen führten zu einer Zunahme von Spannungen, primär entlang der Hautfarbe, und zur allmählichen Herausbildung einer (wirtschaftlich orientierten) »Mulattenpartei«. Entsprechend kritisch standen die mulattischen *anciens libres* Dessalines gegenüber, den sie im übrigen für »unzivilisiert« hielten (Trouillot: S. 44-46).

Im Süden war der Haß auf den Kaiser am größten; dort begann auch der Aufstand gegen ihn. General Alexandre Pétion, der mulattische Kommandant im Westen, schloß sich der Revolte an, und am 16. Oktober 1806 erreichten die Rebellen Port-au-Prince. Mit ein paar seiner engsten Vertrauten zog der Kaiser aus seiner Heimatstadt im Artibonite der Hauptstadt entgegen. In den Außenbezirken stellten ihn aufständische Truppenteile, und am darauffolgenden Tage wurde Jacques I. von seinen ehemaligen Mitstreitern und Offizieren getötet. Die Mörder blieben unerkannt; fest steht jedoch, daß sowohl Mulatten als auch Schwarze an der Tat beteiligt waren (Nicholls 1979: S. 40).

Die Aufständischen bildeten einen Militärrat und ernannten Henri Christophe, den nach Toussaint-L'Ouverture und Dessalines wichtigsten schwarzen General, zum Chef einer provisorischen Regierung. Desweiteren verfügte der Rat die Einberufung einer Verfassunggebenden Versammlung, die eine neue Staatsform bestimmen sollte. Die Erfahrung mit der zwei Jahre währenden Willkürherrschaft Kaiser Jacques' I. hatte – besonders für die europäisch gebildete Mulattenelite – die Errungenschaften des Freiheitskampfes in Frage gestellt. Alexandre Pétion war ein ausgesprochen gebildeter Vertreter dieser Schicht, hatte lange Jahre in der französischen Armee gedient und stellte sich nun an die Spitze derer, die einen Rückfall in die Despotie unter allen Umständen verhindern wollten. Mit viel taktischem Geschick konnte er erreichen, daß Delegierte in die Konstituante berufen wurden, die sein Verfassungsprojekt unterstützten. Mit einer sicheren Mehrheit im Rücken und den Einsprüchen Christophes zum Trotz, begann er mit der Ausarbeitung einer demokratischen Grundordnung (Davis: S. 100f.).

Als Vorbild für die haitianische Verfassung diente die der Vereinigten Staaten von Amerika. Haiti wurde Republik. Dem Präsidenten als oberster Exekutivgewalt wurde ein starker Senat zur Seite gestellt, um das Risiko eines Amtsmißbrauchs so gering wie möglich zu halten. Gewählt werden sollte – übrigens bis 1950! – nach einem Zensuswahlrecht, aufgrund dessen hohe Einkommens- und Besitzverhältnisse für die Erlangung des Wahlrechts erforderlich waren. Die Wahl des Präsidenten erfolgte (ebenfalls bis 1950) indirekt über den Senat oder die Nationalversammlung in einer gemeinsamen Sitzung von Abgeordnetenhaus und Senat. Die Bestimmungen erfuhren im Laufe der Zeit zahlreiche Änderungen, nachdem es allein im 19. Jahrhundert 19 verschiedene Verfassungen gab! Der Senat wurde (von 1816 bis 1918) mittels eines Zweistufensystems durch das Abgeordnetenhaus gewählt; die Abgeordneten gingen seit 1816 aus direkten Wahlen hervor (Gallé 1993: S. 403-405). In der Verfassung von 1806 erhielt der Senat das ausschließliche Recht, die Wirtschaftsbeziehungen zum Ausland zu regeln, Krieg zu erklären, den Staatshaushalt zu kontrollieren, die Besetzung der Verwaltungsposten vorzunehmen und alle Gesetze zu verabschieden, die für eine verfassungsgemäße Regierungstätigkeit erforderlich waren. In den Kompetenzbereich des Präsidenten fielen die Landesverteidigung, die Aufrechterhaltung der inneren Ordnung und die Aufsicht über die Ausführung der Gesetze. Das Präsidentenamt sollte alle vier Jahre neu besetzt werden; Wiederwahl war möglich. Bei diesem wie bei vielen anderen Verfassungspunkten sollte es in den folgenden Jahren und Jahrzehnten zu einer gewaltigen Diskrepanz zwischen Verfassungsnorm und -wirklichkeit kommen. Der Generalstab der Armee wurde direkt der Verfügungsgewalt des Präsidenten unterstellt. Ein Oberster Gerichtshof war für Streitfälle zwischen Staatsbeamten und der Legislative zuständig (Dorsinville 1975: S. 198f.). In den Verfassungstext wurde auch der Grundsatz übernommen, Ausländern weiterhin das Recht auf Eigentum an Grund und Boden zu verwehren. Die Exportabhängigkeit des Landes führte jedoch dazu, daß der Senat im folgenden Jahr den ausländischen Händlern in den Hafenstädten weitgehende Rechte einräumte (Nicholls 1985: S. 90).

Die Annahme dieser Verfassung durch die Konstituante am 27. Dezember 1806 war ein großer Erfolg Pétions. Am darauffolgenden Tage wurde Henri Christophe zwar als Staatschef bestätigt; er war jedoch nicht gewillt, sich mit dem »gestutzten« Amt eines republikanischen Präsidenten zufriedenzugeben. Öffentlich bezichtigte er die Verfassungsväter des Verrats und zog mit einer schnell ausgehobenen Armee gegen die Hauptstadt. Der sofort einberufene Senat reagierte umgehend mit der Ächtung Christophes; er übertrug seinem Gegenspieler Pétion die Verteidigung der Hauptstadt. Die Belagerung von Port-au-Prince erwies sich bald als zwecklos; Christophe trat den Rückzug in sein »Stammland«, den Norden, an, etablierte dort eine eigenständige Herrschaft und spaltete auf diese Weise die Insel in zwei verfeindete Staaten. Am 17. März 1807 wählte der republikanische Senat sodann Pétion zum Präsidenten (Davis: S. 102f.).

Von der Öffentlichkeit weitgehend unbemerkt und von den stürmischen Ereignissen jener Zeit überschattet, verabschiedete der Senat am selben Tage noch ein weitaus folgenreicheres Gesetz. Es betraf die Organisation der Steuererhebung und sah vor, Steuern nicht wie ehedem direkt bei den Grundbesitzern und Plantageneigentümern einzutreiben, sondern in Form von Exportzöllen bei der Ausfuhr landwirtschaftlicher Erzeugnisse zu erheben. Die in den Hafenstädten ansässigen Handelshäuser, über die alle Export- und Importgeschäfte abgewickelt wurden, mußten fortan für den Staat als Zollerhebungsstellen fungieren. Mit nur geringen Verän-

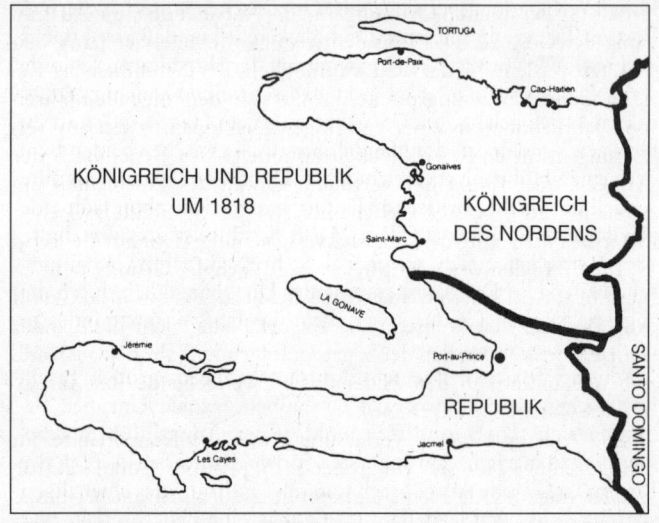

derungen sollte dieses System indirekter Besteuerung das ganze Jahrhundert über Gültigkeit behalten und eine wesentliche Grundlage des haitianischen Staates bilden. Durch die Veränderungen im Agrarsektor während der folgenden Jahre mußte in Zukunft besonders die bäuerliche Bevölkerung über die Kaffee-Exportabgaben die Hauptlast der Besteuerung tragen (Trouillot: S. 59f.).

Durch die neue Verfassung war zwar ein Amtsmißbrauch des Präsidenten nahezu ausgeschlossen; der vielköpfige Senat erwies sich jedoch als ein äußerst träges und ineffizientes Organ. In willkürlicher Form setzte Pétion 1816 daher eine grundlegende Verfassungsänderung durch: Ein Zweikammerparlament löste den Senat ab, die Kompetenzen des Präsidenten wurden erheblich erweitert und die Präsidentschaft auf Lebenszeit eingeführt. Diese Änderungen schwächten in erheblichem Maße die Glaubwürdigkeit des republikanischen Staates (Max Dorsinville 1975: S. 199).

Außenpolitisch befand sich Pétions junge Republik in derselben Situation, in der sich vor ihm Dessalines befunden hatte. Die Behauptung der Unabhängigkeit blieb weiterhin wichtigstes Ziel aller staatlichen Politik. Von Frankreich war zunächst keine völkerrechtliche Anerkennung zu erwarten; dies zeigten die wiederholten Verhandlungsversuche mit französischen Unterhändlern in Port-au-Prince, die allesamt durchblicken ließen, daß Frankreichs Ziel nach wie vor die Wiedergewinnung der abtrünnigen Kolonie war (Nicholls 1979: S. 48). Für Haiti erschwerend kam hinzu, daß es Frankreich gelang, die USA 1806 zu einem Handelsboykott zu bewegen – gerade, als der Handelsaustausch zwischen beiden Ländern einen Höhepunkt erreicht hatte. Doch Großbritannien füllte schnell die Lücke: Britische Händler hatten sich schon früh eine privilegierte Position auf dem Markt des Inselstaates verschafft. 1807/8 etwa liefen nicht weniger als 80 britische Schiffe in haitianische Häfen ein. Die Anerkennung der Unabhängigkeit durch die angelsächsischen Länder – vor allem der USA – rückte indes in noch weitere Ferne.

Pétion sah sich bei seinem Amtsantritt einem großen gesellschaftlichen Konfliktpotential gegenüber. Soziale Unruhen begannen sich schon zum Zeitpunkt seiner Amtseinführung bemerkbar zu machen. Am äußersten Südwestzipfel der Insel, in der Region La Grande Anse, brach unter der Führung des ehemaligen schwarzen Sklaven Jean-Baptiste Goman eine Bauernrevolte aus. Goman überfiel die Provinzstadt Jérémie, stürzte den dortigen Distriktkommandanten und errichtete eine Bauernrepublik, die erst 1819 bezwungen werden konnte. Über die Motive für diesen Aufstand herrscht in der Literatur keine Klarheit. Die Ernennung eines gewissen General Francisque zum Kommandanten der Region könnte Neidgefühle ausgelöst haben und, neben allgemeiner bäuerlicher Unzufriedenheit, direkter Anlaß für die Revolte gewesen sein (Nicholls 1979: S. 170ff.).

Zusätzlich prekär wurde die Lage Pétions durch die Rückkehr seines ehemaligen Vorgesetzten aus dem Unabhängigkeitskrieg, André Rigaud. Dieser hatte bis dahin in Frankreich gelebt und mußte seinen ehemaligen Leutnant nun als Präsidenten der Republik begrüßen. Der Empfang vollzog sich noch in aller Freundlichkeit, doch dann beging Pétion den Fehler, Rigaud an der Spitze von 5000 Mann zur Niederschlagung des Aufstandes in La Grande Anse zu entsenden. Statt den Aufrührer Goman zu bekämpfen, nutzte der Neider Rigaud die Gelegenheit und riß die Macht im Süden an sich. In Les Cayes proklamierte er einen unabhängigen Staat. Die Republik war nun in drei Teile zerfallen, und seine unsichere Lage zwang Pétion dazu, mit dem abtrünnigen Rigaud ein Abkommen zu schließen, um weitere kriegerische Auseinandersetzungen zu verhindern. Doch der Herrschaft Rigauds war nur kurze Dauer beschieden: Schon ein Jahr später (1811) starb er, und sein Nachfolger Jérome-Maximilién Borgella führte den Süden in die Republik zurück (Nicholls 1985: S. 170).

Neben regionalen Sezessionsversuchen war vor allem die Kluft zwischen schwarzer Bauernbevölkerung und den Eliten des Landes ein bedrohliches Konfliktpotential. Wollte Pétion nicht größere Auseinandersetzungen zwischen diesen beiden Bevölkerungsschichten riskieren, dann mußte er eine versöhnliche Politik betreiben und die Forderungen der Bauern in Betracht ziehen. Zugleich hatte er auch die wirtschaftliche Regeneration des Landes im Auge zu behalten. Um dieses Ziel zu erreichen, hielt auch er die Beibehaltung des Plantagensystems bei strenger Arbeitsdisziplin für den effizientesten Weg. Im Süden der niederschlagsarmen Insel kam noch hinzu, daß weite Teile der Landwirtschaft auf einem künstlichen Bewässerungssystem beruhten und dessen Erhalt gründliche Wartungsmaßnahmen erforderte. Ohne die Beibehaltung großer landwirtschaftlicher Einheiten und die Aufrechterhaltung von Arbeitsdisziplin schien es schlechterdings unmöglich, überhaupt lohnende Erträge zu erwirtschaften.

Den Wünschen und Vorstellungen der befreiten Sklaven widersprach diese Wirtschaftsweise jedoch zutiefst. Sie verbanden mit der Aufhebung der Sklaverei das Anrecht auf Grund und Boden und flohen vor der Plantagenarbeit. Auch zaghafte Versuche auf den Ländereien des Präsidenten, sie durch fünfzigprozentige Gewinnbeteiligung bei der Arbeit zu halten, scheiterten; die Flucht der Bauern in unbewohnte Hanglagen hielt unvermindert an. Darüber hinaus verschärfte der während des Befreiungskrieges erfolgte Bevölkerungsrückgang die Situation auf dem Arbeitsmarkt. Plantagenarbeiter zu werben erwies sich als nahezu unmöglich, und Kapitalmangel sowie das Fehlen weißer Landwirtschaftsexperten erschwerten den Wiederaufbau der zerstörten Plantagen und Zuckersiedereien (Lundahl 1979: S. 268f.; Lacerte 1975: S. 80).

Pétion sah ein, daß die Plantagenwirtschaft auf der Insel praktisch dem Untergang geweiht war; außerdem erkannte er die Notwendigkeit – jenseits aller ökonomischen Interessen der Mulatten –, die Schwarzen mit den regierenden Eliten zu versöhnen. Im Jahr 1809 setzte Pétion, gestützt auf die Armee, die Auflösung des Senats durch. Nun konnte er, im Besitz nahezu diktatorischer

Befugnisse, eine Agrarreform seinen Vorstellungen entsprechend beginnen. Mit dem ersten Dekret über die Verteilung von Boden wurden zunächst die schwarzen Veteranen des Unabhängigkeitskrieges, nach ihren Rängen gestaffelt, bedacht. Diese Maßnahme sicherte nicht nur die Loyalität der Armee; sie bot auch verarmten Veteranen eine neue Perspektive. Mit der Wiedereinberufung des Senats im Jahr 1811 wurden die Maßnahmen auch auf das aktive Offizierskorps der republikanischen Armee ausgeweitet. Mit diesem Schritt gelang es Pétion, die militärische Elite des Landes zu versöhnen, nachdem die Reform für viele landbesitzende Generäle zunächst den Verlust großer Teile ihres Besitzes bedeutet hatte.

Bald ging Pétion auch dazu über, Defizite in der Staatskasse durch den Verkauf von Plantagenland zu decken (Lacerte 1975: S. 82). Letztlich konnte allerdings auch er, wie schon seine Vorgänger Toussaint-L'Ouverture und Dessalines, einen Hauptwiderspruch der Agrar- und Beschäftigungsstruktur nicht lösen: Mit seinen Vorgängern stimmte er in der Notwendigkeit überein, die großen exportorientierten Plantagenbetriebe und ein Arbeitssystem aufrechtzuerhalten, das – wie das frühere Sklavenregime – wirtschaftlich gute Erträge sicherte. Konflikte entstanden (auch im weiteren Verlauf des 19. Jahrhunderts) darüber, wer diese exportorientierte Wirtschaft kontrollieren sollte. Die Verantwortlichen standen vor einer schwierigen Alternative: Wenn die kleinbäuerliche Ökonomie, wie sie sich bis ungefähr 1814 herausbildete, der dominierende Wirtschaftszweig blieb, würde die Exportwirtschaft zusammenbrechen und zu einem vollständigen Ausfall an notwendigen Deviseneinnahmen führen. Eine exportorientierte Strategie wiederum könnte nur mit einem autoritären Arbeitssystem und höherer Produktivität durchgeführt werden. Die hierzu erforderliche »militarisierte Landwirtschaft« lag allerdings mit der Freiheitsvorstellung der bäuerlichen Masse und den Grundprinzipien, auf die sich die Nation berief, in Konflikt (Trouillot: S. 48-50).

Nach einer Schätzung aus dem Jahre 1888 sollen bis 1814 ungefähr 76 000 carreaux (1 carreau = 1,29 ha) landwirtschaftlicher Nutzfläche an 2 322 Zivilbeamte und Offiziere verteilt oder verkauft worden sein. Die Reform stillte nicht nur den Landhunger der Schwarzen; sie ersetzte auch gleichzeitig die Besoldung der Armee. Die Republik befand sich ja in einem bürgerkriegsähnlichen Zustand mit dem von Henri Christophe kontrollierten Norden, und kleinere Gefechte waren an der Tagesordnung (Lacerte 1975: S. 84).

Kritik an der Politik Pétions kam vor allem aus den Reihen der Mulattenelite, die dem Präsidenten die Vorzugsbehandlung der Schwarzen vorwarf und selbst den Verlust großer Teile ihrer Landgüter hinnehmen mußte. Außerdem wiesen einige Senatsabgeordnete auf den kollabierenden Exporthandel hin. Der Aufbruch der Plantagen hatte tatsächlich den Zusammenbruch der Zuckerproduktion zur Folge. Auch die aufwendige Indigoherstellung versiegte, und die Baumwollproduktion fiel auf fünf Prozent ihres einstigen Umfanges.

Tabelle 2: Export (in Pfund) der wichtigsten haitianischen Güter (1791-1818)

Jahr	1791	1801	1818
Rohzucker	93 117 512	18 518 572	5 443 567
Gebleichter Zucker	70 227 708	16 540	198
Kaffee	68 151 180	43 220 270	26 065 200
Baumwolle	6 286 126	2 480 340	474 118

Quelle: Barros: S. 198

Tabelle 2 ist zu entnehmen, daß nach der Unabhängigkeit das mit Abstand wichtigste Ausfuhrprodukt Kaffee war. Die Kultivierung dieser Pflanze erforderte geringen Aufwand und war auf kleinsten Parzellen möglich. Nach der Landverteilung hatten sich viele Kleinbauern auf den Anbau von Kaffee verlegt, der auch weniger Startkapital benötigte und auf den Exportmärkten gefragt war. Die Produktion war jedoch unregelmäßig, oft ließ die Qualität zu wünschen übrig. Außerdem fehlte zumeist ein materieller Anreiz, denn die *spéculateurs*, die Kaffeeaufkäufer auf den Bauernmärkten im Landesinneren, bildeten eine Oligarchie und versuchten die Preise zu drücken. Der Staat indessen mußte um seine Einnahmen nicht sehr bemüht sein, da ja seit 1807 die Zölle direkt von den Exporteuren erhoben wurden und die Kaffeeherstellung, wenn auch auf niedrigem Niveau, langfristig recht konstant blieb. Ohne sich darüber Rechenschaft abzulegen, finanzierten so die Bauern Regierung, Verwaltung und Handel in den Städten (Trouillot: S. 60 ff.).

Von der blühenden Kolonie Saint-Domingue war allerdings kaum etwas übrig geblieben, und die Tatsache, daß Haiti heute zu den ärmsten Ländern der Welt zählt, hängt nicht zuletzt mit den Zerstörungen des Unabhängigkeitskrieges und den darauf folgenden einschneidenden Maßnahmen im Landwirtschaftssektor zusammen. Besondere Bedeutung erhält diese Aussage in Zusammenhang mit der ausgebliebenen Industrialisierung. Rolf Nonnenmann hat auf den hochentwickelten Standard kolonialer Zuckersiedereien hingewiesen, die mehr als nur eine Keimzelle für einen raschen Industrieaufbau in Haiti hätten sein können. Mit dem rapiden Zusammenbruch der Zuckerproduktion verlor diese Technologie jedoch ihren Wert. Haitis Wirtschaft beschritt den verhängnisvollen Weg vom Großbetrieb zurück zur Subsistenzwirtschaft (S. 187). Zwar garantierte der Standard kolonialer Zuckersiedereien nicht, daß es zu einer Industrialisierung gekommen wäre; deren Zerstörung ließ allerdings eine wichtige Voraussetzung für eine mögliche Industrialisierung hinfällig werden.

Diese Strukturreformen führten auch zu einer Veränderung der Kulturlandschaft: Der Schwerpunkt der landwirtschaftlichen Produktion (und damit auch der Besiedelung) verschob sich von den Ebenen in die Hanglagen der Gebirge, wo die verstärkte Rodungstätigkeit starke Bodenabspülung zur Folge hatte. Noch heute sind große Teile der Ebenen Ödland; nur verfallene Bewässerungsanlagen und Ruinen früherer Plantagengebäude zeugen von der einst intensiven Nutzung. Auch im ländlichen Siedlungsbild trat ein wichtiger Wandel ein: An die Stelle der geschlossenen Siedlungskomplexe der Plantagen trat kleinbäuerliche Streusiedlung (Blume: S. 186).

Daß in Haiti der Weg vom Großbetrieb zur Subsistenzwirtschaft eingeschlagen wurde und nicht der ansonsten in Lateinamerika übliche – nämlich die Konzentration von Land und die Herausbildung von Latifundien –, ist darauf zurückzuführen, daß die völkerrechtliche Unabhängigkeit im haitianischen Fall zugleich eine Sklavenemanzipation und eine soziale Revolution bedeutete und die Politiker der ersten Jahrzehnte (Toussaint-L'Ouverture, Dessalines und Christophe) sich unüberwindlichen Schwierigkeiten bei den Versuchen gegenübersahen, ihre jeweiligen Varianten von »militarisierter Landwirtschaft« – das heißt von Plantagenwirtschaft in veränderter Form – durchzusetzen. Der Kampf der Sklaven war auch und insbesondere ein Kampf um kleinbäuerliche Privatwirtschaft gewesen. Diesen Kampf haben die haitianischen Sklaven gewonnen.

Die sozialen Auswirkungen der Reformen Pétions bestanden zunächst in einem hohen Grad an gesellschaftlicher Stabilität. Die Parzellierung der Plantagen ermöglichte vielen ehemals landlosen Bauern die Sicherung ihrer Existenz und befriedigte damit deren dringendste Bedürfnisse. Pétion war bei der Bevölkerung beliebt – liebevoll wurde er *Papa bon kè* (»Papa mit gutem Herz«) genannt –, und seine Maßnahmen »erwirtschafteten« einen Prestigevorschuß, der zu einem großen Teil die lange Amtszeit seines Nachfolgers Boyer ermöglichte. Die Mulattenelite hingegen konnte – nach dem Verlust oder Verkauf ihrer Ländereien – ihren einstigen sozialen Status nur mit der Abwanderung in die Städte sichern. Dort boten Handel und Verwaltung für die Gebildeten genug Möglichkeiten, ihre bevorzugte Stellung auszubauen und einen angemessenen Lebensstandard aufrechtzuerhalten. In den Städten verloren die Eliten jedoch jeglichen Bezug zur schwarzen Landbevölkerung; letztlich mußten sie sogar an der Ausgrenzung der Bauern interessiert sein, denn schließlich produzierte die schwarze Landbevölkerung – und dies sollte so bleiben! – die materielle Grundlage des städtischen Lebens. Zwar hatte Pétion die Wünsche der Bauern erfüllt; die kulturelle Kluft zwischen *anciens libres* und *nouveaux libres* hatte sich aber räumlich institutionalisiert, und die Interessen der Eliten sprachen für die Beibehaltung der Verhältnisse. 1818 starb Alexandre Pétion unverhofft im Alter von 48 Jahren. Er hinterließ ein wirtschaftlich armes, in sozialer Hinsicht jedoch weitestgehend harmonisiertes Land.

Während Pétion den Süden der ehemaligen Kolonie Saint-Domingue regierte, herrschte im Nordteil Henri Christophe, der sich nach Dessalines' Tod (1806) ja geweigert hatte, die republikanische Verfassung zu akzeptieren und statt dessen die Sezessionsbewegung anführte, die zur Spaltung des Landes in zwei rivalisierende Staaten führte. Henri Christophe hatte eine Bilderbuchkarriere hinter sich gebracht: Geboren war er am 6. Oktober 1767 auf der zum britischen Empire gehörenden Insel Grenada. Seine rötlichbraune Hautfarbe legt die Vermutung nahe, daß ein Elternteil mulattisch war. Christophe selbst schwieg dazu – aus politischen Gründen, da es sein Ziel war, von der Bevölkerung als Schwarzer akzeptiert zu werden. Als junger Knabe wurde er in die Dienste eines französischen Zuckerfarmers gestellt und von diesem in Cap-Français bald als Koch engagiert. Mit elf Jahren folgte der Eintritt in ein Infanterieregiment, das die Franzosen unter der schwarzen und mulattischen Bevölkerung aushoben. Die Aufnahme in die französische Armee bedeutete zur damaligen Zeit für die Sklaven praktisch die Freilassung. In den darauffolgenden Wirren der Revolutions- und Unabhängigkeitskriege geriet der junge Christophe bald an die Seite Toussaint-L'Ouvertures und beeindruckte diesen durch taktisches Geschick im Kampf gegen die Briten. Schnell wurde er befördert, und zu Beginn der französischen Invasion im Jahr 1802 verwaltete er im Rang eines Generals den Nordteil der Insel. Zwar gelang es nicht, durch Niederbrennen der Küstenstädte, die Franzosen an der Landung zu hindern, aber Christophe leistete als *guerrillero* von den Bergen her zähen Widerstand. Mit Ausrufung der haitianischen Unabhängigkeit (1804) übertrug ihm Dessalines erneut das Kommando über den Norden der Insel und machte ihn bald darauf zum stellvertretenden Oberkommandierenden der Armee. Damit wurde Christophe gleichzeitig zum Nachfolger von Dessalines erkoren. Sein Biograph Hubert Cole hebt besonders den Stolz und die würdevolle Haltung hervor, die Henri Christophe auszeichneten (Cole: S. 30ff.).

Nachdem er 1806 seine Herrschaft im Nordteil etabliert hatte, verfolgte er vorerst das Ziel, auch den Süden zu beherrschen. Nach wie vor hielt er seinen Herrschaftsanspruch für legitim und begann daher die Vorbereitungen zur Invasion. Die Feindseligkeiten beschränkten sich jedoch größtenteils auf Grenzgefechte. 1812 setzte Christophe zum letzten ernsthaften Versuch an, die Republik im Süden zu besetzen. Es gelang ihm auch, bis zur Hauptstadt vorzudringen; doch Port-au-Prince widerstand der Belagerung, woraufhin Christophe nun endgültig von diesem Unterfangen abließ (Heinl: S. 150).

Statt weiter vergeblich die Süd-Republik zu bekämpfen, widmete sich Christophe nun der Verwaltung seines Landes. Am 28. März 1811 erklärte er (Nord-)Haiti zum Königreich und sich selbst zum unumschränkten Herrscher Henri I. Mit diesem Schritt knüpfte er an die Tradition seines Vorgängers Dessalines an. Zugleich orientierte er sich dabei an den europäischen Monarchien, denen er sich ebenbürtig präsentieren wollte. Bemerkenswert ist jedenfalls der Aufwand, mit dem Henri I. der höfischen Etikette seiner europäischen Vorbilder nacheiferte. Knapp eine Woche nach der Proklamation des Königreiches verteilte Christophe unter seinen engsten Gefolgsleuten Adelstitel: Vier Prinzen, acht Herzöge, zweiundzwanzig Grafen und eine große Zahl niederer Adliger bildeten fortan die Aristokratie. Mit peinlicher Genauigkeit erließ der Herrscher eine höfische Kleiderordnung für das Gefolge und schuf vom Zeremonienmeister abwärts eine vollständige Hofdienerschaft (Cole: S. 191 ff.). Die Krönung setzte er auf den 2. Juni fest; eigens zu diesem Zwecke ließ er eine neue Kirche in dem nach ihm benannten Cap Henri (Cap Haitien) errichten. Mit dem Segen des Heiligen Stuhls konnte Christophe bei seiner Krönung allerdings nicht rechnen. Da er sich aber dennoch dem Katholizismus verbunden fühlte, ernannte er (unter heftigem Protest des Vatikans) den Kapuzinerpräfekten Pater Corneille Brelle zum Erzbischof (Comhaire: S. 2). Dieser hatte schon Dessalines die kirchlichen Weihen verliehen und war entzückt über seine plötzliche »Beförderung«. Mit großem Prunk wurden sodann die Krönungsfeierlichkeiten durchgeführt; die Gegenwart des freundschaftlich zuprostenden britischen Schaluppenkapitäns Douglas sollte vielleicht schon der Vorbote guter Beziehungen zu Großbritannien sein.

Die unablässige, beinahe schon manische Furcht vor einer neuen Invasion der Franzosen trieb König Henri I. zu äußersten Verteidigungsanstrengungen. Leidenschaftlich sammelte er große Teleskope aus englischer Produktion und ließ sie an den Küsten seines Reiches installieren. Der gewaltigste Auswuchs seiner Furcht war jedoch der Bau von Befestigungsanlagen an den Küsten. Das mit Abstand größte Projekt, das der König seinen Untertanen abverlangte, bildete die noch heute als Ruine bestehende Zitadelle La Ferrière südlich von Cap Henri. Über 20000 Menschenleben soll der Bau dieses gigantomanen Projekts gekostet haben; der militärische Wert der Bergfestung scheint übrigens die Anstrengungen nicht gelohnt zu haben. Aber nicht nur Wehrarchitektur beanspruchte die Kräfte seiner Untertanen; gerade der Lebensstil des Herrschers durfte keinesfalls dem seiner europäischen »Kollegen«, vor allem nicht dem Napoleons, nachstehen. So überzog nach kurzer Zeit eine Reihe kleiner Lustschlösser und Herrenhäuser das Land, die mit ihren klangvollen Namen, wie Belle-Vue-le-Roi oder Victoire, von der Größe des Reiches künden sollten. Zu Füßen der Zitadelle La Ferrière verfügte Henri I. den Bau seines eigenen pompösen, Versailles nachgeahmten Regierungspalastes, der zu Ehren Friedrichs des Großen den Namen Sans-Souci erhielt. Dort war es, wo er seinen Regierungsgeschäften nachging, Empfänge abhielt und Audienzen gab.

General Henri Christophe, König von Haiti (1767-1820)

Aber nicht nur die Hofhaltung der Europäer beeindruckte den »Inselkönig«; auch die europäische Bildung hatte es Henri I. angetan. Thomas Clarkson und William Wilberforce, zwei britische Sklavereigegner, fungierten bei der Erziehung seiner Untertanen als Berater. Christophe übertrug ihnen den Aufbau eines Schulsystems nach britischem Vorbild und warb eine Anzahl Lehrer aus Großbritannien an (Heinl: S. 149). Sein kulturelles Engagement förderte noch weitere Früchte zu Tage; so ließ er z. B. zahlreiche Bücher drucken, immer von dem heimlichen Wunsch getrieben, eine zivilisatorische Vorreiterrolle in der Welt zu spielen (Donner: S. 44). Christophe war auch daran interessiert, seinem Volk den katholischen Glauben nahezubringen und den als Barbarei verurteilten Voodoo-Kult zu bekämpfen (Nicholls 1970: S. 402). Den Katholizismus erklärte er zur Staatsreligion. Die Unterstützung des Heiligen Stuhls hatte er sich jedoch schon mit der eigenmächtigen Investitur des Kapuzinerpaters zum Erzbischof anläßlich der Krönungsfeierlichkeiten verspielt. Deswegen verbreitete sich auch der Voodoo, sehr gegen seinen Willen – ebenso wie gleichzeitig im Süden – weiter unter der Bevölkerung. Daß diese synkretistische Religion in Haiti so tiefe Wurzeln schlagen konnte, wird häufig mit dem »großen haitianischen Schisma« erklärt. Verstanden wird darunter die Trennung der haitianischen Kirche von Rom während der Unabhängigkeitsphase bis zum Konkordat von 1860. Offiziell blieb das Land zwar katholisch, faktisch aber verfiel es stets weiter in Aberglauben, und gegenüber dem Voodoo wurde durchaus Nachsicht geübt. Unter der Herrschaft von Kaiser Soulouque (1849-1859) erfuhr der Voodoo eine Zeitlang eine außergewöhnliche Aufwertung. (Übrigens kümmerte sich die katholische Kirche auch nach dem Konkordat von 1860 kaum um den Voodoo. Sie verurteilte ihn zwar von der Kanzel herab, hoffte aber im übrigen auf eine gleichsam sich selbst einstellende Christianisierung der haitianischen Bevölkerung.)

In der Außenpolitik war König Henri I., ebenso wie sein Rivale im Süden, äußerst zurückhaltend. Zwar galt auch für den König die Abschaffung der Sklaverei als wichtigste Legitimation seiner Herrschaft, aber dennoch respektierte er ausdrücklich den von Europa betriebenen Sklavenhandel in der Karibik. Seine engsten Berater, der mulattische Baron de Vastey und der für Außenpolitik zuständige Graf von Limonade, wurden nicht müde, das Ausland vom konservativen Charakter der königlichen Politik zu überzeugen. »Wir sind keine Freunde von Revolutionen«, ließen sie wiederholt verlautbaren (Nicholls 1979: S. 47).

Auch für das Königreich stellte der Handel mit dem Ausland die wichtigste Einnahmequelle dar. Noch stärker als im Süden wurde diese Tatsache in der Verfassung des Reiches berücksichtigt. Das Eigentum ausländischer Kaufleute im Land wurde ausdrücklich geschützt, Händlern und Spekulanten wurde größtmögliche Freiheit in der Ausübung ihres Gewerbes gewährt. Besonders die Briten nutzten die günstigen Bedingungen und avancierten zu einem seiner wichtigsten Handelspartner (Nicholls 1985: S. 91). Aufgrund ihrer engen wirtschaftlichen und kulturellen Beziehungen erhoffte sich der König britischen Beistand im Falle eines Invasionsversuchs der Franzosen (Nicholls 1979: S. 52).

Im Unterschied zur Republik des Südens war die binnenwirtschaftliche Entwicklung des Königreiches durch die Beibehaltung des Plantagensystems gekennzeichnet. Wie Dessalines, versuchte auch Henri Christophe die *grande culture* (große landwirtschaftliche Einheit) lebensfähig zu halten, auf die der einstige Wohlstand der Kolonie zurückzuführen war. Faktisch übernahm er die unter staatlicher Kontrolle stehenden Plantagen und trieb die Bauern mit drastischen Mitteln zur Arbeit. Unter seiner Herrschaft mußten die Landarbeiter die Felder von Sonnenaufgang bis Sonnenuntergang bearbeiten. Das Wochenende sollte der Erholung und religiösen Unterweisung dienen. Verpachtung von Staatsländereien genehmigte der König nur unter der Auflage, ein Drittel des Ertrags den Arbeitern zukommen zu lassen. Zur Aufrechterhaltung der Arbeitsdisziplin ließ Henri I. eine spezielle Militärpolizei ausbilden, die in den 56 Verwaltungsbezirken des Reiches über die Einhaltung der Arbeitsordnung wachen sollte. In jedem Bezirk stand dieser Truppe ein Armeeoffizier vor, der zugleich richterliche Kompetenzen ausübte und so den königlichen Willen auf dem Lande durchsetzte (Cole: S. 209 ff.).

Daß es im Endeffekt gelang, zumindest bis 1819 diese harten Maßnahmen aufrechtzuerhalten, muß auch im Zusammenhang mit der ethnischen Zugehörigkeit Christophes gesehen werden. Seine dunklere Hautfarbe erlaubte ihm viel eher die Durchsetzung unpopulärer Maßnahmen gegenüber der schwarzen Bevölkerung, als dies den Mulatten im Süden möglich war. Der wirtschaftliche Erfolg Henris I. ist unbestritten, und das Königreich sollte schnell großen Wohlstand erlangen. Sicherlich war im Norden der Insel der fruchtbarere Boden; außerdem aber erwies sich die wirtschaftspolitische Alternative zu Pétions Reformpolitik als ökonomisch weitaus erfolgreicher.

Bald jedoch zeigte die despotische Politik des Königs auch ihre nachteiligen Seiten. Die enormen Anstrengungen, die Henri I. seinen Untertanen für den Bau der königlichen Repräsentationsbauten abverlangte, und die Beibehaltung der Zwangsarbeit konnten auf lange Sicht nur Unzufriedenheit in der Bevölkerung, vor allem in der Armee, hervorrufen. Im Juli 1819 sah sich sodann auch Christophe gezwungen, Plantagenland zu parzellieren und an die Bevölkerung zu verteilen. Gleichzeitig gelang es ihm, eine erforderliche Reorganisation der Streitkräfte durchzuführen. Das enorm aufgeblähte stehende Heer (35 000 Mann!) sog große Summen aus dem Staatsbudget. Eine zahlenmäßig reduzierte Miliz sollte die Wehrhaftigkeit des Reiches erhalten; den aus dem Dienst entlassenen Soldaten wurde als Entlohnung Plantagenland zugeteilt. Die Aufteilung der Latifundien kam jedoch zu spät, um die steigende Unzufriedenheit in der Armee noch abzufangen. Besoldungsrückstände, der Einsatz der Truppen zu Schwerarbeit und das Fehlen militärischer Aufgaben förderten den Unmut der einfachen Soldaten. Die Meuterei begann in den unteren Chargen der Armee, griff sodann schnell auf den Generalstab über. Der von einer halbseitigen Lähmung schon angeschlagene Herrscher ließ jetzt schwache Seiten erkennen, die selbst engste Vertraute ermutigten, sich gegen ihn zu wenden. Als Tyrann beschimpfte man ihn und organisierte den Aufstand. Henri I. erkannte die Auswegslosigkeit der Situation und ergab sich seinem Schicksal. Doch selbst sein Ende setzte er noch theatralisch in Szene: Im Oktober 1820 beendete er in den Gemächern seiner Residenz Sans-Souci mit einem Pistolenschuß sein Leben. Ein silbernes Projektil durchschlug sein Herz (Heinl: S. 162).

2. Die Präsidentschaft Boyers: Mulatten und Schwarze

Mit dem Tod Alexandre Pétions im Jahre 1818 trat sein enger Mitarbeiter und einstiger Minister Jean Pierre Boyer die Nachfolge auf Lebenszeit an. Auch Boyer hatte, wie Pétion, lange Zeit in Frankreich verbracht und dort seine militärische Karriere begonnen.

Drei politische Ereignisse sollten die lange Regierungszeit dieses Mulatten markieren: die Rückführung des Nordens in die Republik im Jahre 1820, die Annexion des östlichen, spanischsprachigen Territoriums Santo Domingo und die Anerkennung der Unabhängigkeit des jungen Staates durch die vormalige Kolonialmacht Frankreich.

Gleich zu Beginn seiner Amtszeit offenbarte Boyer Gespür für das politisch Machbare, Geschick im Taktieren und den unbedingten Willen zur Macht. Der Tod König Henris eröffnete dem Präsidenten die Möglichkeit, die Einheit Haitis wieder herzustellen. Von den Rebellen im Norden um Hilfe gebeten, nutzte er den günstigen Augenblick und führte seine Armee umgehend in das Königreich, besetzte ohne Schwierigkeiten St. Marc, dann Cap Henri (Cap Haitien) und erklärte Haiti am 21. Oktober 1820 für vereinigt (Baur 1947: S. 313f.). Danach konnte er sich neuen Zielen zuwenden: Für alle haitianischen Regierungen seit der Unabhängigkeit bedeutete die Besetzung des spanischsprachigen Ostens – Santo Domingo – ein verlockendes Unternehmen. Von der Annexion versprachen sich die Haitianer nicht nur eine Verbesserung der wirtschaftlichen Lage; sie hofften auch, daß die Vergrößerung des Territoriums eine günstigere Ausgangslage für Verhandlungen über die internationale Anerkennung des Landes schaffen würde. Hinderlich schien nur, daß die Gesellschaftsstruktur Santo Domingos sich grundlegend von der Haitis unterschied. Die Bevölkerung des Ostens bestand vorwiegend aus Weißen und Mulatten, die gemeinsam unter so ärmlichen Bedingungen lebten, daß Rassenvorurteile kaum eine Rolle spielten. Demzufolge waren ein ähnlicher Befreiungskampf gegen die spanische Kolonialmacht und der freiwillige Anschluß des Ostens nicht zu erwarten. 1795 war der Ostteil ja schon einmal französisch geworden; er blieb es – über die Unabhängigkeit Haitis hinaus – bis 1809, als eine Rebellion die Franzosen vertrieb. Danach kehrte Spanien als Kolonialmacht zurück. Zu Beginn der 1820er Jahre nun war José Núñez de Cáceres, die rechte Hand des spanischen Gouverneurs Don Pascual Real, der Anführer der schwachen Freiheitsbewegung gegen das koloniale Regime von König Ferdinand VII. Núñez de Cáceres favorisierte allerdings im Falle seines Sieges eher den Beitritt zu der von Simón Bolívar geförderten Konföderation »Groß-Kolumbien« anstelle einer Vereinigung mit Haiti (Moya Pons 1985: S. 252ff.).

Gestützt auf die schwachen Armeekräfte der Hauptstadt Santo Domingo, überraschte Núñez de Cáceres am 1. Dezember 1821 den spanischen Gouverneur im Schlafe, ließ ihn festnehmen und proklamierte das Ende der spanischen Kolonialherrschaft. Boyer fürchtete zu diesem Zeitpunkt die Rückkehr der Franzosen. Gerüchte waren in Umlauf, denen zufolge Frankreich plante, Haiti von Osten her, über die unbefestigten Küsten Santo Domingos, zu erobern. Um dieser vermeintlichen Gefahr zuvorzukommen, sicherte sich Boyer im Januar 1822 die Unterstützung des Senats für einen Feldzug nach Osten. In Briefen an Núñez de Cáceres versuchte er, diesen von den Vorteilen einer Vereinigung mit Haiti zu überzeugen. Der Dominikaner schenkte seinem Nachbarn zwar keinen Glauben; im Bewußtsein seiner militärischen Unterlegenheit blieb ihm jedoch nichts anderes übrig, als Boyer gewähren zu lassen. Nach einem raschen Einmarsch mit 7000 Mann wurden dem haitianischen Präsidenten schon am 9. Februar 1822 in der Hauptstadt Santo Domingo die Stadtschlüssel überreicht; mit einem Gottesdienst in der Kathedrale der Hauptstadt beschloß man die Annexion (Baur 1947: S. 317 ff.).

Mit dem Anschluß Santo Domingos ließ Boyer auch Verfassung und Administration Haitis in den Ostteil »exportieren«. Sein erster Schritt bestand darin, die Abschaffung der Sklaverei zu proklamieren. Dann verordnete er die Konfiszierung großer, im Besitz von Weißen befindlicher Landgüter und verteilte sie unter den landlosen Mulatten und Schwarzen. Auch die Ländereien der Katholischen Kirche fielen, begleitet von deren heftigem Protest, diesen Maßnahmen zum Opfer. Außerdem ließ Boyer die haitianische Straf- und Zivilprozeßordnung auf den Osten übertragen, und französischsprachige Beamte übernahmen die bisherigen Aufgaben ihrer spanischen Kollegen in der Verwaltung. Mit seiner rigorosen Haitianisierungspolitik behandelte Boyer Santo Domingo praktisch wie besetztes Gebiet; die Ressentiments der Dominikaner gegen ihn sollten sich bis zum Ende seiner Amtszeit erhalten.

Der spanische König verfolgte währenddessen besorgt die Ereignisse und entsandte den kubanischen Intendanten Felipe de Castro, um mit Boyer über die Rückgewinnung seiner einstigen Kolonie zu verhandeln. Doch die Verhandlungen fanden mit der ablehnenden Haltung des Haitianers ein rasches Ende, und Ferdinand VII. sah keine Möglichkeit, seine Forderungen militärisch durchzusetzen (Baur 1947: S. 320).

Je mehr sich die Herrschaft Boyers festigte und Haitis Territorium wuchs, desto größer wurde sein Wunsch, die Unabhängigkeit nach außen hin gesichert zu wissen. Nach wie vor war ja die Republik diplomatisch und politisch isoliert. Schmerzlich für das Selbstbewußtsein des neuen Staates war besonders die unversöhnliche Haltung Frankreichs. Ludwig XVIII. betrachtete Haiti als abtrünnige Kolonie und zeigte keine Absicht, die Unabhängigkeit des Inselstaates anzuerkennen. Von 1823 an schleppten sich die Verhandlungen mit Paris hin; in ihrem Verlauf wurde deutlich, daß Haiti einen hohen Preis für die Anerkennung seiner Unabhängigkeit würde zahlen müssen. 1825 erreichte man schließlich eine Regelung, derzufolge die Republik die enorme Summe von 150 Millionen Francs als Ausgleichszahlungen an vertriebene weiße Landbesitzer zahlen mußte. Außerdem mußte Boyer die Halbierung der Zollgebühren für auf französischen Handelsschiffen importierte Waren gewähren. Die Konditionen der Abmachung waren unverhältnismäßig hart, und der Präsident hätte sicherlich nicht zugestimmt, wenn nicht mehrere französische Kriegsschiffe auf Reede vor Port-au-Prince gelegen hätten. Unter dem Druck der Kanonen wurde schließlich das Abkommen unterzeichnet; fortan konnte Frankreich bestimmenden Einfluß auf den haitianischen Handel ausüben. Boyers Kniefall vor dem Stärkeren war nicht zu vertuschen, der Franzosenhaß in der Bevölkerung war dafür allgegenwärtig (Nicholls 1985: S. 97).

Erst dreizehn Jahre später, während der Regierungszeit des französischen »Bürgerkönigs« Louis Philippe (1830-1848), wurde in einer neuerlichen Abmachung mit Frankreich die Höhe der Ausgleichszahlungen deutlich herabgesetzt und die bedingungslose Anerkennung der Unabhängigkeit Haitis in den Vertragstext übernommen. Große Geduld hatte Präsident Boyer aufwenden müssen, bis sein Name von der Schmach des ersten Vertragsschlusses reingewaschen war (Baur 1947: S. 324).

Auch von den Vereinigten Staaten konnte Boyer zunächst keine Anerkennung erwarten. Zwar stieg zu Beginn der 20er Jahre der Umfang des Handels mit den USA deutlich an, die Frage der Anerkennung berührte diese Tatsache jedoch nicht. US-Präsident James Monroe lehnte 1823 mit Hinweis auf das verfassungsmäßige Eigentumsverbot für Ausländer das Ansinnen der Haitianer kategorisch ab. Auch in der Folgezeit trugen die USA erheblich zur internationalen Isolierung Haitis bei. Als 1825 der erste hemisphärische Kongreß lateinamerikanischer Staaten stattfinden sollte, wollte Simón Bolívar auch Haiti zur Teilnahme einladen. Die USA widersetzten sich – wahrscheinlich aus Angst, daß die Frage der Sklavenemanzipation zur Sprache kommen könnte – diesem Ansinnen; schließlich beugte sich der undankbare Bolívar, dem Pétion in schwierigen Situationen wiederholt geholfen hatte, den Forderungen der Vereinigten Staaten und verzichtete auf eine Einladung Haitis.

Zur gleichen Zeit machten US-Händler hervorragende Geschäfte mit Haiti: Im Jahr 1821 versorgten sie die Inselrepublik mit 45 Prozent ihrer Importwaren; Großbritannien lieferte 30, Frankreich 21 Prozent. Im gleichen Jahr nahmen die USA 25 Prozent der haitianischen Exporte auf; der größte Teil des haitianischen Handelsbilanzdefizits ging auf dieses Ungleichgewicht zurück, das in den folgenden Jahren noch deutlich zunahm. Um die Jahrhundertmitte – die Vereinigten Staaten hatten die Unabhängigkeit Haitis noch immer nicht anerkannt, somit bestanden auch keine diplomatischen Beziehungen – war der US-Handel mit Haiti größer als der mit den meisten lateinamerikanischen Staaten. Die Inselrepublik importierte nahezu alles aus den Vereinigten Staaten: Fleisch und Milchprodukte, Weizen, Fisch, Holz, Seife, Tabak (Trouillot: S. 52-54).

In seiner Politik gegenüber den USA verfolgte Boyer noch ein weiteres Ziel. Haiti mangelte es besonders an qualifizierten Handwerkern und Facharbeitern. Die Ansiedlung schwarzer Nordamerikaner eröffnete die Möglichkeit, einen Grundstock an ausgebildeten Arbeitskräften zu schaffen. Der ehemalige US-Präsident Thomas Jefferson wiederum suchte die drohende Bildung eines Staates freier Schwarzer innerhalb der Union zu verhindern und trat daher gerne mit der haitianischen Regierung in Verhandlungen ein. Im Jahr 1824 verließen daraufhin dreißig schwarze Familien Philadelphia, und bis zum Jahr 1828 stieg die Zahl der nach Haiti einwandernden schwarzen US-Amerikaner auf dreizehntausend. Den Zahlen zum Trotz überwog bei den Neuankömmlingen jedoch die Enttäuschung über schlechte Wohn- und Lebensverhältnisse in der neuen Heimat; viele kehrten in die USA zurück (Baur 1947: S. 325 ff.).

Den Briten gegenüber war Präsident Boyer überaus reserviert. Jedoch muß man annehmen, daß seine Vorbehalte eher auf persönlichen Animositäten als auf politischer Analyse beruhten. Großbritannien hatte sich ja schon früh als ein Fürsprecher haitianischer Unabhängigkeit erwiesen und hegte gewisse Sympathien für den Inselstaat. Christophe und Pétion, Boyers Vorgänger, hatten auch gute Erfahrungen mit den Briten gemacht, und kurzzeitig war England sogar zum wichtigsten Handelspartner des Inselstaates avanciert. Als Großbritannien 1823 Mexiko und Kolumbien anerkannte, Haiti jedoch unachtsam überging, erkalteten die Beziehungen schlagartig. Umgehend ließ Boyer die unter Pétion eingeführten Handelsprivilegien für britische Kaufleute streichen (Baur 1947: S. 328). Erst einige Jahre später, im Mai 1826, erkannte Großbritannien Haitis Unabhängigkeit im Gefolge Frankreichs an; die kleineren europäischen Länder, wie z. B. Dänemark und Schweden, schlossen sich an.

Präsident Boyer hatte ebenfalls großes Interesse daran, mit dem Vatikan zu einem Ausgleich zu kommen. Die offizielle Religion der Republik war schließlich der Katholizismus, und sowohl der bedauernswerte Zustand des haitianischen Klerus als auch die darniederliegenden Beziehungen zum Heiligen Stuhl trugen dieser Tatsache nicht Rechnung. In den zwanziger Jahren war kaum etwas vom katholischen Klerus aus kolonialen Zeiten geblieben. Weder Bischöfe noch Dekane verweilten auf der Insel, und nur einige schlecht ausgebildete, durch die Wirren der lateinamerikanischen Unabhängigkeitskriege versprengte Priester hatten in Haiti Zuflucht gefunden (Comhaire: S. 2 f.). Gute Beziehungen mit dem Vatikan hätten den Aufbau eines funktionierenden Schulsystems, das von der Kirche getragen worden wäre, gefördert. Das Scheitern sämtlicher Kontaktbemühungen führte daher zur Beibehaltung des katastrophalen Bildungsniveaus im Land.

Die religiösen Verhältnisse änderten sich etwas mit der Annexion von Santo Domingo. Die Hauptstadt war ja der älteste Bischofssitz der Neuen Welt – 1511 war Santo Domingo schon in den Rang einer römisch-katholischen Diözese erhoben worden. Erzbischof Valera Ximenes soll dem neuen haitianischen Regime zwar wenig geneigt gewesen sein, Pflichterfüllung hatte seiner Meinung nach jedoch Vorrang vor persönlichen Vorlieben. Als Valera sich aber weigerte, den Bischofssitz nach Port-au-Prince zu verlegen, verwies Präsident Boyer ihn kurzerhand des Landes (Comhaire: S. 4).

Während der dreißiger Jahre unternahm Papst Gregor XVI. wiederholt den Versuch, mit der Republik zu einem Konkordat zu gelangen. Sein Unterhändler Bischof John England aus South Carolina besuchte in jenen Jahren dreimal die Insel, konnte dem Papst im Auftrag des Präsidenten aber immer nur inakzeptable Bedingungen präsentieren. Boyer bestand auf dem Vorrecht, die Bischofsinvestituren selbst vornehmen zu dürfen, und wollte einen heimischen Klerus heranbilden lassen, ohne dem Papst entsprechende Kontrollmöglichkeiten zu gewähren. Erst zu Beginn der vierziger Jahre wurden die Gespräche wieder aufgenommen; der Sturz Boyers bereitete den Bestrebungen jedoch ein jähes Ende (Comhaire: S. 4f.). Die fehlende Anerkennung der haitianischen Unabhängigkeit durch den Heiligen Stuhl sollte auch Haitis politische Integration in Lateinamerika behindern.

Begabung für die große Politik wird dem haitianischen Präsidenten von allen seinen Biographen einmütig zugebilligt. Die diplomatischen Erfolge seiner Amtszeit sprechen auch für sich. Boyer ließ kaum eine günstige Gelegenheit verstreichen, und nur selten erlitt er Fehlschläge. Er verstand es auch, die schwarze Bevölkerung von seiner Politik zu überzeugen, indem er des öfteren den beliebten Pétion als seinen »Vorgänger« bezeichnete. Sichtbar in der Tradition des ersten Republikaners, erlangte Boyer eine unzweifelhafte Legitimation für seine Regierung. Auch den potentiellen Konflikten zwischen schwarzer und mulattischer Elite begegnete er mit großem Geschick. In der Ämterverteilung achtete er sorgfältig auf ein ausgewogenes Verhältnis zwischen den beiden Ethnien. »Teile und herrsche«, scheint seine realpolitische Maxime gewesen zu sein; nicht umsonst bezeichnet ihn sein Biograph John E. Baur als den »haitianischen Machiavelli« (S. 340).

Schon Pétion hatte durch den eigenwilligen Umgang mit dem Senat das republikanische Regierungssystem aufgeweicht. Gegen Ende der Amtszeit Boyers jedoch glich es nurmehr einer Hülle. Die Vergabe von Senatorenämtern erfolgte fast ausschließlich nach den Wünschen des Regierungschefs, und dessen lebenszeitliche Präsidentschaft sicherte die Perpetuierung dieser Praxis. Andererseits ist es fraglich, ob die politisch völlig ungebildete Mehrheit der Bevölkerung zu verantwortlichem Handeln hätte herangezogen werden können. Durch eine elitäre Bildungspolitik jedoch verhinderte Boyer gezielt die Unterweisung der bäuerlichen Massen (Baur 1947: S. 341 f.).

Präsident Boyers Herrschaft stützte sich auf eine kleine Gruppe von Förderern, die innerhalb der mulattischen Elite eine Clique bildeten. Das selbstherrliche, exklusive Regime erregte gerade bei den jüngeren, gebildeten Mulatten in zunehmendem Maße Mißgunst. Besonders die Ausgrenzung der Eliten vom politischen Entscheidungsprozeß sollte der Ansatzpunkt ihrer Kritik werden. Im republikanischen Unterhaus mehrten sich die Stimmen gegen die Willkürherrschaft des Präsidenten. Um den Abgeordneten Hérard Dumesle sammelten sich Regimekritiker wie Beauvais Lespinasse, Emile Nau und der Historiker Joseph Saint-Rémy, die übereinstimmend ökonomische und soziale Reformen forderten. Im Bereich der Wirtschaft favorisierten sie die Ansiedlung von Manufakturbetrieben, um die Abhängigkeit Haitis vom Export von Grundstoffen wie Kaffee und Holz zu beenden. Außerdem forderten sie, Anreize für ausländische Investitionen zu gewähren. Industrialisierung, so glaubten sie, sei die Grundlage nationalen Wohlstands, und nur durch die Herstellung von Fertigprodukten im eigenen Land sei Haitis wirtschaftliche Abhängigkeit vom Ausland zu beheben. Boyer warfen sie vor, eine »statische« Wirtschaftspolitik zu betreiben und jeglicher Entwicklung im Wege zu stehen (Nicholls 1985: S. 99).

Ihren kulturellen Auftrag definierten sie über die Sammlung aller Kräfte für die Besinnung auf eine originär haitianische Kultur. In der Zeitschrift *Le Républicain*, die ihnen als Sprachrohr diente, forderten diese jungen Liberalen, der haitianischen Unabhängigkeit zu neuer Geltung zu verhelfen. Sie sahen sich als Avantgarde schwarzen Selbstbewußtseins in der Welt, das in einer Synthese von tradierten afrikanischen Kulturgütern und dem Geist des liberalen Frankreich einen neuen, spezifisch haitianischen Ausdruck finden sollte (Nicholls 1979: S. 74).

In den Unterhauswahlen von 1842 wurden Hérard Dumesle und André Laudun aus Les Cayes, dem Zentrum der oppositionellen Bewegung, zu Abgeordneten gewählt. Alsdann wählte diese Kammer unter lautstarkem Protest Boyers Laudun zum Vorsitzenden. Mit den üblichen Mitteln von Drohung und Bestechung erreichte der Präsident allerdings sehr bald die Absetzung des Reformers. Doch die Opposition fühlte sich nunmehr stark genug, diese Demütigung nicht schweigend hinnehmen zu müssen. Im September desselben Jahres wurde die »Gesellschaft für Menschen- und Bürgerrechte« gegründet und ein Manifest veröffentlicht, welches die Regierung in scharfen Worten der Korruption und des Amtsmißbrauchs bezichtigte. Gefordert wurden tiefgreifende Verfassungsänderungen; eine provisorische Regierung formierte sich. Genau um diese Zeit kam den Reformern ein verheerendes Erdbeben »zu Hilfe«, das weite Teile der Insel verwüstete. Auf dem Lande beschuldigte man die Regierung, nichts für die Opfer getan zu haben, und so breitete sich die Revolte über das ganze Land aus. Nach mehreren gescheiterten Versuchen, den Aufstand niederzuschlagen, verließ Boyer Haiti an Bord eines britischen Kriegsschiffes mit Kurs auf Jamaika: eine Praxis, die bald Nachahmer finden sollte.

So sehr Präsident Boyer sein Talent auf der Bühne der großen Politik beweisen konnte, an der Lösung der wirtschaftlichen Probleme im eigenen Land versagte oftmals sein Geschick. Sein Vorgänger Pétion hatte ihm ein verarmtes Land vererbt, und diese Tatsache stellte ihn vor zahlreiche Probleme. Noch immer litt Haiti an den Folgen der verheerenden Unabhängigkeitskriege, und dem wirtschaftlichen Niedergang, der vor allem den Exporthandel einbrechen ließ, konnte – jedenfalls mit den Maßnahmen seines republikanischen Vorgängers – nicht Einhalt geboten werden. Lediglich die mit strengen Disziplinarmaßnahmen aufrechterhaltene Plantagenwirtschaft im Königreich Christophes war noch in der Lage gewesen, Überschüsse zu erwirtschaften. Den stattlichen Betrag von sechs Millionen US-Dollar konnte Boyer bei der Vereinigung Haitis aus der königlichen Schatzkammer konfiszieren (Donner: S. 45). Aber mit der Übernahme des Nordens ließ Boyer auch dort, durchaus in Übereinstimmung mit der Bevölkerungsmehrheit, die Plantagen parzellieren und unter den Kleinbauern und Armeeangehörigen aufteilen. Tabelle 3 läßt den Verfall der Exportwirtschaft bis in die 1840er Jahre erkennen:

Tabelle 3: Haitianische Exporte 1789-1841 (in Pfund)

Produkt	1789	1801	1818	1820	1826	1836	1841
Rohzucker	141 089 831	18 535 112	5 443 765	2 517 289	32 864	16 199	1 363
Kaffee	76 835 219	43 420 270	26 065 200	35 137 759	32 189 784	37 662 672	34 114 717
Baumwolle	7 004 274	2 480 340	474 118	346 839	620 972	1 072 555	1 591 454
Kakao	–	648 518	434 368	556 424	457 592	550 484	640 618
Indigo	758 628	804	–	–	–	–	–
Farbhölzer	–	6 768 634	6 819 300	1 919 748	5 307 745	6 767 902	45 071 391
Tabak	–	–	19 140	97 600	340 588	1 222 716	3 219 690

Quelle: Knight: S. 241

Nachdem der Präsident seine außenpolitischen Erfolge gefeiert hatte, holte ihn die wirtschaftliche Misere des Landes wieder ein. Der Verfall der Hauptstadt schritt, nach den Berichten europäischer Reisender zu urteilen, in rasendem Tempo voran; Bewässerungssysteme und Infrastruktur lagen seit der Revolution darnieder, und die gewaltige Summe der Ausgleichszahlungen an Frankreich belastete den schwachen Staatshaushalt. Bald waren auch die Rücklagen aus dem Erbe Christophes aufgebraucht, und gegen Mitte der zwanziger Jahre sanken außerdem die Weltmarktpreise für Kaffee, das Hauptausfuhrprodukt der Insel (Rotberg: S. 67). Darüber hinaus mangelte es an (dringend erforderlichen) Landwirtschaftsexperten, nachdem ja die Masse der schwarzen Bevölkerung in agrarischen Fragen völlig unerfahren war. Und viele Autoren betonen häufig, daß die Sklavenbefreiung in weiten Teilen der Bevölkerung das Bedürfnis geweckt hatte, die neuen Freiheiten in vollen Zügen zu genießen. Man begnügte sich damit, das Notwendigste zu produzieren, und ansonsten dem Müßiggang zu frönen (z.B. Baur 1947: S. 332). Die Folge war eine ständige Fluktuation von Arbeitskräften, die den wenigen verbliebenen Plantagenbesitzern die Bearbeitung ihrer Güter erschwerte. Die Kleinbauern hingegen pflanzten beispielsweise Jamswurzeln und kultivierten Bananenstauden, Baumwollpflanzen und Kaffee für den Eigenbedarf. Ein Pferd, eine Kuh oder ein Schwein zu besitzen, galt schon als besonderes Glück; die Produktion von Überschüssen lohnte sich aufgrund der niedrigen Aufkaufpreise der *spéculateurs* ohnehin nicht besonders (Rotberg: S. 73). Die Verwahrlosung der Landwirtschaft schien, zeitgenössischen Berichten zufolge, selbst vor den Ländereien des Präsidenten nicht halt gemacht zu haben.

Zwar fürchtete sich Boyer vor der Anwendung rigoroser Wirtschaftsmaßnahmen im eigenen Lande; aber der Bankrott des Staatshaushaltes erforderte – im Hinblick auf die Ausgleichszahlungen an Frankreich – drastische Maßnahmen. Der Präsident entschloß sich zur Rückkehr zu staatlich kontrollierter Arbeitsdisziplin. Auf seinen eigenen Ländereien vorsichtig getestet, wurde ein Maßnahmenkatalog unter der Federführung seines engsten Mitarbeiters Joseph Inginac entworfen und als *Code Rural* von beiden Kammern des Parlaments befürwortet; am 6. Mai 1826 versah Boyer das Gesetzeswerk mit seiner Unterschrift.

Der *Code Rural* bedeutete für die Haitianer grundsätzlich die

Verpflichtung zur Landarbeit sowie für die Bauern eine drakonische Beschneidung ihrer Arbeitsfreiheit und des Rechts auf Freizügigkeit. So wurde jeder nicht unter festem Arbeitsvertrag stehende Landarbeiter automatisch kriminalisiert und damit zum Opfer staatlicher Verfolgung, bis er eine feste Anstellung vorweisen konnte. Arbeitsverweigerung und Abwesenheit vom Arbeitsplatz sollten mit Freiheitsentzug geahndet werden; die zu leistende Arbeitszeit reichte von Sonnenaufgang bis Sonnenuntergang. Das Ziel dieser Maßnahmen bestand offensichtlich darin, die Produktivität der haitianischen Landwirtschaft zu heben und damit vor allem den maroden Staatshaushalt zu sanieren (Baur 1947: S. 333).

Warum verfehlte die Gesetzgebung ihre angestrebte Wirkung? Sie war außerstande, die Effizienzprobleme im Agrarsektor in den Griff zu bekommen. Die meisten Autoren weisen darauf hin, daß Boyer und seine Mitarbeiter bei der Ausarbeitung des *Code Rural* schlichtweg die landwirtschaftliche Struktur der Insel ignorierten und bei seiner Durchsetzung nicht konsequent genug vorgingen (Schüller 1992: S. 48). Der überwiegende Teil des Nutzlandes war schon lange vorher der Aufteilung in kleine Parzellen zum Opfer gefallen. Bezüglich der Kleinbauern verfehlte der Gesetzeskatalog natürlich seine Wirkung, da sie in den seltensten Fällen Angestellte beschäftigten und im übrigen ihre eigenen Herren waren. Wieviel Arbeitsleistung sie brachten, unterlag lediglich ihrem eigenen Gutdünken. Was die Privatbauern nicht freiwillig an Überschuß produzierten, konnte der Staat mit diesen Gesetzen jedenfalls nicht verordnen. Zudem stand einer wirklichen Produktivitätssteigerung nach wie vor der Mangel an Erfahrung in agrarischen Belangen im Wege. Auch die chronische Not an landwirtschaftlichen Geräten, an Düngemitteln und Kapital behinderte den Fortschritt.

Die wenigen verbliebenen Plantagen, auf die das Gesetz hätte angewendet werden können, befanden sich zumeist in einem desolaten Zustand, und ihre Eigentümer zogen das Stadtleben der Verwaltung ihrer Landgüter vor (Lundahl 1979: S. 275). Außerdem war der Staat nicht in der Lage, die nötige Autorität aufzubringen, um den *Code Rural* auf dem Lande durchzusetzen. Vielmehr setzte sich das alte »Spiel« zwischen Staatsgewalt und Landarbeitern fort, indem die Bauern staatliche Sanktionen schlichtweg mißachteten und die Flucht in bis dahin unbesiedelte Hanglagen ergriffen.

Die Schwäche staatlicher Autorität bei der Durchsetzung des *Code Rural* läßt jedoch keine Schlußfolgerungen hinsichtlich der Bedeutung der Armee im Staat zu. Die Ausrüstung, mit der die Streitkräfte aufwarten konnten, schien zwar bescheiden, aber die zahlenmäßige Stärke des Militärs war enorm. Ungefähr 28 000 Armeeangehörige und weitere 40 000 Milizionäre sollten, bei einer Bevölkerung von weniger als 800 000 Personen, das Ausland von der Wehrhaftigkeit des Inselstaates überzeugen. Auch die Zivilverwaltung war vom Militär durchsetzt. Nicht selten hatten Richter und Staatsdiener zuvor im Dienste der Armee gestanden; die »Militarisierung« des gesellschaftlichen Lebens kann demzufolge kaum überbewertet werden (Baur 1947: S. 341).

Der *Code Rural* war ein glatter Mißerfolg und half nicht, die Insolvenz des haitianischen Staates zu beheben. Seit 1825 waren auch die Einnahmen aus den Importzöllen drastisch gesunken, da Frankreich seitdem Haupthandelspartner war und den Verträgen zufolge nur die Hälfte der Zollgebühren zu entrichten hatte. Somit fiel die Hauptsteuerlast wieder auf die Bauernbevölkerung im Landesinneren. Um den finanziellen Problemen des Staates Abhilfe zu schaffen, ließ der Präsident die Papiergelddruckereien arbeiten. Die emittierten Scheine waren jedoch kaum gedeckt und fanden besonders im Landesinneren, wo zumeist Naturalien getauscht wurden, keinerlei Verwendung. Rascher Wertverlust war die Folge; die finanzielle Situation verschärfte sich weiter. Boyer nahm eine Anleihe bei französischen Bankiers auf; er verkaufte weiter Staatsländereien und hob abermals die Exportzölle auf Kaffee sowie die Importzölle auf praktisch alle Konsumartikel an, was die breite Masse der Bevölkerung belastete (Trouillot: S. 61).

Im wirtschaftlichen Bereich hatte Präsident Boyer weitestgehend versagt. Weder konnte die Produktivität der Landwirtschaft gehoben noch das Staatsbudget ausgeglichen werden. Die wenigen Einnahmen verschlang die überdimensionierte Armee, und für Investitionen in die Infrastruktur oder die Restaurierung der Hauptstadt blieb kaum etwas übrig. Insofern kann man sagen, daß wirtschaftliche Stagnation die Ära Boyer kennzeichnete. Um so verständlicher erscheint daher die Forderung der liberalen Reformopposition, die verkrusteten Strukturen in Politik und Ökonomie aufzubrechen und dem Land neue wirtschaftliche und kulturelle Anstöße zu geben.

Gesellschaftspolitisch war die Ära Boyer hingegen eine Zeit der

Ruhe und Friedfertigkeit. Die landwirtschaftliche Reformpolitik wurde zu Ende geführt. Zu Unruhen und Aufständen kam es lediglich aufgrund des *Code Rural*. Bemerkenswert daran ist, daß die räumliche Trennung zwischen den städtischen Eliten und der schwarzen Bauernbevölkerung im »Hinterland« sich in dieser Zeit verfestigte. Die Bauern lebten isoliert auf dem Lande, und nichts verband sie mit dem Leben in den Städten. Dort wiederum interessierte man sich kaum für die Belange der Landbevölkerung. Und dennoch war das Bewußtsein gegenwärtig, in Abhängigkeit vom Land zu leben; schließlich war die einzige Quelle der Wertschöpfung die haitianische Landwirtschaft. Ohne daß den Bauern dies bewußt war, finanzierten sie über die »Bettelpreise« der Großaufkäufer Regierung, Verwaltung und Handel des Landes. Im Staatsbudget herrschte zwar ein chronisches Defizit; trotzdem hatte die vorwiegend mulattische Elite ein vitales Interesse an der Erhaltung des Status quo, der ihnen die Möglichkeit zu persönlicher Bereicherung bot (Trouillot: S. 60f.).

Mit nur geringen Veränderungen sollte das System indirekter Besteuerung das ganze Jahrhundert über Gültigkeit behalten und die wesentliche Grundlage des haitianischen Staates bilden. 1837 entstammten 52 Prozent aller Regierungseinnahmen aus Zöllen, 1842 waren es 62,5 Prozent. Im Jahr 1881 machten die Außenhandelszölle 98,2 Prozent der Staatseinnahmen aus, 1887 war der Prozentsatz auf 100 [!] angestiegen (Trouillot: S. 61). Dieses unausgewogene, einseitig den Export von Kaffee belastende Zollsystem wurde erst gegen Ende des Jahrhunderts in Frage gestellt. 1876 klagte der liberale Wirtschaftswissenschaftler Edmond Paul in seinem Buch *De l'impôt sur le café* (»Von der Kaffeesteuer«) die unfaire Belastung der Bauernschaft durch dieses System an.

Da Kaffee auf kleinen Betrieben schwarzer Bauern angebaut wurde, bedeutete das haitianische Zollsystem, daß die schwarze Bauernschaft den Staat unterhielt. Trouillot spricht davon, daß der Staat auf Kosten der Nation lebte (S. 64). Unter Staat ist dabei eine zunehmende Zahl ökonomisch nicht-produktiver städtischer Bewohner zu verstehen, die im Verwaltungsapparat und in der Armee beschäftigt waren. Im Jahr 1840 etwa gehörten knapp 9000 Offiziere und 19000 Soldaten zur Armee; weit über 28000 Militärs wurden vom Staat unterhalten, wobei die »Kopflastigkeit« der Armee den Staat besonders teuer zu stehen kam. Wahrscheinlich kostete die Armee mehr als 1,5 Millionen *gourdes* pro Jahr (Trouillot: S. 78). Während die Personen in den nicht-produktiven städtischen Tätigkeitsbereichen zunahmen, stagnierte die Produktivität auf dem Land, da keinerlei technische Verbesserungen in den Produktionsmethoden erfolgten und die Fruchtbarkeit des Bodens nachließ. Die parasitären Gruppen wuchsen schneller als die Produktion.

Bei der Finanzierung des Staates ist – zusätzlich zu den schwarzen Kaffeebauern – noch ein weiterer Aspekt zu berücksichtigen. Als zu Beginn des 19. Jahrhunderts die Aufteilung des Bodens zu einem drastischen Einbruch der Einnahmen der Grundbesitzer geführt hatte, mußten diese nach anderen Einnahmequellen Ausschau halten. Sie schlossen – und dieses Phänomen ist mit anderen lateinamerikanischen Staaten zur gleichen Zeit vergleichbar – eine Allianz mit den ausländischen Händlern, die sich im Land niedergelassen hatten und den Großhandel praktisch monopolisierten. Die ausländischen Händler versorgten die städtischen Eliten mit allen nur erdenklichen Gütern und verdienten bestens an diesem Geschäft. Händler fungierten auch als Finanziers des Staates; die Zinsen und andere Vorteile, die sie für ihre Kredite erhielten, machten sie innerhalb kurzer Zeit reich.

Immer häufiger mußte der haitianische Staat im Laufe des 19. Jahrhunderts auf Darlehen von Händlern und ausländischen Regierungen zurückgreifen, um die laufenden Kosten – vor allem für den Unterhalt der Armee und der Bürokratie – aufbringen zu können. Die regulären Zolleinnahmen aus dem Kaffee-Export wiederum wurden zur Rückzahlung der Staatsschulden verwendet. Weitere Darlehen führten somit zu einem Anstieg der Zölle und damit gleichzeitig zu einer Verringerung der Einnahmen der Bauern. Die Abhängigkeit der Regierung von ausländischen Händlern und Staaten nahm zu; der haitianische Staat geriet immer mehr in die Hände ausländischer Händler.

Die Politik Boyers hatte klar auf eine Bevorzugung der Mulatten abgezielt: So waren zum Beispiel die Bildungsbemühungen des Präsidenten darauf ausgerichtet gewesen, Bildung möglichst den mulattischen Eliten in den Städten vorzubehalten. Schulen auf dem Lande gab es nicht, und nichts deutet darauf hin, daß man ihren Bau plante. Zwar trug dem gebildeten Mulatten Boyer diese Politik vor allem im Ausland viel Tadel ein, doch ließ er sich nicht dazu bewegen, eine andere Richtung einzuschlagen (Baur 1947: S. 341). Überhaupt war zu jener Zeit ein sehr elitäres, exklusives

Verhalten in der mulattischen Elite zu beobachten. Ehen zwischen Schwarzen und Mulatten waren äußerst selten, und bewußt wurde versucht, den abgehobenen »Kastenstatus« der Mulatten zu erhalten und sogar weiter auszubauen (Rotberg: S. 74f.).

Im vollen Bewußtsein der bestehenden Rassenproblematik hatte Boyer eine ethnisch ausgewogene Ämtervergabepolitik betrieben. Aufgrund ihres höheren Bildungsgrades erhielten jedoch überwiegend Mulatten die Posten in Regierung und Verwaltung. Die Aufstiegschancen der Schwarzen beschränkten sich auf die Armee. Die Dominanz von Schwarzen in allen militärischen Rängen mußte auf lange Sicht jedoch für die Vorherrschaft der Mulatten äußerst gefährlich werden. Die weitere Entwicklung sollte diese Tendenz bestätigen.

Kennzeichnend für die haitianische Gesellschaft gegen Ende der Ära Boyer war ihre räumliche, wirtschaftliche und kulturelle Dualität. Diese Dichotomie äußerte sich auch und besonders im sprachlichen Bereich. In Haiti galt seit der Unabhängigkeit das Französische – das als »kulturelles Erbe« gepflegt wurde – als offizielle Verkehrssprache in den Städten. Jedoch muß davon ausgegangen werden, daß zu Boyers Zeiten lediglich eine verschwindend kleine Zahl von Haitianern, zumeist die gebildeten Mulatten, in der Lage war, mit dieser Sprache angemessen umzugehen. Die überwiegende Mehrheit der Bevölkerung verständigte sich ausschließlich auf kreolisch, somit in jener Mischsprache, die sich während der Kolonialzeit aus der Notwendigkeit heraus entwickelt hatte, eine Kommunikation zwischen Herr und Sklave herzustellen. Das Kreolische basiert in seiner grammatikalischen Struktur zwar weitestgehend auf dem Französischen, ist aber in seinem Vokabular so sehr von afrikanischen Sprachen durchsetzt, daß es in der Sprachpraxis als eigenständiges Idiom angesehen werden muß. Bis in die jüngste Zeit hinein wurde die Vorherrschaft des Französischen als Amtssprache zwar vom Kreolischen nicht angefochten. Daß die überwiegende Mehrheit der Bevölkerung jedoch kein Französisch sprach, unterstreicht noch einmal die Isolation der bäuerlichen Massen (Nicholls 1985: S. 205).

Ähnlich ambivalent gestaltete sich das religiöse Leben Haitis während des 19. Jahrhunderts. Alle Verfassungen jener Jahrzehnte übernahmen den Katholizismus als offizielle Religion des Staates. Doch zumindest bis in die sechziger Jahre war der Einfluß der katholischen Kirche gering. Der Mangel an ausgebildeten Priestern und an höherem Klerus war einer soliden »Einpflanzung« des Katholizismus in der Bevölkerung abträglich. Neben dem Katholizismus lebte der Voodoo-Kult als bestimmende religiöse Kraft im Lande weiter. Eine klare Trennung zum Christentum ließ sich immer weniger vornehmen. Die mulattischen Regierungen haben gegen diese synkretistische Verschmelzung angekämpft, die Entwicklung aber nicht aufhalten können. Immer wieder kam auch die politische Bedeutung des Voodoo zum Tragen (Nicholls 1970: S. 402f.). Die Zeremonien dienten häufig nicht ausschließlich gottesdienstlichen Zwecken, sondern hatten eine primär kommunikative Funktion. So betont etwa Michel Laguerre die integrative und konspirative Funktion von Voodoo-Sitzungen während der Sklavenaufstände und danach (1988: S. 60ff.). In der Phase der Unabhängigkeit lebte der Voodoo-Kult wegen seiner steten Mißbilligung seitens des Staates in Form von Geheimgesellschaften weiter und wurde zu einem festen Bestandteil des dörflichen Lebens. Seine konkrete politische Bedeutung zu einem gegebenen Zeitpunkt ist zwar schwer zu bestimmen, da Anhängerschaft und Häufigkeit der Sitzungen wegen ihrer Geheimhaltung kaum quellenmäßig zu erfassen sind. Allerdings ist darauf hinzuweisen, daß gerade die Verschmelzung von Katholizismus und Voodoo-Kult die sonst so charakteristische Zweiteilung der haitianischen Gesellschaft durchbrach. Immer häufiger konnte man während des 19. Jahrhunderts auch Repräsentanten der Eliten finden, die sich zu ihrem synkretistischen Glauben öffentlich bekannten.

3. Die Instabilität der Politik: Aufstände und Eroberungsversuche

Die »Revolution« gegen Boyer im Januar 1843, die im wesentlichen von der liberalen Reformopposition der urbanen Mulattenelite getragen wurde, bedeutete eine Spaltung und, damit einhergehend, die politische Schwächung dieser Ethnie innerhalb der haitianischen Gesellschaft. Für die schwarze Bevölkerung war damit ein günstiger Augenblick gekommen, die Mulattenhegemonie zu brechen. Schwarze, landlose Bauern forderten die Verteilung von Grund und Boden, während die schwarze Oberschicht, bestehend aus Landeigentümern, Offizieren und Generälen, politische Partizipation einklagte. Die aus der oppositionellen »Gesellschaft für Menschen- und Bürgerrechte« hervorgegangene neue Regierung unter dem Mulattenoffizier Charles Hérard (1787-1850) sah sich zwar mit diesen Forderungen konfrontiert; außer Lippenbekenntnissen war von ihr jedoch nichts zu erwarten, was die Beteiligung der Schwarzen an der Macht gewährleistet hätte (Nicholls 1979: S. 77). Im August 1843 brach daraufhin unter der Führung der großgrundbesitzenden Salomon-Familie im Süden des Landes bei Les Cayes eine Bauernrevolte los. Die Regierung reagierte mit der Entsendung von Truppen gegen die mit hölzernen Lanzen (*piques*) bewaffneten schwarzen Bauern, die nach ihren Waffen *piquets* genannt wurden. Nach der Festnahme der Salomons ging die Führung des Aufstandes in die Hände von Louis Jean-Jacques Accau, Dugué Zamor und Jean Claude über, drei ehemaligen Armeeangehörigen und Kleinbauern. Neben Forderungen wie der Freilassung der Salomons und der Landverteilung an schwarze Tagelöhner spielten die ethnisch-sozialen Aspekte der Rebellion eine wesentliche Rolle. Von Accau selbst stammte der Ausspruch: *nèg rich sé mulât, mulât pov sé nèg* (»Ein reicher Schwarzer ist ein Mulatte, ein armer Mulatte aber ist ein Schwarzer«) (Nicholls 1985: S. 175).

Gefahr drohte der Regierung in Port-au-Prince seit dem Sturze Boyers auch aus dem Ostteil des Landes. In den vergangenen 21 Jahren, seit der Vereinigung der Insel, war es den Haitianern nicht gelungen, die dominikanische Bevölkerung zu integrieren. Nach wie vor wurde dort die Anwesenheit der Haitianer wie eine Fremdbesatzung empfunden. Im Verlauf des Jahres 1843 verstärkte die Befreiungsbewegung von Santo Domingo unter der Führung von Juan Pablo Duarte, Francisco del Rosario Sánchez und Ramón Mella ihre haitifeindliche Agitation in der Bevölkerung; im Februar des darauffolgenden Jahres kam es zur Abspaltung des Ostens, der sich als unabhängiger Staat den Namen Dominikanische Republik gab. Ein Wiedereroberungsversuch im März 1844 scheiterte am zähen Widerstand der Dominikaner; das Ansehen der Regierung Hérard erlitt einen weiteren Einbruch. Die Vereinigung beider Inselteile wird bis heute unterschiedlich interpretiert: Während dominikanische Historiker sie als aufgezwungenes Ergebnis einer Phase der Schwäche, Angst und Resignation deuten, stellen Haitianer die Besetzung als Antwort auf Bittschreiben östlicher Städte dar. Dominikaner betonen die Zerstörung durch die mordenden und plündernden haitianischen

Haufen; die Angst vor den »schwarzen Horden« Haitis wurde in den folgenden Jahrzehnten zum wichtigsten Faktor der Politik der Dominikanischen Republik (Fleischmann 1994: S. 124).

Kleinere Unruhen schwarzer Generäle im Norden, der kaum zu kontrollierende Bauernaufstand im Süden und der Verlust Santo Domingos – alles innerhalb weniger Monate – legten Zeugnis von der geschwächten Stellung der mulattischen Regierung ab. Auch eine schnell durchgeführte Verfassungsänderung, die die Präsidentschaft auf vier Jahre beschränkte und andere demokratische Reformen einführte, konnte den Unmut der Schwarzen nicht mehr besänftigen. Der Sturz der Regierung Hérard im April 1844 war die unausweichliche Folge. Die Mulatten sahen ein, daß die Aufrechterhaltung ihrer Vormachtstellung nur noch mit politischen Zugeständnissen an die schwarze Bevölkerung möglich war.

Am 2. Mai 1844 wurde der betagte, schwarze General Philippe Guerrier (1757-1845) von den Mulatten in das Präsidentenamt berufen. Die Tatsache, daß mit ihm erstmals ein Schwarzer Präsident der Republik wurde, vermochte zunächst die schwarzen Aufrührer im Norden wie im Süden des Landes zu beschwichtigen. Andererseits hatten die Mulatten mit dem ungebildeten und senilen Guerrier leichtes Spiel; der schwarze General fungierte als Marionette in den Händen der mulattischen Kaufleute und Politiker, die sich keineswegs die Hebel der Macht entreißen lassen wollten. Der neue Stil: schwarze, von den Mulatten »kontrollierte« Präsidenten zu berufen, wurde bald als *la politique de doublure* (Stellvertreterpolitik) bekannt (Nicholls 1979: S. 79).

Doch es gelang nicht, alle Rebellen mit dem »Marionettenpräsidenten« zu täuschen. Jean Louis Pierrot (1761-1846), ein schwarzer General aus dem Nordteil, galt als Kämpfer für die politische Vorherrschaft seiner Ethnie im Lande. Noch bevor er allerdings die Drohung, den Norden für unabhängig zu erklären, wahrmachen konnte, starb Präsident Guerrier nach nur elf Monaten Amtszeit. General Pierrot trat sofort dessen Nachfolge an, aber auch seiner Präsidentschaft war nur kurze Dauer beschieden. Schon wenige Monate nach seinem Amtsantritt bereitete eine Armeemeuterei seiner Regierung im Januar 1846 ein Ende. Grund dafür waren die miserable Ausstattungs- und Verpflegungslage der Soldaten sowie das Vorhaben, erneut einen (wahrscheinlich) aussichtslosen Feldzug gegen Santo Domingo zu führen (Franco:

S. 26). Ein weiteres politisches Zwischenspiel leitete die Präsidentschaft Jean-Baptiste Richés (1785-1847) ein. Auch er war ein schwarzer General, doch im Gegensatz zu seinen Vorgängern weniger an Politik als an gesellschaftlichen Vergnügungen interessiert. Trotzdem wurde in seiner Regierungszeit eine Verfassungsreform nach den Maßstäben der ersten republikanischen Verfassung von Pétion durchgesetzt. Sein früher Tod im folgenden Jahr machte jedoch alle Anstrengungen, stabile politische Verhältnisse zu schaffen, zunichte. Zudem betrachtete der Rebellenführer Accau im Süden Haitis Präsident Riché als unglaubwürdigen Vertreter der Interessen der Schwarzen, und die Bauernunruhen in der Region von Les Cayes nahmen erneut bedrohliche Ausmaße an.

Mit der Wahl von Faustin Soulouque zum Präsidenten der Republik erfuhr die bis dahin ihren Zweck erfüllende *politique de doublure* einen einschneidenden Wandel. Soulouque (1785-1867) war bis zu seiner Wahl ein politisch unbeschriebenes Blatt gewesen und galt als völlig ungebildet und einfältig. Der personalpolitisch in zwei Lager zerfallene republikanische Senat hatte ihn aus Verlegenheit mit dem Ziel gewählt, größere Konflikte zwischen den beiden verfeindeten Spitzenkandidaten Jean Paul und Souffront sowie ihren Anhängern zu verhindern. Außerdem sah man in dem schwarzen General und ehemaligen Sklaven Soulouque ein geeignetes Mittel, die *politique de doublure* fortzuführen (Franco: S. 27). Die Haltung des neuen Präsidenten schien zunächst auch allen Erwartungen gerecht zu werden. Soulouque erklärte öffentlich, er wolle die Politik seines Vorgängers fortführen, hielt sich anfangs strikt an die Verfassung und befolgte die Ratschläge der mulattischen Politiker in seiner Nähe (MacLeod: S. 37). Angesichts seiner langen Regierungszeit muß man jedoch annehmen, daß er, von den Zeitgenossen vollständig unterschätzt, schnell ein Bewußtsein für die Probleme und Machtverhältnisse seines Landes entwickelte. Die Lage war durchaus prekär. Seit dem Sturz Boyers schien es kaum mehr möglich, politische Stabilität herzustellen, geschweige denn die sozialen Unruhen, besonders unter der schwarzen Bevölkerung, in den Griff zu bekommen. Politisch in den Händen der Mulatten gefangen, gab es für Soulouque sicherlich keine Möglichkeit, den Bedürfnissen der schwarzen Bauernrebellen Rechnung zu tragen und soziale Stabilität im Lande wiederherzustellen. Dementsprechend schwankte der Präsident zwischen Defätismus und Despotismus, neigte jedoch bald klar letzterem zu (MacLeod:

S. 38 ff.). Am 16. April 1848 verübte Soulouque, unterstützt von dreien seiner Generäle, Augustin Maximilien (genannt »Similien«), Bellegarde und Souffront, ein regelrechtes Massaker an der (vermutlich schon gegen ihn konspirierenden) mulattischen Elite in Port-au-Prince. Die grausamen »Säuberungen« hatten zur Folge, daß auf mehrere Jahre der mulattische Einfluß gering war (MacLeod: S. 40f.). Allerdings waren die rigorosen Maßnahmen nicht lediglich ethnisch motiviert, denn der Präsident machte auch vor mächtigen Schwarzen nicht halt. So fiel Pierre Noir, der damalige *piquets*-Führer im Süden des Landes, ebenfalls dem staatlichen Terror zum Opfer (Nicholls 1979: S. 83).

Große Unterstützung leistete dem neuen Präsidenten eine paramilitärische Rebellentruppe unter dem Kommando Similiens, die sogenannten *zinglins*. Ausschließlich aus Schwarzen der Unterschichten bestehend, waren sie ein geeignetes Mittel, Terror zu verbreiten und über mehrere Jahre wirkungsvoll jede Opposition im Keim zu ersticken (Rotberg: S. 84).

Das haitianische Militär hingegen war in jenen Jahren eine Art »natürliche« Stütze präsidialer Gewalt. Die Armeeangehörigen, bis in die obersten Ränge hinauf Schwarze, sahen ihre Interessen durch den ebenfalls schwarzen Präsidenten gut vertreten. Soulouque selbst maß den Streitkräften eine entscheidende Bedeutung bei und stellte erhebliche Finanzmittel zu deren Unterhalt bereit. Sein erklärtes Ziel nämlich, die inzwischen unabhängige Dominikanische Republik erneut an Haiti anzuschließen, erforderte ja ein starkes Militär.

Nachdem der Präsident seine tatsächlichen und potentiellen Gegner ausgeschaltet hatte, konnte er sich der Wiedereroberung Santo Domingos widmen. Und obwohl schon im Oktober 1848 das republikanische Frankreich die Unabhängigkeit der Dominikanischen Republik anerkannt hatte, wagte der Präsident im März des darauffolgenden Jahres an der Spitze eines 18 000 Mann starken Heeres die Invasion. Zwar erwiesen sich die Haitianer in den wenigen Scharmützeln als überlegen, doch gelang es ihnen nicht, den Ostteil der Insel dauerhaft zu besetzen (Franco: S. 28 ff.). Dessenungeachtet feierte man den Präsidenten bei seiner Rückkehr nach Port-au-Prince als Sieger; am 26. August 1849 rief ihn ein willfähriger Senat zum Kaiser aus. Als Faustin I. sollte er nun zehn weitere Jahre die Geschicke Haitis bestimmen.

Die Krönungsfeierlichkeiten für Soulouque müssen ähnlich

prunkvoll gewesen sein wie die Krönung Henri Christophes. Allein die eigens zur Krönung hergestellte Kaiserkrone soll einen Betrag von 100000 US-Dollar verschlungen haben, und für die Ausstattung des Festzeltes auf dem Marsfeld der Hauptstadt wurde ein noch größerer Betrag aufgewendet (Davis: S. 121). Ebenfalls in Analogie zum Aufbau eines Hofstaates bei König Christophe schuf Faustin I. eine – vornehmlich aus schwarzen Armeebefehlshabern und Distriktgouverneuren bestehende – Aristokratie. Vier Prinzen, 59 Herzöge und eine Unzahl von Grafen, Baronen und anderen geadelten Häuptern bildeten den vor allem in der Presse Frankreichs vielfach verspotteten »Inseladel« (Heinl: S. 203f.). In einer einzigen Woche vergab der Kaiser 400 Adelstitel! Auch wenn das persönliche Einkommen dieser »Adeligen« sehr gering war, kostete es den Staat – in absoluten Zahlen – enorm viel. Eine minuziös ausgearbeitete kaiserliche Hofordnung und die Schaffung zweier Adelsorden, der »Ehrenlegion« und des »Saint Faustin«, sollten Zeichen der imperialen Würde des neuen Kaiserreiches sein. Murdo MacLeod hebt hervor, daß die Vielzahl von geadelten »Höflingen« eine dichte, das ganze Land überziehende Schicht von in das Regime eingebundenen Personen darstellte. Über deren »dekorativen« Charakter hinaus haben sie entscheidend zur Stabilisierung der kaiserlichen Herrschaft beigetragen (S. 44).

Trotz der offensichtlichen Abneigung, die Faustin Soulouque der mulattischen Elite entgegenbrachte, stützte sich besonders die kaiserliche Administration auf einige namhafte Vertreter dieser Ethnie. Sowohl sein fähiger Außenminister Duc de Tiburon als auch der damals sehr bekannte Literat und Historiker Thomas Madiou, dem die Herausgabe des Regierungsblattes *Le Moniteur Haitien* übertragen wurde, gehörten dieser Elite an. Somit relativiert sich der im Ausland lange Zeit aufrechterhaltene Rassismusvorwurf gegen Soulouque zumindest teilweise (MacLeod: S. 42).

Auch auf die Sanktionierung seiner Krönung durch die katholische Kirche wollte der Kaiser nicht verzichten. Der Heilige Stuhl stand den Entwicklungen in Haiti jedoch mit äußerster Skepsis gegenüber und entsandte zu den Feierlichkeiten lediglich den Abt Cossens. Gegen den Willen des Papstes erreichte Soulouque, daß dieser ihm zur Kaiserkrönung die kirchlichen Weihen erteilte. Ein Grund für die Weigerung des Vatikans, ein Konkordat mit dem Kaiserreich zu schließen, war sicherlich das offene Bekenntnis

Faustins zum Voodoo-Kult. Der Kaiser selbst war praktizierender Voodoo-Anhänger und damit der erste Herrscher Haitis seit der Unabhängigkeit, der die Berechtigung dieser Religion neben dem Katholizismus voll anerkannte. In fast allen Regionen der Insel knüpfte er Kontakte mit der Voodoo-Priesterschaft und sicherte sich damit die Unterstützung einer gewichtigen gesellschaftlichen Kraft im Lande (MacLeod: S. 44f.). Allerdings dürfte das Bekenntnis zum Voodoo nicht lediglich politischem Kalkül entsprungen sein. Voodoo und Katholizismus gingen in den religiösen Praktiken der Bevölkerung ja seit jeher eine enge Bindung ein, und besonders unter der Herrschaft Soulouques wurde die Grenze zwischen beiden Religionen weiter verwischt. Man muß daher annehmen, daß die synkretistische Einheit von Voodoo-Kult und Katholizismus für den Herrscher eine Selbstverständlichkeit darstellte (Heinl: S. 205).

Im religiösen Leben der einfachen Leute spielten Pilgerorte und Wallfahrtsstätten eine entscheidende Rolle. Dabei mag die soziale Funktion der Pilgerschaft weniger auf Integration abgezielt haben als z. B. die Voodoo-Sitzungen innerhalb der Dorfgemeinschaft. Die Pilgerschaft brachte den Wallfahrern die Nähe eines geistigen Zentrums und hatte dadurch vor allem religiöse Bedeutung. Ob die Huldigungen der Pilger dabei allerdings der Heiligen Jungfrau galten oder ob die Naturgeister des Voodoo beschworen wurden: In jedem Fall dienten Altar und Kultstätte beiderlei liturgischen Handlungen (Laguerre 1988: S. 93; 96; 100). Mit dem Verlust Santo Domingos ging den haitianischen Pilgern die populärste Wallfahrtsstätte auf dominikanischem Boden, Nuestra Señora de Altagracia del Higuey, verloren. Berichte von der Erscheinung der Heiligen Jungfrau in einem Ort namens Saut D'Eau, südöstlich von Saint Marc, ließ der vom Feldzug gen Osten zurückgekehrte Soulouque als göttliches Zeichen hinsichtlich seiner bevorstehenden Kaiserkrönung deuten. Eine Regierungskommission unter Beteiligung des katholischen Missionsklerus wurde zusammengestellt, um das Phänomen von Saut D'Eau zu untersuchen. Einmütig bestätigte die Kommission den Vorfall, und Soulouque befahl, an diesem Ort eine Kapelle zu Ehren der Heiligen Jungfrau zu errichten. Seither ist Saut D'Eau zur nationalen Wallfahrtsstätte des Landes geworden; sie zieht bis heute gleichermaßen Voodoo-Anhänger und gläubige Katholiken an (Laguerre 1988: S. 86f.).

Die Behauptung seiner Herrschaft war für Faustin I. eng mit der

Frage der Wiedereroberung der Dominikanischen Republik verknüpft. Der Kaiser fürchtete die Gefahr einer Intervention europäischer Mächte im Osten der Insel. Die haitianische Diplomatie steckte in dem Dilemma, entweder mit einer Invasion den Europäern zuvorzukommen, oder aber dadurch gerade das Eingreifen europäischer Mächte zu provozieren. Den größten Garant für die Unabhängigkeit Haitis schien Faustin I. jedenfalls in der politischen Einheit der gesamten Insel zu sehen. Überhaupt waren die Beziehungen zu den europäischen Mächten äußerst gespannt. So verweigerte der haitianische Staat 1852 die weitere Tilgung der Reparationsschulden an die Franzosen. Frankreich drohte zwar mit der Bombardierung von Port-au-Prince; der Kaiser ließ sich jedoch nicht beeindrucken; die europäische Großmacht mußte schließlich klein beigeben (Heinl: S. 208).

Zwischenzeitlich unternahm Lysius Félicité Salomon (1820-1888), der Finanzminister des Kaisers, einen beherzten Versuch, den maroden Staatshaushalt zu sanieren. Per Dekret verfügte er, den Kaffee-Export unter Staatsaufsicht zu stellen und über staatliche Handelshäuser den Vertrieb von Importgütern zu kontrollieren. Über die Aufstockung des Staatsbudgets hinaus sollte auch den ungeliebten ausländischen Kaufleuten und Spekulanten der Handelsstädte der Boden unter den Füßen entzogen werden. Die ausländischen Kaufleute, die dem Regime keineswegs feindlich gegenüberstanden, konnten den Verlust ihrer Existenzgrundlage nicht dulden. Eine Woge des Protests erstickte schließlich das Projekt schon im Ansatz (Nicholls 1979: S. 83).

Im November 1855 unternahm Faustin I. zum dritten und letzten Mal den Versuch, das spanischsprachige Territorium im Ostteil der Insel in das Kaiserreich »heimzuführen«. Miserabel ausgestattet und halb verhungert überschritten die haitianischen Truppen die Grenze zur Nachbarrepublik, drangen einige Kilometer ins Landesinnere vor, wurden dann aber vom dominikanischen Widerstand gestoppt. Lediglich die Truppenteile unter Führung von General Fabre Nicolas Geffrard (1806-1878) waren in der Lage, in den Gefechten dem Gegner diszipliniert entgegenzutreten. Nach mehreren Rückschlägen an verschiedenen Fronten kehrte Faustin I., diesmal ohne Trommelwirbel und Siegeshymnen, in die Hauptstadt Port-au-Prince zurück. Die Niederlage war offensichtlich und das Vertrauen in seine Führung zutiefst erschüttert (Davis: S. 124). Zudem machten sich die Folgen der teuren Militärexpeditionen in der Versorgungslage deutlich bemerkbar. Die vielen Rekrutierungen führten zu Arbeitskräftemangel in der Landwirtschaft, die Agrarproduktion sank bedrohlich, und aufgrund der enormen Rüstungsausgaben war der Staat nahezu bankrott. Zudem traf die Weltrezession der Jahre 1857/58 das krisengeschüttelte Land mit dem Verfall der Weltmarktpreise für Kaffee (Rotberg: 84f.). Statt in dieser kritischen Situation ausgleichend auf die beunruhigte Bevölkerung einzuwirken, verschärfte Faustin I. willkürlich die Repressionen und Zwangsmaßnahmen oder zog sich vollends aus den Amtsgeschäften zurück. Der Nährboden für einen *coup d'etat* war bereitet, und es bedurfte lediglich eines geeigneten Anführers, um das Kaiserreich zu stürzen (MacLeod: S. 46).

General Fabre Nicolas Geffrard genoß aufgrund seiner Führungseigenschaften, die er während der Feldzüge gegen Santo Domingo unter Beweis gestellt hatte, bei Soldaten und Offizieren hohes Ansehen. Als Sohn eines Schwarzen und einer Mulattin – somit ein *griffe* – bedeutete seine Abstammung den bestmöglichen ethnischen Kompromiß, den das durch Rassenkonflikte gespaltene Land bieten konnte. Seine Beliebtheit unter den Militärs drang auch an das wache Ohr des Kaisers; seiner geplanten Festnahme entging Geffrard gerade noch durch die Flucht nach Gonaives. Von dort aus organisierte er einen *coup d'etat* gegen Faustin I. An der Spitze von 6000 Mann zog General Geffrard im Januar 1859 gegen Port-au-Prince. Faustins Widerstand brach in Kürze zusammen; wie einst Präsident Boyer, ergriff auch er an Bord eines britischen Schiffes die Flucht nach Jamaika (Davis: S. 124f.).

Kaiser Faustin I. hatte in jeglicher Hinsicht einen Scherbenhaufen hinterlassen; sollten die erforderlichen Reformen dem Land tatsächlich eine Entwicklungsperspektive eröffnen, mußten sie sich zwangsläufig auf fast alle Bereiche des gesellschaftlichen Lebens erstrecken. Am 18. Juli 1859 setzte Geffrard die an Pétions Republik orientierte Verfassung von 1846 wieder in Kraft und übernahm die Präsidentschaft auf Lebenszeit. Sein Reformwerk begann der Präsident in dem Bereich, mit dem er selbst am besten vertraut war: der Armee. Er halbierte zunächst die Stärke der Streitkräfte auf 15000 Mann und schuf daneben eine disziplinierte, 3000 Mann starke Eliteeinheit – die *tirailleurs* –, die als Präsidentengarde seinem eigenen Schutz diente. Verschwörungen waren im politischen Geschäft Haitis ja schon lange an der Tagesordnung, und auch seine Regierung mußte sich dieser ständigen Bedrohung erwehren. Vor allem aber richtete Geffrard sein Augenmerk auf die Verbesserung des Bildungswesens. Kaum fünf Monate im Amt, ließ er eine Akademie für Jurisprudenz einrichten und baute die noch aus den Zeiten Boyers stammende Höhere Schule für angewandte Medizin wieder auf. Besonders jedoch profitierte die schulische Grundausbildung von den Maßnahmen im Erziehungsbereich. Bildungsminister François Elie-Dubois veranlaßte den Bau von Grundschulen, und Lehrpersonal wurde, wo immer es ging, aus Europa angeworben. Ein Auslandsstudienprogramm sorgte für die Weiterbildung der aus den Städten stammenden geistigen Elite des Landes. Zwar kamen auch einige Schwarze in den Genuß dieser Maßnahmen, aber Bildung blieb – unabhängig von der Hautfarbe – nach wie vor ein Monopol der Eliten. Die bäuerliche Bevölkerung wurde zum überwiegenden Teil aus dem Bildungsprogramm ausgegrenzt, die kulturelle Dichotomie zwischen Stadt und Land aufrechterhalten (Heinl: S. 216).

Besonders schnell erzielte Geffrard einen Ausgleich mit dem Vatikan. Als erbitterter Gegner des Voodoo-Kultes lag es ihm am Herzen, »Kultiviertheit«, wie er sie verstand, in enger Zusammenarbeit mit dem Heiligen Stuhl auf der Insel zu verbreiten. Das Konkordat mit Papst Pius IX. aus dem Jahre 1860 sah vor, die Investitur kirchlicher Würdenträger in Haiti als päpstliche Prärogative zu etablieren. Infolge dieser Vereinbarungen nahm der ausländische Einfluß in kirchlichen Belangen enorm zu. Es waren vor allem französische Priester und Ordensleute, die verstärkt in das Land kamen und dem katholischen Christentum auf der Insel zu neuer Geltung verhalfen. Ordensschulen und kirchliche Bildungseinrichtungen sollten später in großem Umfang den vom Staat größtenteils vernachlässigten Bildungsauftrag übernehmen und so Einfluß auf Ausbildung und Erziehung der Bevölkerung gewinnen (Nicholls 1979; 1970: S. 84; S. 403).

Die Beziehungen zur Dominikanischen Republik sollten alsbald durch einen Friedensvertrag geregelt werden. Im Osten der Insel ereignete sich jedoch kurz darauf ein dramatisches Zwischenspiel: Der jüngste Überfall seitens Faustins I. hatte die geschwächte dominikanische Regierung unter Präsident Pedro Santana an den Rand des Zusammenbruchs geführt. Die ökonomischen Probleme des Landes waren zahlreich und ein Ausweg aus der Krise kaum absehbar. Außerdem bekundeten die USA zunehmend Interesse an dem Land, und auch die Gefahr einer haitianischen Invasion war keineswegs gebannt. Infolgedessen liebäugelte Santana mit dem Gedanken, sein Land unter den Schutz einer Großmacht zu stellen. General Felipe Alfau wurde – mit außerordentlichen Vollmachten ausgestattet – an den Hof der spanischen Königin Isabella II. geschickt, um mit ihr die Bedingungen für ein Protektorat auszuhandeln. Am 18. März 1861 wurde in Santo Domingo die Annektierung der Republik durch Spanien bekanntgegeben (Moya Pons 1985: S. 198). Plötzlich hatte sich ereignet, was von haitianischer Seite lange Zeit befürchtet worden war: die Rückkehr einer europäischen Kolonialmacht in den Ostteil der Insel. Weder die Haitianer noch die Mehrheit der Dominikaner selbst waren jedoch gewillt, das spanische Regime auf der Insel zu dulden. Mit allen erdenklichen Mitteln unterstützte der haitianische Präsident die Befreiungsbewegung Santo Domingos, bis Spanien unter Androhung von Repressionen seine Neutralität erzwang. 1865 gelang es der dominikanischen Befreiungsbewegung endlich aus eigenen Kräften, das spanische Kolonialregime abzuschütteln (Franco: S. 32-38).

Als wesentlich erkannte Geffrard bald die Notwendigkeit, Reformen in der Wirtschaft des Landes durchzuführen. Wie seine republikanischen Vorgänger, favorisierte auch er die Minifundienwirtschaft, flankierte dieses Konzept jedoch zum ersten Mal mit der Einführung eines landwirtschaftlichen Kreditfonds (Franco: S. 31). Der Finanzpolitik Geffrards war jedoch kein durchschlagender Erfolg beschieden. Die schwache Deckung der staatlichen Papiergeldemissionen führte schnell zu Inflation, und sehr bald sah sich die Regierung gezwungen, erneut Bronzemünzen zu prägen. Außerdem lasteten die Reparationszahlungen an Frankreich immer noch schwer auf dem Staatshaushalt.

1863 setzte der Präsident ein Gesetz zur Verbesserung der Infrastruktur durch. *La corvée* – so die aus der französischen Kolonialzeit stammende Bezeichnung dieses Erlasses – sollte später, besonders unter der US-amerikanischen Besatzung (1915-1934), zu zweifelhaftem Ruhm gelangen. Das Gesetz sah vor, die jeweiligen Anlieger zu Arbeitsleistungen im Straßenbau heranzuziehen; entsprechend unbeliebt war es (Heinl: S. 214). Entscheidende Bedeutung hingegen erhielt für viele Kleinbauern und Minifundisten die Legalisierung ihres Landeigentums. Für willkürlich okkupiertes Agrarland in den Hanglagen der Insel wurden Eigentumstitel vergeben und somit eine gewisse Rechtssicherheit für die Bauern geschaffen (Franco: S. 31 f.). Einen weiteren Erfolg konnte Geffrard mit der Intensivierung des Baumwollanbaus erzielen. Der Sezessionskrieg in den USA hatte den Baumwollanbau der Südstaaten beträchtlich in Mitleidenschaft gezogen. Haitis Bauern nutzten die Gelegenheit, für einige Jahre die Angebotslücke zu schließen. Bis 1864 verdreifachte sich die Baumwollherstellung auf der Insel (Barros: S. 212).

Tabelle 4: Haitianischer Baumwollexport (in französischen Pfund)

Jahr	1860	1861	1862	1863	1864
Baumwolle	668 735	1 139 439	1 437 853	2 217 679	2 237 594

Quelle: Barros: S. 212

Damit einher ging der Wunsch Geffrards, nordamerikanische, in der Baumwollherstellung kundige Schwarze in Haiti anzusiedeln. James Redpath, ein ideenreicher, rastloser Zeitungsreporter schottischer Abstammung, war auf US-amerikanischer Seite Motor dieser Bewegung. Mit Geffrard verhandelte er über die Bedingungen von Überführung und Ansiedlung der potentiellen Auswanderer, und in Boston gründete er ein Büro und eine Auswandererzeitschrift – *The Pine and Palm* –, die gleichzeitig lautstark für die Emanzipation der schwarzen Rasse auf dem amerikanischen Kontinent eintrat (Boyd: S. 170ff.). Trotz seiner euphorischen Begeisterung für das Projekt gelang es Redpath bis 1862 lediglich, schätzungsweise 500-1000 Nordamerikaner in Haiti anzusiedeln. Über deren Schicksal ist wenig bekannt; die niedrigen Auswandererzahlen sprechen allerdings für einen Mißerfolg des Unternehmens. Redpath wandte sich von diesem Projekt ab und trat als Kriegsberichterstatter in den Dienst der Nordstaaten (Boyd: S. 180ff.). Jetzt allerdings, wo die Emanzipation der Schwarzen in den USA ein Politikum geworden war, sollte es Abraham Lincoln selbst sein, der die Anerkennung der haitianischen Unabhängigkeit forderte. Im Juni 1862 unterzeichneten, in Abwesenheit der Vertreter der Südstaaten, Unterhändler der USA und Haitis das Abkommen zur Anerkennung der haitianischen Unabhängigkeit (Heinl: S. 222).

Die Politik Geffrards, die – oberflächlich betrachtet – für die damalige Zeit ein enormes Reformwerk darstellte und dem Land zukunftsweisende Anstöße verlieh, darf dennoch nicht darüber hinwegtäuschen, daß ihr reformerischer Ansatz vor Kernproblemen der haitianischen Gesellschaft und Wirtschaft halt machte. So war z. B. auch unter Geffrards Herrschaft das Präsidentenamt eine äußerst lukrative Einkommensquelle. Die seinerzeit enorme Summe von 40 000 US-Dollar strich Geffrard jährlich in seine präsidialen Taschen, und die seinem persönlichen Befehl unterstellte Präsidentengarde ließ keinen Zweifel an seiner Absicht, die lebenslängliche Amtszeit möglichst mit einem natürlichen Tod zu beschließen (Rotberg: S. 87). Außerdem sah die seit längerem entmachtete Mulattenelite die Gelegenheit gekommen, unter Geffrard ihre verlorengegangenen Machtpositionen wiederzugewinnen. Ihr Einfluß wuchs während seiner Regierung; ein Aufstand der schwarzen Salomonfamilie im Jahre 1862 galt als Reaktion auf diese Entwicklung (Nicholls 1979: S. 84f.).

Zum Verhängnis wurde dem Präsidenten letztlich ein mulattischer General namens Silvain Salnave (1827-1870). Dieser versuchte schon 1865, unterstützt durch andere rebellierende Generäle, von Norden her das Regime zu stürzen. Ein britisches Kriegsschiff eilte Geffrard zu Hilfe und trug zur Niederschlagung der Revolte bei. Doch Salnave gab nicht auf; weitere Rebellionsversuche führten schließlich, in Verbindung mit einer Meuterei der *tirailleurs*, zum Rücktritt des Präsidenten (Nicholls 1982: S. 178). Salnave war ein begabter Redner und verstand es – trotz seiner Hautfarbe –, die schwarzen Massen zu begeistern. Besonders in den Unterschichten der Städte gewann er viele Anhänger. Nach dem Sturz Geffrards bildeten die Rebellen eine provisorische Regierung unter der Leitung von General Nissage Saget. Der Führungsanspruch Salnaves wurde jedoch von fast niemandem in Zweifel gezogen, und bald darauf wählte ihn die Verfassunggebende Versammlung für vier Jahre zum Präsidenten. Es dauerte nicht lange, bis Salnave, die republikanische Verfassung ignorierend, diktatorische Machtbefugnisse beanspruchte und seine ehemaligen Mitstreiter damit heftig verprellte. Schnell organisierte sich, über das ganze Land verstreut, der Widerstand gegen das Regime (Davis: S. 127).

Mit der Einrichtung von *magasins d'état* (staatlichen Warenhäusern), die die Grundversorgung mit Lebensmitteln zu Niedrigpreisen gewährleisteten, gelang es dem Präsidenten, die Unterstützung der städtischen Unterschichten zu sichern. Seine kurze Amtszeit wurde jedoch von den sogenannten *caco*-Kriegen erschüttert. Die *cacos* waren, ähnlich den *piquets* im Süden, Kleinbauern, die sich in der Hoffnung auf Besoldung in den Dienst von unzufriedenen Lokalgouverneuren stellten. Da sie zumeist Eigentümer einer kleinen Parzelle waren, erhielten ihre Aufstände einen stark lokalistischen oder regionalistischen Charakter; selten waren sie bereit, die Revolten in andere Landesteile zu tragen und sich so zu weit von ihrer heimatlichen Erde im Norden des Landes zu entfernen. In kurzer Folge kam es sodann, seit der Amtsübernahme durch Salnave, im Nordteil Haitis zu einer Vielzahl von Aufständen, Revolten und Umsturzversuchen, die zumeist auf ehemalige Mitstreiter und Gefolgsleute des Präsidenten zurückgingen, die von *cacos* unterstützt wurden. Erstaunlicherweise gelang es dem Präsidenten allerdings, die Unterstützung der *piquets* im Süden zu gewinnen, zum Teil wohl aufgrund von deren Annahme, Salnave sei ein Schwarzer. Jedenfalls ist bekannt, daß viele *piquets* ihm die Gefolgschaft versagten, nachdem sie des Präsidenten Hautfarbe zu Gesicht bekamen (Nicholls 1982: S. 180f.).

Die bürgerkriegsähnlichen Zustände schwächten erheblich die Stellung Salnaves, und im Dezember 1869 bedrohte eine zwölfhundert Mann starke Armee unter Führung der Generäle Brice und Boisrand Canal den Präsidentenpalast in Port-au-Prince. Heftige Gefechte entbrannten, in deren Verlauf das Pulvermagazin des Palastes mit dem gesamten Gebäude in die Luft flog. Salnave, der das Unglück unbeschadet überstand, flüchtete in Richtung Santo Domingo, wurde jedoch vor Erreichen der Grenze von den Rebellen gestellt. Diese brachten ihn zurück in die Hauptstadt; ein Kriegsgericht sprach ihn schuldig, und in den Ruinen seines Palastes wurde er hingerichtet (Davis: S. 128).

4. Die Polarisierung der Gegensätze: Kämpfe um Macht und Vermögen

Zu Beginn der siebziger Jahre erfuhr das Land eine weitere Polarisierung und vor allem Institutionalisierung der ethnischen Gegensätze innerhalb der städtischen Eliten, deren Wurzeln bis in die Zeit nach dem Sturze Boyers zurückreichten. Der ehemalige Finanzminister Soulouques, Lysius Félicité Salomon, stand an der Spitze einer elitären geistigen Strömung, die Haitis jüngste Geschichte seit der Unabhängigkeit von dem Standpunkt des *noirisme* (noir = [franz.] schwarz) aus deutete und mitunter zur Verklärung der schwarzen Führer aus den Unabhängigkeitskriegen neigte (Nicholls 1979: S. 85 ff.). Im Verlauf der sechziger und beginnenden siebziger Jahre formierte sich diese Strömung zu einer politischen Gruppierung der schwarzen Elite, dem *Parti National*. In Konkurrenz dazu stand der *Parti Libéral*, dessen Anhängerschaft überwiegend der mulattischen Elite entstammte und der als geistige Strömung in der Reformpolitik Geffrards seinen einstweiligen Höhepunkt erfuhr.

So sehr sich diese Gruppierungen in den folgenden Jahren auch rhetorisch und politisch bekämpften, bleibt festzuhalten, daß die geringen Unterschiede in ihrer jeweiligen Programmatik diese Gegnerschaft keineswegs rechtfertigten. Ganz im Gegenteil: Ihre gemeinsame geistige Grundlage bildete der französische Positivismus. Von diesem Gedankengebäude ausgehend, glaubten beide Parteien an die Perfektionierung der Gesellschaft durch Anwendung wissenschaftlicher Entwicklungsmethoden in Wirtschaft, Politik und im Sozialbereich. Das Bildungsniveau sollte gehoben, Anreize für Industrieansiedlungen mußten geschaffen werden. Eine parlamentarisch kontrollierte Zivilregierung sollte, dem Programm beider Parteien zufolge, die politischen Maßnahmen ergreifen. In der Praxis allerdings erwies sich der Einfluß der Militärs auf allen Gebieten als überwältigend. Die Liberalen kritisierten ständig die Inkompetenz der schwarzen Generäle, die bis weit in das 20. Jahrhundert hinein die Exekutive bildeten. Ideologische Unterscheidungsmerkmale der Parteien lagen vor allem im Bereich der Religion: Konnten die Liberalen auf die Unterstützung des katholischen Klerus zählen, so erwiesen sich die Nationalen als antiklerikal. Der Voodoo-Kult hingegen bedeutete für beide Gruppierungen ein barbarisches Relikt der afrikanischen Vergangenheit. Bei dieser Einschätzung spielte sicherlich die Meinung von Ausländern eine gewichtige Rolle: So berichteten z. B. europäische Reisende von skandalösen Praktiken im Verlaufe von Voodoozeremonien (von Grafenstein: S. 88 ff.).

Ausgehend von der Ähnlichkeit ihrer politischen Programme, bildeten hauptsächlich rassische Vorurteile die Grundlage der Differenzen zwischen Nationalen und Liberalen – obwohl nicht einmal die ethnische Zugehörigkeit ihrer jeweiligen Anhängerschaft klar abgegrenzt war. So wies der *Parti Libéral* neben den Mulatten Jean Pierre Boyer Bazelais, einem Enkel des ehemaligen Präsidenten, und Boisrand Canal in der Führungsspitze auch Schwarze wie den Schriftsteller Joseph Anténor Firmin und den Wirtschaftswissenschaftler Edmond Paul auf. Umgekehrt konnte man in den Schlüsselstellungen des *Parti National* Mulatten antreffen (von Grafenstein: S. 87).

Die Ideologisierung und parteimäßige Institutionalisierung der ethnischen Gegensätze war eine der Hauptursachen für die politische Instabilität der folgenden Jahrzehnte. Die Spaltung der Eliten des Landes verhinderte die Bündelung ihrer Kräfte in einem als »gemeinsam« erkannten Projekt nationaler Modernisierung mit langfristiger Perspektive. Das Ringen um die Macht innerhalb der Elitecliquen, die zumeist mit Familienclans identisch waren, verkam immer mehr zu einem Kampf um den lukrativen Posten des Präsidenten. Nicht Ideologie und Politik spielten in der Praxis eine Rolle, sondern die Möglichkeit, als Staatsoberhaupt einen möglichst dicken Brocken von den knappen Einkommensressourcen des Inselstaates zu erlangen (Rotberg: S. 87). Besonders die räumliche Trennung zwischen der Masse der haitianischen Bevölkerung, die für die damalige Zeit auf ungefähr eine Million geschätzt wird, und der Elite des Landes ermöglichte diese »Machenschaften«. Während der Regierungszeit Boyers hatte sich die Isolierung der schwarzen Bauernbevölkerung im Landesinneren verstärkt. Mangelnde Bildung, fehlende Infrastruktur und Kommunikationsmittel sowie die landwirtschaftliche Struktur der Minifundien, durch die die Vereinzelung noch verstärkt wurde, verhinderten jegliche Partizipation der Massen am politischen Geschehen, das sich vorwiegend in den urbanen Zentren abspielte. Anstatt diese strukturellen Schwächen als solche zu erkennen, förderte die Regierung Geffrard mit ihrer (die Kleinfelderwirtschaft favorisierenden) Politik diese Entwicklung. Bürokratische Schikanen trugen zur weiteren Zementierung des gesellschaftlichen Dualismus bei: So hatte die Landbevölkerung bei einem Stadtbesuch Pässe vorzuweisen, deren Ausstellung seitens der Behörden allerdings ein Akt reiner Willkür war (Rotberg: S. 85; 91 f.).

Sozialer Protest auf dem Lande äußerte sich in regionalen Ausbrüchen, die für die Machthaber unkontrollierbar waren. Marodierende Banden von *piquets* im Süden oder *cacos* im Norden, oftmals angeführt von unzufriedenen Generälen, trieben das Land in einen Zustand dauernder und unberechenbarer Instabilität. Je heftiger die Cliquenkämpfe in den Städten waren, desto lauter und gewaltsamer äußerten die Massen auf dem Land ihren Unmut. Die Jahrzehnte um die Jahrhundertwende standen unter dem Eindruck ständig kürzerer Phasen politischer Stabilität und einer Zunahme der Gewaltbereitschaft in großen Teilen der Bevölkerung.

Politisch waren die 1870er Jahre (1870-1879) durch die Vorreiterrolle der Liberalen gekennzeichnet. Nissage Saget, Michel Domingue und Nord-Alexis, die drei führenden Generäle bei der Verschwörung gegen Salnave, verständigten sich darauf, in den folgenden drei Legislaturperioden die Präsidentschaft der restaurierten Republik nacheinander auszuüben. Während der ersten vier Jahre, für die Nissage Saget zum Präsidenten bestimmt wurde (1870-1874), kehrte eine im politischen Geschäft Haitis bis dahin nicht gekannte Freiheit in den Regierungsprozeß ein. Die faktische Mehrheit der Liberalen in allen wichtigen Gremien gewährleistete einen demokratischen, diskursiven Gesetzgebungsprozeß (von Grafenstein: S. 91). Eine der wichtigsten Aufgaben, der sich die Regierung Saget widmete, war die Stabilisierung der Papierwährung, des *gourde*, der einer rapiden Entwertung unterlag. Der Staat kaufte die Geldscheine mit Golddollar auf und substituierte damit praktisch die einheimische Währung durch die US-amerikanische (Heinl: S. 251).

Zwei Ereignisse, die in die Amtszeit Sagets fielen, markieren den Beginn einer Entwicklung, die für Haiti und den gesamten Karibikraum von entscheidender Bedeutung werden sollte: Es handelt sich um das Interesse der USA und der imperialistischen Großmächte Europas an der Insel, das sich zunehmend aggressiv äußerte. Aufgrund eines haitianischen Interventionsversuches in Santo Domingo (1870) drohte US-Präsident Ulysses Simpson Grant mit dem Einsatz von Waffengewalt gegen Haiti. Der Bürgerkriegsgeneral Grant betrachtete den Ostteil der Insel damals schon als US-amerikanische Einflußsphäre, und im Juni 1870 scheiterte Grants Absicht, die Dominikanische Republik zu annektieren, nur knapp wegen der Mehrheitsverhältnisse im US-amerikanischen Senat (Heinl: S. 254f.).

Zwei Jahre später, am Morgen des 11. Juni 1872, liefen zwei deutsche Korvetten in den Hafen von Port-au-Prince ein. Geschwaderführer Karl Ferdinand Batsch forderte eine Ausgleichszahlung in Höhe von 3 000 britischen Pfund für die während der Regierungszeit Salnaves am Eigentum deutscher Händler verübten Schäden. Einerseits sollte diese Maßnahme sicherlich der Frankophilie haitianischer Eliten nach dem deutsch-französischen Krieg einen Dämpfer versetzen; andererseits offenbart diese Handlung den steigenden Einfluß ausländischer Kaufleute in den Handelszentren Haitis. Besonders deutsche Handelshäuser und Schiffahrtsunternehmen verdrängten allmählich die einheimischen Eliten aus dem Geschäft (Nicholls 1986: S. 308 f.). Durch Einheiraten in haitianische Familien konnten Deutsche außerdem das auf der Insel für Ausländer geltende Eigentumsverbot umgehen.

Am 13. Mai 1874, zwei Tage vor dem offiziellen Ende seiner Regierungszeit, trat Nissage Saget zurück und übergab die Regierungsgeschäfte planmäßig seinem Nachfolger Michel Domingue (1874-1876). Saget war damit seit der Unabhängigkeit der erste Regierungschef, der seine Amtszeit verfassungsgemäß beschloß; bis zur US-Intervention 1915 sollte er auch der einzige bleiben (Franco: S. 49).

Mit der Nominierung Michel Domingues begann als kurzes Zwischenspiel eine Neuauflage der *politique de doublure*. Der machthungrige und allseits gefürchtete Neffe des inkompetenten Domingue, Septimus Rameau, ließ seinen Einfluß auf die Regierungsgeschäfte – bald versteckt, bald offen – wirken. Die Amtszeit Domingues wurde auf acht Jahre festgelegt, und Rameau gelang es, den Posten des Vizepräsidenten übertragen zu bekommen. Was sich in den darauffolgenden Monaten ereignete, wird in der Literatur als der Gipfel von Niedertracht und Willkür bezeichnet; die Regierungsmaßnahmen erlauben einen guten Einblick in das, was man gemeinhin als »kleptokratischer Staat« bezeichnet. Unter dem Vorwand, einen Kapitalstock für die Gründung einer Nationalbank anzulegen, nahm die haitianische Regierung auf Geheiß Rameaus eine Staatsanleihe in Höhe von 26 Millionen Francs in Paris auf. Schamlos sackte Rameau die »Beute« in die eigenen Taschen; nur ein Bruchteil des Darlehens erreichte die Staatskasse. Um dem Aufschrei der Empörung zuvorzukommen, veranlaßte der »Vizepräsident« die Ermordung dreier seiner einflußreichsten Gegner, der Generäle Brice, Montplaisir Pierre und Boisrand Canal. Nur letzterem gelang rechtzeitig die Flucht ins Ausland.

Doch auch Rameaus Tage waren gezählt, da die Stimmung in der Bevölkerung sich immer bedrohlicher gegen ihn wandte. Den Schlußakt dieser traurigen Episode bildete Rameaus Versuch, sich des restlichen, in Les Cayes gelagerten Staatsschatzes zu bemächtigen und das Land an Bord eines holländischen Schoners schnellstmöglich zu verlassen. Ein aufgebrachter Mob vereitelte dieses Vorhaben jedoch und richtete den Tyrannen, der in den Straßen von Les Cayes unter der Last der Goldmünzen gestrauchelt war, bestialisch hin. Michel Domingue, der durch die Machenschaften seines Neffen diskreditierte Präsident des Landes, suchte inzwischen sein Heil in der Flucht ins Ausland (Heinl: S. 261f.).

Nach Rameaus Tod und Domingues Exilierung kehrte General Boisrand Canal nach Haiti zurück und bildete zusammen mit anderen Führern der Liberalen Partei eine provisorische Regierung. Seine Wahl zum Präsidenten der wiederhergestellten Republik am 17. Juli 1876 bedeutete eine Atempause im politischen Leben des Landes. In Verhandlungen mit Frankreich gelang es der neuen Regierung, die unter ungünstigen Voraussetzungen ausgehandelten Bedingungen der Anleihe aus der Zeit von Domingue und Rameau zu modifizieren und die Schuldlast auf 21 Millionen Francs zu begrenzen; das Deutsche Reich entsandte währenddessen einen Diplomaten und hob damit den Status seiner Gesandtschaft in Haiti an (Heinl: S. 265f.). Doch diese Erfolge bezeichneten schon den Höhepunkt dessen, was die Administration von Boisrand Canal zu leisten in der Lage war. Die Umsetzung weiterer versprochener Reformen ging nur schleppend voran. Hinzu kam der Einfluß seines unversöhnlichen Neiders Jean Pierre Boyer Bazelais, der seine Niederlage in den Präsidentschaftswahlen kaum verkraften konnte und eine gewichtige Gegnerschaft zur Regierung zu mobilisieren vermochte. Der *Parti Libéral* spaltete sich in zwei feindliche Fraktionen, und im Sommer 1879 sah sich Boisrand Canal, nach mehreren Aufstandsversuchen gegen ihn, zur Demission gezwungen. Seine eigene Mulattenpartei war ihm in den Rücken gefallen (Davis: S. 133).

Verhältnismäßig geordnete Wahlen entschieden, allen Erwartungen zuwider, die Nachfolgefrage mit der Ernennung des gerade aus dem französischen Exil zurückgekehrten Führers des *Parti National*, Lysius Félicité Salomon (1879-1888). Die liberale Fraktion Boyer Bazelais' zog es vor, den Widerstand gegen den neuen

Präsidenten aus dem Exil zu organisieren. Mißfallen erregte der schwarze Präsident vor allem bei der Händleroligarchie der Hafenstädte; aufgrund seiner Hautfarbe befürchtete man eine unheilvolle Wende in dessen Politik gegenüber den Handelshäusern. Die exilierten Liberalen nutzten diese Vorbehalte für ihre Zwecke und organisierten den Aufstand im Süden. Unter ihrer Führung erhoben sich vier Städte an den Südküsten des Landes (Miragoâne, Léogane, Jérémie, Jacmel) gegen die neue Regierung. Europäische Kaufmannskreise, die katholische Kirche und die haitianischen Liberalen standen gemeinsam gegen den schwarzen Präsidenten. Nachdem es der Marine Salomons jedoch gelang, ein den Städten als Kommunikationsmittel dienendes Kriegsschiff aufzubringen, brach der zeitweise äußerst bedrohliche Aufstand Ende 1883 nach zähen Gefechten zusammen. Der Fall der Städte und der Tod wichtiger Führer der Liberalen Partei, unter anderen von Boyer Bazelais selbst, bedeuteten – nachdem die Regierung grausame Säuberungen und Zwangsmaßnahmen durchführte – auch das vorläufige Ende der liberalen Bewegung insgesamt. In den folgenden Jahren konnte sich der *Parti Libéral* nur allmählich erholen; es gelang ihm kaum, seinen traditionellen Einfluß auf das politische Leben Haitis wiederzugewinnen (von Grafenstein: S. 92).

Salomons Präsidentschaft (1879-1888) war nach einer weiteren Verfassungsänderung auf sieben Jahre erweitert worden. Zwar ließ die Verlängerung der Amtszeit auf den beinahe »traditionellen« Machthunger des neuen haitianischen Präsidenten schließen, aber der weltoffene, an politischer Erfahrung reiche Salomon erwies sich bald als durchaus reformwillig. So gelang es ihm etwa bis zum Ende seiner Regierung im Jahr 1888, die gesamten finanziellen Verpflichtungen gegenüber Frankreich – sowohl das Domingue-Darlehen als auch die Zinsen für die Ausgleichszahlungen aus den Verträgen von 1825 – zu amortisieren. Die ebenfalls von ihm betriebene Gründung der *Banque Nationale* im Jahr 1880 mit vorwiegend französischem Kapital war eine heftig umstrittene Maßnahme, da der wirtschaftliche Nutzen für Haiti gegen die wesentliche Zunahme ausländischen Wirtschaftseinflusses aufgerechnet werden mußte (Nicholls 1979: S. 108). Dennoch bedeutete Fremdkapital eine unverzichtbare Grundlage für jede Entwicklungsmaßnahme in der haitianischen Wirtschaft.

Die sprichwörtliche Isoliertheit des Inselstaates durchbrach Präsident Salomon 1880 mit dem Anschluß des Landes an die Internationale Postunion; außerdem wurde Port-au-Prince durch ein Unterseekabel mit Kingston (Jamaika) verbunden (Davis: S. 134). Erhebliche Störungen erlitten die Reformvorhaben Salomons durch die enormen Ausgaben für die Niederschlagung der Aufstände im Süden. Die Entwertung des *gourde* war eine unmittelbare Folge. Zur Besserung der miserablen Finanzlage bot François-Denis Légitime, der Landwirtschaftsminister Salomons, landlosen Tagelöhnern Ackerland unter der Auflage an, daß sie für mehrere Jahre Exportprodukte wie Zucker, Kaffee, Baumwolle oder Kakao anbauen müßten. Die Maßnahme bedeutete zwar einen Schritt in die richtige Richtung, änderte jedoch nichts Grundlegendes an der vorwiegend subsistenzwirtschaftlich orientierten Agrarstruktur des Landes (Rotberg: S. 95).

Nach dem Zusammenbruch der Liberalen Partei bedeutete die Präsidentschaft Salomons einen enormen Prestigegewinn für den *Parti National*. Ganz frei konnten nun *noirisme*-Anhänger die Ideologie der Partei entwickeln. Louis Joseph Janvier, Sohn eines protestantischen Schneiders und von Beruf Mediziner, stand dem radikalen Flügel der Nationalen vor. Die *ultranationals* oder *piquets doctrinaires*, wie sie sich nannten, bildeten unter der Regierung Salomons die Vordenker eines extremen »Ethnienbewußtseins« der Schwarzen. Ihre Kritik richtete sich sowohl gegen die meisten mulattischen Präsidenten der jüngsten Geschichte wie gegen den zunehmenden Einfluß der Ausländer auf der Insel. Da viele der *ultranationals* den Freimaurern angehörten, ist es nicht verwunderlich, daß auch die katholische Kirche Ziel ihrer Polemik wurde. Während der achtziger Jahre initiierten diese Nationalen eine antiklerikale Kampagne, in deren Verlauf sie den Katholiken eine Reihe schädlicher Einflüsse vorwarfen; statt dessen priesen sie den Protestantismus als die für das afrikanische Temperament angemessenere Religion. Salomon selber hielt sich während dieser Polemiken allerdings im Hintergrund und ließ keinen Zweifel an seiner moderaten Haltung gegenüber der katholischen Kirche (Nicholls 1979: S. 113-119).

Der Präsident gewährte während seiner Amtszeit, wie kein anderer Staatschef vor ihm, fremden Mächten Einfluß auf die haitianische Politik. Im Mai 1883 bot er den USA die vor der haitianischen Nordküste gelegene Insel La Tortue an und verlangte im Gegenzug den Schutz durch die US-amerikanische Regierung. Angesichts der sich verschärfenden Kämpfe im Süden der Insel gegen Ende des Jahres wiederholte er seine Offerte und bot darüber hinaus den Nordwestzipfel der Insel, Môle St. Nicolas, gegen angemessene Schützenhilfe seitens der USA an. In beiden Fällen lehnte die nordamerikanische Regierung ab, woraufhin sich Salomon mit ähnlichen Angeboten an die Franzosen wandte. Faktisch wurde in jenen Jahren die Integrität des haitianischen Territoriums nicht angetastet; die eindeutigen Angebote von seiten des Präsidenten ermutigten allerdings das Ausland, die instabilen Verhältnisse für sich zu nutzen und Haiti in Krisenzeiten als Spielball ihrer Interessen einzusetzen (Nicholls 1979: S. 139f.).

Im Jahr 1886 lief die reguläre Amtszeit des Präsidenten ab; der Verfassung zufolge war eine direkte Wiederwahl des Regierungschefs ausgeschlossen. Seine Anhänger bestärkten Salomon jedoch in der Absicht, die Regierungsgeschäfte für weitere sieben Jahre zu übernehmen. Die notwendig gewordene Verfassungsänderung hinterließ allerdings bei vielen Skeptikern den Eindruck, der Griff nach der Macht sei allzu willkürlich erfolgt und diene nur der Machtperpetuierung Salomons und seiner Clique. Begleitet von symbolträchtigen Erdbeben und Naturkatastrophen schlug die Stimmung in der Hauptstadt um; Port-au-Prince wurde von einem Sturm der Empörung erfaßt. Brandstifter legten einen Großteil der hölzernen Bebauung im Stadtzentrum in Schutt und Asche; ehemals verläßliche Gefolgsleute, wie General Séide Thélémaque, Kommandant von Cap Haitien, kündigten ihre Loyalität auf und erhoben sich gegen Salomon. Dem Präsidenten blieb lediglich, sein Heil in der Flucht zu suchen. Am 10. August 1888 verließ er mit seiner Familie Haiti und kehrte zurück nach Frankreich, in das Land, in dem er schon knapp zwanzig Jahre seines Lebens als Emigrant zugebracht hatte (Rotberg: S. 95f.).

5. Wirtschaftliche Unterentwicklung und staatliche Desintegration

Der Abtritt Salomons hinterließ auf der Insel ein Machtvakuum, um dessen Ausfüllung mehrere, ähnlich einflußreiche Konkurrenten stritten. Zwar gelang es zunächst, eine provisorische Regierung unter Beteiligung aller mächtigen Generäle zu bilden, die Auswahl der Delegierten für die Präsidentenwahl führte jedoch zu Unstimmigkeiten. François-Denis Légitime, ein ehemaliger Minister Salomons, der als Angehöriger der gebildeten Mulatten-Elite sich berufen fühlte, Haitis Geschicke zu bestimmen, konnte vor allem auf die Unterstützung der Soldaten und Bevölkerung in der Hauptstadt zählen. Der ebenfalls mulattische Gegenkandidat General Séide Thélémaque fand hingegen bei den in der Hauptstadt weilenden Truppen des Nordens Unterstützung. Ende September 1888 kam es sodann zu einem Aufruhr in Port-au-Prince, in dessen Verlauf Thélémaque auf ungeklärte Weise den Tod fand. Daraufhin bildete der ebenfalls aus dem Norden stammende Louis Mondestin Florville Hyppolite in der Hauptstadt eine provisorische Regierung, während der Süden und der Westen Légitime zum *Chef du Pouvoir Exécutif* (Chef der Exekutivgewalt) ausriefen. Die Gefolgschaft Hyppolites protestierte heftig, und die ausbrechenden Gefechte zwischen den Kontrahenten endeten knapp acht Monate später mit dem Rücktritt Légitimes (Davis: S. 134f.).

Am 9. Oktober 1889 wurde sodann in Gonaives Hyppolite einmütig zum Präsidenten gewählt und die republikanische Verfassung durch den betagten Liberalen Joseph-Anténor Firmin ein weiteres Mal ihrer Urfassung angeglichen. Die Reform sah vor, die Macht der Exekutive den anderen Gewalten gegenüber zu begrenzen, die Präsidentschaft auf sieben Jahre zu beschränken und den Regionalregierungen mehr Kompetenzen zu delegieren. Diese neuformulierte Verfassung sollte, allen folgenden Wirren zum Trotz, für die nächsten drei Jahrzehnte Gültigkeit behalten (von Grafenstein: S. 93).

In den folgenden Jahren kehrte erneut eine gewisse Ruhe in das politische Leben Haitis zurück. Außerdem erlebte der Exporthandel eine Periode der Hochkonjunktur; die Weltmarktpreise für Kaffee stiegen wie nie zuvor, und der Handel mit Campecheholz – neben Kaffee ein Hauptexportartikel der haitianischen Landwirtschaft – florierte. Die Regierung Hyppolite (1889-1896) verwandte große Summen auf den Ausbau der Infrastruktur. Brücken wurden gebaut, Kanäle ausgehoben, Straßen repariert und öffentliche Bauten in der Hauptstadt errichtet. Hinzu kamen die Installation von Telegraphenleitungen, die Einrichtung von Telephonen und der Bau der ersten Eisenbahnlinien (Rotberg: S. 97ff.).

Die innere Stabilität des Landes während der Regierungszeit Hyppolites war faktisch auf die Haltung seiner Getreuen zurückzuführen, die die einzelnen Landesteile beherrschten. Im Norden war dies General Pierre Nord-Alexis, in Gonaive herrschte Jean

Jumeau, und nur der Süden erwies sich wiederholt als schwer kontrollierbar. General Mérisier, Anführer einer *piquets*-Bande, wurde zu einer ständigen Bedrohung für die Hafenstadt Jacmel. Verschiedene Male überfiel er die ungeschützte Stadt, plünderte und zog sich mit seinem Gefolge in die Berge zurück. Zwar gewöhnte sich das städtische Leben bald, so gut es ging, an die periodisch wiederkehrenden Heimsuchungen, dem Präsidenten indes war der eigenmächtige General ein Dorn im Auge. Im März 1896 beschloß er, den Aufrührer persönlich zu stellen, fand bei diesem Unterfangen allerdings selbst den Tod.

Die Übertragung des Präsidentenamtes an seinen Nachfolger erfolgte ohne größere Unruhen. General Tirésias Augustin Simon-Sam, Hyppolites vormaliger Kriegsminister und ein in Armeeangelegenheiten äußerst bewanderter Mann, wurde schon Ende März von der Nationalversammlung zum Präsidenten (1896-1902) gewählt. Ein Regierungsprogramm besaß er nicht; er versprach lediglich, das Werk seines Vorgängers zu vollenden. Die Städtebau- und Infrastrukturmaßnahmen wurden dementsprechend fortgeführt, und weitere sechs relativ ruhige Jahre schlossen sich an. Getrübt wurde der Friede lediglich durch die rauhen Methoden der Hohenzollernschen Diplomatie. Emil Lüders, Deutsch-Haitianer und Direktor eines Handelshauses, wurde aufgrund einer Ordnungswidrigkeit seiner Angestellten 1897 von der haitianischen Justiz zu Gefängnis- und Geldstrafe verurteilt. Die auf diplomatischen Druck hin erfolgte Umwandlung der Strafe in einen Landesverweis schien dem deutschen Minister Graf von Schwerin jedoch noch nicht genug der Demütigung für die haitianische Regierung. Erneut liefen zwei deutsche Kriegsschiffe in den Hafen von Port-au-Prince und drohten mit der Versenkung aller dort befindlichen Schiffe sowie der Beschießung der Stadt. Wollte sie dies verhindern, mußte die Regierung Simon-Sam eine Wiedergutmachungszahlung in Höhe von 20 000 US-Dollar an Lüders entrichten, den Landesverweis zurückziehen, eine förmliche Entschuldigung bei der deutschen Regierung einreichen und 21 Salutschüsse zu Ehren der Flagge des Kaiserreiches abfeuern. Versuche der Haitianer, die USA um Beistand zu bitten, schlugen fehl; die haitianische Regierung sah sich schließlich gezwungen, den deutschen Forderungen nachzukommen (Heinl: S. 324f.).

Gegen Ende der Amtszeit Simon-Sams brachen in vielen Teilen des Landes erneut Unruhen aus; wie immer, ging es den Anstiftern darum, sich an den näherrückenden Wahlen schon im voraus möglichst lautstark zu beteiligen und Ansprüche geltend zu machen. Der Präsident erlebte die Aufstände als Vorboten des baldigen Endes seiner Amtszeit, und schon ein Jahr früher als geplant reichte er am 12. Mai 1902 der Nationalversammlung seinen Rücktritt ein. Eine provisorische Regierung übernahm die Aufgabe, für Ruhe und Ordnung im Lande zu sorgen (Davis: S. 136). Im Ringen um die Nachfolge Simon-Sams profilierte sich vor allen anderen Anténor Firmin, der ehemalige Außenminister. Tatkräftig unterstützt wurde er vom britischen Admiral Hammerton Killick, dem Oberbefehlshaber der bescheidenen haitianischen Marine. Nach kurzen Kämpfen zwischen Nord-Alexis und Firmin im Norden sah letzterer sich in der Defensive, und Kapitän Killick tat sein bestes, um eine Niederlage zu verhindern. Die *Crête-à-Pierrot*, sein kleines, flinkes Schiff, konnte Anfang September ein deutsches Handelsschiff, das Waffen transportierte, aufbringen und das Material zur Unterstützung des bedrängten Firmin nach Gonaives schaffen. Die deutsche Regierung reagierte sofort. Sie entsandte die S. M. S. Panther und zwang Kapitän Killick zur Aufgabe. Nachdem die Besatzung auf seinen Befehl hin das Schiff verlassen hatte, sprengte er sich mitsamt der *Crête-à-Pierrot* in die Luft. Im Hafenbecken von Gonaives versanken mit Kapitän Killick und seinem Schiff zugleich die Hoffnungen Firmins, siegreich aus den Kämpfen hervorzugehen. Nachdem er kurz darauf das Land verlassen hatte, marschierte der hochbetagte Nord-Alexis nach Port-au-Prince und wurde dort von Armee und Nationalversammlung als Präsident der Republik (1902-1908) bestätigt (Heinl: S. 328-332).

In die Regierungszeit von Nord-Alexis fiel ein für die kleine Nation außerordentlich bedeutsamer Feiertag: der *Centenaire* – die Hundertjahrfeier der Unabhängigkeit Haitis am 1. Januar 1904. Angesichts dieses Ereignisses richteten viele Zeitgenossen den Blick zurück auf die jüngste Geschichte und fragten sich, was die letzten hundert Jahre dem Land an Entwicklung gebracht hatten. Louis Hartmann war Ausländer französischer Herkunft und durch seine Aufrichtigkeit und Dienstbeflissenheit im Amt des Direktors der *Banque Nationale* von Haiti bekannt. Im Jahre 1902 zog er Bilanz bezüglich fünf der Ministerien, ihrer Ausgaben und Leistungen im Verlauf der vergangenen zwölf Jahre. Zum Ministerium für öffentliche Bauten, das sieben Millionen *gourdes* verschlungen hatte, schrieb er, öffentliche Gebäude fielen zusammen, die Straßen befänden sich in bedauernswertem Zustand, alles müsse renoviert werden. Im Hinblick auf das Landwirtschaftsministerium, das über einen Etat von drei Millionen *gourdes* verfügte, kritisierte er, daß die nationale Produktion sich nicht verbessert habe, die Kaffeeproduktion stagniere, keinerlei Besserung festzustellen und die Not der Menschen ärger sei denn je (Heinl: S. 326).

Louis Hartmann wußte, wovon er sprach: Als Haiti die Hundertjahrfeiern seiner Unabhängigkeit inszenierte, mußte das Land auf eine bedenkliche Vergangenheit und klägliche Gegenwart blikken: Der Inselstaat war, wirtschaftlich betrachtet, zu Beginn des 20. Jahrhunderts ein völlig unterentwickeltes Land. Eine Industrialisierung hatte fast nicht stattgefunden; verhindert worden war sie durch politische Instabilität, hohe Besteuerung, fehlenden Zugang zu internationalen Märkten, mangelhafte Infrastruktur, schlechte Kreditaufnahmemöglichkeiten und die uralte Tradition, Reichtum über die Ausplünderung des Staates und nicht über produktive Tätigkeiten zu erlangen. Da ausländische Investoren zumeist Regierungsgarantien erhielten, die weit über die in ihren eigenen Ländern hinausgingen, waren Ausländer nicht nur finanziell, sondern auch politisch bevorzugt, was die Neigung der Einheimischen zu riskanten Investitionen weiter sinken ließ. Fertigprodukte wurden überwiegend aus dem Ausland bezogen; erst um die Jahrhundertwende etablierten sich einige, mit italienischem und kubanischem Kapital errichtete Schuhfabriken auf der Insel (Nicholls 1986: S. 308). Noch bis weit in das 20. Jahrhundert hinein waren mehr als 90 Prozent der Bevölkerung im Agrarsektor beschäftigt (Lobeck: S. 282). Besonders offensichtlich war die Resistenz der haitianischen Landwirtschaft gegenüber Veränderungen und strukturellem Wandel. Im Verlauf des gesamten 19. Jahrhunderts hatte sich die Zahl der subsistenzwirtschaftlich arbeitenden Kleinstbetriebe stetig erhöht. Eine Differenzierung und Spezialisierung einzelner Betriebe fand auch in Zeiten der Hochkonjunktur praktisch nicht statt. Eher wurden die wenigen verbliebenen Großbetriebe weiter dezimiert. Der durchschnittliche Kleinbauer produzierte in erster Linie für den eigenen Unterhalt. Darüber hinaus pflanzte er leicht kultivierbaren Kaffee an, den er auf dem nächstgelegenen Markt an einen Aufkäufer veräußern konnte. Über viele Umwege fanden die Kaffeebohnen den Weg in die Handelsstädte, wo sie für den Export zubereitet wurden (Lobeck: S. 285). Kaffee bildete also neben einigen Edelhölzern, wie Campeche-Holz, das Hauptexportgut des Landes und damit die nahezu ausschließliche Einnahmequelle des Staates. 1909 nahm der haitianische Fiskus 95 Prozent seiner Einnahmen über die Besteuerung des Kaffeehandels ein (Trouillot: S. 61).

Die Erzeugung dieser Agrarprodukte erweiterte sich im Verlaufe des gesamten 19. Jahrhunderts lediglich in dem Maße, wie die Bevölkerung wuchs (Rotberg: S. 86). Die folgende Statistik läßt sogar eine leicht sinkende Pro-Kopf-Exportrate der haitianischen Wirtschaft seit Mitte des Jahrhunderts erkennen:

Tabelle 5: Haitianische Exporte 1821-1914

Periode	Exportaufkommen (in Mio. US$)	Bevölkerung (in Mio.)	Pro-Kopf-Export (in US$)
1821-25	3,59	0,59	6,06
1838-42	4,78	0,73	6,53
1859-61	5,74	0,94	6,14
1888-92	8,21	1,36	6,06
1910-14	8,22	1,78	4,62

Quelle: Rotberg, S. 97

Über die Ursachen für die Rückständigkeit der haitianischen Wirtschaft herrscht in der Forschung keine Einigkeit. Giovanni Caprio sieht aus marxistischer Sicht in der Gängelung des Landes durch den »Weltkapitalismus« den entscheidenden Grund für Haitis Unterentwicklung. Die enorme Schuldlast gegenüber Frankreich, an der die haitianische Regierung seit 1825 den größten Teil des Jahrhunderts über zu tragen hatte, verhinderte jegliche Kapitalakkumulation im eigenen Land und stellte die abhängige Einbindung Haitis in die Weltwirtschaft sicher. Der Inselstaat diente in begrenztem Umfang als Rohstofflieferant und Absatzmarkt von Fertigprodukten und entbehrte demzufolge jeglicher Entwicklungsmöglichkeit (Caprio: passim).

Mats Lundahl hingegen fragt, ob nicht primär endogene Faktoren die wirtschaftliche Rückständigkeit des Landes bedingten. Auch er sieht die aufgezwungene Schuldlast von 1825 als große

Bürde für Haitis Wirtschaft. Besonders die Tatsache, daß im Gegensatz zu anderen lateinamerikanischen Nationen der Inselstaat seinen Zahlungsverpflichtungen bis zum Ende nachkam, bedeutete einen gewaltigen Kapitalabfluß. Die in den siebziger und achtziger Jahren erfolgten Anleihen in Europa, so Lundahl, kamen hingegen auf freiwilliger Basis zustande und wurden eher in die Taschen der jeweiligen Regierungschefs umgeleitet als für Entwicklungsprojekte verwandt. Der »räuberische Staat« (*the predatory state*), wie Lundahl ihn nennt, trug somit eine Hauptschuld an der Unterentwicklung (1983: S. 53 ff.). Auch sind die jeweiligen Regierungen für die »Übermilitarisierung« des Landes während des gesamten 19. Jahrhunderts verantwortlich. Auch die das Jahrhundert begleitenden Eroberungsfeldzüge gegen Santo Domingo und die jeweiligen Leibgarden der Staatsoberhäupter entzogen dem Land Kapital (1979: S. 270 ff.). Andererseits vermochte Haiti nicht, ausländischen Investoren und Kapitalgebern günstige Rahmenbedingungen für deren Investitionen zu gewähren. Die Verfassung verwehrte den Ausländern das Eigentumsrecht auf der Insel, und die zunehmende politische Instabilität seit Mitte des Jahrhunderts machte jede Investition zu einem äußerst riskanten Unternehmen (Rotberg: S. 98).

Allerdings mangelte es dem Land nicht nur an Investitionskapital; Facharbeiter und kundige Bauern entbehrte der Inselstaat praktisch seit Beginn seiner Unabhängigkeit. Die relativ erfolglosen Versuche, schwarze Nordamerikaner in Haiti anzusiedeln, zeugen von der Bedeutsamkeit dieses Problems. Andererseits orientierten sich alle Regierungen in ihren »Anstrengungen«, das Bildungsniveau im Land zu heben, an der ethnischen und schichtspezifischen Dichotomie der haitianischen Gesellschaft; mit anderen Worten: Es wurde darauf geachtet, daß Bildung ein Vorrecht der städtischen, oftmals mulattischen Eliten blieb (Rotberg: S. 102 f.). Wie bereits ausgeführt, lag es keineswegs im Interesse der »Städter«, Kontakt mit dem Landesinneren aufzunehmen, geschweige denn, Bildung dorthin zu »exportieren«. Sicherlich spielte in diesem Zusammenhang auch das System indirekter Besteuerung der bäuerlichen Bevölkerung eine Rolle. Solange den Bauern nicht bewußt war, daß sie über die Minimalpreise der Kaffeeaufkäufer und Spekulanten das gesamte Staatsbudget erwirtschafteten, war die Wohlfahrt der Städte gesichert. Informationen und Bildung dem Landesinneren vorzuenthalten, lag somit direkt im wirtschaftlichen Interesse der politischen und ökonomischen Eliten des Landes (Trouillot: S. 61 f.).

Die mangelhafte Infrastruktur des Inselstaates unterstrich ebenfalls den dualen Charakter der haitianischen Gesellschaft und stellte darüber hinaus ein bedeutendes Hemmnis für die wirtschaftliche Entwicklung dar. So war zum Beispiel der Bau von Eisenbahn- und Straßenverbindungen auf der Nachbarinsel Jamaika Grundlage für den Produktions- und Exportboom im Bananenanbau während der neunziger Jahre (Rotberg: S. 98). Trotz wiederholter Anstrengungen der Regierungen Hyppolite und Simon-Sam gelang es auf Haiti allerdings nicht, ein funktionsfähiges Straßennetz zu errichten. Sicherlich spielten hierbei, neben chronischem Kapitalmangel, die geographischen Gegebenheiten des Landes eine wichtige Rolle. Große Investitionen waren vonnöten, um in dem unwegsamen Gelände Schneisen zu schlagen und Hügel zu ebnen. Als besonders nachteilig für langfristige Projekte erwies sich die zunehmende politische Instabilität im Lande. Um ein modernes Straßennetz aufzubauen, reichte eine vierjährige Legislaturperiode meist nicht aus, und ob der nächste Präsident der Politik seines Vorgängers folgen würde, war in der Regel äußerst unsicher. So blieben die Küstenstädte weiterhin isolierte Punkte auf der Landkarte Haitis, die für die Kommunikation untereinander nach wie vor auf Schiffsverbindungen angewiesen waren (Rotberg: S. 103).

Somit läßt sich festhalten, daß eine große Anzahl endogener Faktoren für die Rückständigkeit der haitianischen Wirtschaft zu Beginn des 20. Jahrhunderts verantwortlich gemacht werden kann. Ob nun primär die Einbindung der haitianischen Wirtschaft in den »Weltkapitalisums« oder die aufgezählten endogenen Faktoren für die Unterentwicklung des Landes bestimmend waren, ist schwer abzuschätzen. Die auch und vor allem ethnischen Kriterien folgende Stratifikation der haitianischen Gesellschaft, die so viele politische und soziale Aspekte der Geschichte des Inselstaates zu erklären erlaubt, eröffnet auch einen Zugang zu den ökonomischen Problemen. Lundahl jedenfalls neigt zu dieser Interpretation; er verwirft zumeist marxistische und dependenztheoretische Erklärungsansätze (1992: S. 40f.). Andererseits kann nicht übersehen werden, daß um die Jahrhundertwende Haiti ein wenig in den Welthandel integriertes sowie von ausländischen Mächten, vor allem Frankreich und den USA, abhängiges Land war, das jahrzehntelang isoliert worden war und über keine »natürlichen« Alliierten verfügte.

Bei der Frage nach den Gründen für Haitis Unterentwicklung muß noch ein weiterer wichtiger Faktor berücksichtigt werden: die Rolle der ausländischen Händler, die gegen Ende des 19. Jahrhunderts die staatliche Existenz Haitis fast schon als ein »Geschäft« betrachteten. Die ausländischen Händler – man nannte diese Handelsbourgeoisie *Bord de Mer* (»Strand«, »Ufer«), da sie ihre Büros ursprünglich nur in der Nähe der Kaianlagen von Hafenstädten hatten errichten dürfen – betrieben ihre Geschäfte im Zusammenwirken mit haitianischen Politikern. Natürlich brachten die Beziehungen zu den haitianischen Regierungen auch gewisse Risiken mit sich; aber im Notfall saßen die Ausländer nahezu immer am längeren Hebel, reklamierten diplomatische Immunität oder ließen einfach Kriegsschiffe ihrer Staaten drohend vor den Küsten Haitis aufkreuzen. Das ganze 19. Jahrhundert über wurde Haiti im Grunde genommen von dieser Allianz zwischen städtischen Politikern und Händlern beherrscht, wobei letztere der dominierende Part in dieser Beziehung waren. Letztlich bestimmten sie in großem Umfang die Wirtschaftspolitik des Landes. Ihr Einfluß auf Pétion und Boyer etwa war außerordentlich groß. Und auch als später die persönlichen Beziehungen zu den Machthabern nicht mehr so offensichtlich waren, änderte dies nichts an der korporativen Machtstellung des *haut commerce*. »Strukturell betrachtet, fungierte der Staat als ökonomischer Agent (der den Überschuß abschöpfte und wieder verteilte) zum Nutzen der lokalen Abhängigkeitsagenten« (Trouillot: S. 71). Diese Agenten exportierten den größten Teil des Überschusses, so daß haitianische Kapitalakkumulation nahezu unmöglich war.

Diese sozioökonomische und politische Organisation spaltete das Land in zwei Gruppen: die landwirtschaftlichen Produzenten und die urbanen Schichten, die sich um die Allianz zwischen Herrschern und Händlern scharten. Der Überschuß wurde von der schwarzen Landbevölkerung abgeschöpft, ohne daß die Städter mit dieser je in Kontakt kamen. Es gab eine regelrechte physische Trennung; der Bauer war vom Rest des Landes isoliert. Der haitianische Ausdruck *mounn andeyò* (»die Leute draußen«), den die Städter zur Beschreibung der Bauern verwendeten, bringt dies ebenso zum Ausdruck wie die französische Variante *l'arrière-pays*

(»Hinterland«). Beide Ausdrücke lassen deutlich werden, daß durch die haitianische Gesellschaft ein Riß ging.

James Leyburn hat bei der Untersuchung dieses sozialen Phänomens in seiner einflußreichen Studie über *The Haitian People* schon 1941 die analytische Notwendigkeit betont, zwischen »Masse« und »Elite« zu unterscheiden. Die Hauptthese seines Buches besagte, die haitianische Gesellschaft sei klar in zwei Segmente aufgeteilt; die institutionelle Struktur des Landes habe diese Zweiteilung ohne bedeutende Veränderungen seit der Unabhängigkeit Haitis aufrechterhalten. Die Basis der Gesellschaft – bis zu 95 Prozent der Bevölkerung! – stellte der Landwirtschaftssektor; die Spitze werde von einer »Elite« gebildet, die den Regierungsapparat und alle nationalen Institutionen kontrolliere. Diese beiden Segmente der Gesellschaft unterschieden sich in nahezu jeglicher Hinsicht: im Einkommensniveau, in der (Aus-)Bildung, der Sprache, der Religion, den sozialen Verhaltensweisen, den Werten und Normen. Leyburn war von den Unterschieden zwischen Landbevölkerung und Elite derart beeindruckt, daß er diese gesellschaftlichen Segmente *Kasten* (und nicht *Klassen*) nannte:

Die Mitglieder der »Elite« verdienten sich ihren Lebensunterhalt als Rentiers, Großhändler, Freiberufler, Regierungsangehörige, nie jedoch durch ihrer Hände Arbeit. Zumeist wohnten sie in Städten; ihre Kinder gingen auf Privatschulen und studierten später im Ausland. Neben *créole* sprachen sie französisch, sie bekannten sich zum Katholizismus, ihre Sitten waren »westlich«.

Im scharfen Gegensatz dazu war die bäuerliche Bevölkerung ländlich geprägt, zumeist arm, sie bearbeitete das Land selbst, ein Großteil war analphabetisch, sprach nur *créole*, glaubte mehr an Voodoo-Gottheiten, folgte auch im gesellschaftlichen Leben – etwa bei Heiraten – mehr den traditionellen als den von außen eingeführten Gebräuchen. Der ländliche Mensch war phänotypisch überwiegend negroid, während die Mitglieder der »Elite« eine hellere Hautfarbe aufwiesen.

Eine gewisse Ausnahme von dieser Zweiteilung machte das Militär. Diese Institution wurde nicht direkt von der (oben beschriebenen) »Elite« beherrscht; hier verfügten die sozial niedrigeren Schichten über einen gesellschaftlichen Aufstiegskanal. In der Armee waren im 19. Jahrhundert praktisch alle Schichten der Gesellschaft vertreten; die Armee bot die Möglichkeit zu sozialer Mobilität und zu einer gewissen Umverteilung des Einkommens;

sie spielte somit eine Kohäsions- und Redistributionsrolle. Allerdings gelang praktisch nie eine Institutionalisierung des Militärs; es konnte nur selten das für moderne Staaten charakteristische Gewaltmonopol ausüben. Zumeist trafen regionale Machthaber (anstelle eines zentralisierten Offizierscorps) die für das Land wichtigen Entscheidungen, vor allem die Entscheidung über einen Regierungswechsel: Zwischen 1806 und 1879 soll es 69 »Revolutionen« gegeben haben; von allen Regierungen zwischen 1807 und 1915 konnten nur acht ihre offiziell vorgesehene Amtsdauer erschöpfen; 17 wurden aufgrund von Umstürzen aus dem Amt gejagt. Die Macht der Elite, die diese während fast zweier Jahrhunderte beibehielt, ist somit nicht mit der Regierungsausübung durch schwarze Militärs gleichzusetzen.

Kurz nach der Veröffentlichung von Leyburns Studie hat der haitianische Ethnologe und Historiker Jean Price-Mars Zweifel an der Anwendbarkeit des Terminus *Kaste* für die verschiedenen gesellschaftlichen Gruppen in Haiti geäußert (1942: S. 1-50). Er wies darauf hin, daß haitianische Gesetze der Unabhängigkeitsära niemals Unterschiede aufgrund des Aussehens akzeptiert haben; im Gegenteil: Die Grundlage haitianischer Politik war gerade das Fehlen derartiger Differenzen. Gegen Leyburn lasse sich argumentieren, daß Elite und ländliche Massen sich äußerlich gerade nicht ohne weiteres unterscheiden ließen, die Übergänge vielmehr fließend seien. Nordamerikanischen Interpretationen warf Price-Mars vor, sie seien von einem Rassenvorurteil geprägt und betrachteten die Hautfarbe als Hauptkriterium für die gesellschaftliche Stufenleiter.

Auch andere Wissenschaftler kritisierten Leyburns Interpretationsansatz, da er die Kontakte zwischen den sich angeblich unversöhnlich gegenüberstehenden Gruppen (Masse-Elite, Land-Stadt, Schwarzer-Mulatte, Voodoo-Christentum, usw.) zu gering achtete. Es gebe in Haiti nicht zwei Gesellschaften, sondern die Gruppen stünden in einer zwar ungleichen, jedoch komplementären Beziehung (Trouillot: S. 79-81).

Eines dürfte allerdings trotz dieser unterschiedlichen Interpretationen klar sein: Was die Sozialstruktur betrifft, muß Haiti als zutiefst gespalten bezeichnet werden. Diese Spaltung drückt sich mehr im Fehlen eines institutionellen Rahmens aus, der die Bauernschaft mit anderen sozialen Sektoren verbunden hätte, als in der Bedeutung von Unterschieden in Hautfarbe oder Kultur.

Über das Militär etwa blieb in der Gesellschaft stets ein gewisser, von vielen Schwarzen genutzter Aufstiegskanal bestehen. Unabhängig davon, welchen Stellenwert man den Unterschieden in der Hautfarbe beimißt, wurden soziale Unterschiede in sozialen ebenso wie in ethnischen Kategorien ausgedrückt.

Angesichts der schwerwiegenden Strukturprobleme des Landes verwundert es nicht, daß auch die Regierungszeit des hochbetagten Nord-Alexis ähnlich der seiner Vorgänger verlief. Am Ende seiner Amtszeit hatte der General viele gescheiterte Reformversuche vorzuweisen, und die Aufdeckung eines Betrugsskandals innerhalb der *Banque Nationale* ruinierte ihn vollständig. Prominente Politiker und Mitarbeiter der Bank hatten den Staat bei Schuldtilgungstransaktionen um mehr als eine Million US-Dollar betrogen. Zwar war die Regierung Nord-Alexis in diese Affäre nicht verwickelt; aber die Hartnäckigkeit, mit der der Präsident auf der Durchführung der Gerichtsverfahren beharrte, kostete ihn sein Ansehen bei den prominenten Übeltätern und ihren Cliquen. Von Freunden und Gefolgsleuten verlassen, mußte auch er ein Jahr vor dem offiziellen Ende seiner Amtszeit den Rücktritt einreichen (1908) und dem von Süden aus gegen die Hauptstadt rückenden General François Antoine Simon den Präsidentensessel freimachen (Davis: S: 138).

Der Rücktritt von Präsident Nord-Alexis läutete für Haiti eine Periode politischen Durcheinanders ein. Die nun folgenden Regierungen waren immer weniger in der Lage, das Land zusammenzuhalten, und in immer kürzeren Abständen folgten Umsturzversuche und Regierungswechsel aufeinander. Bis zur US-amerikanischen Intervention im Jahr 1915 erlebte das Land sieben kurzlebige Präsidentschaften, deren Regierungszeiten sich schließlich auf nurmehr wenige Monate reduzierten.

Tabelle 6: Haitianische Präsidenten 1908-1915

Regierungszeit	Präsident	Regierungsende
17. 12. 1908-02. 08. 1911	François Antoine Simon	Exil
14. 08. 1911-08. 08. 1912	Cincinnatus Leconte	Mit dem Palast in die Luft gesprengt
08. 08. 1912-02. 05. 1913	Tancrède Auguste	Auf Dienstreise gestorben
04. 05. 1913-27. 01. 1914	Michel Oreste	Exil
08. 02. 1914-17. 10. 1914	Oreste Zamor	In Gefangenschaft ermordet
07. 11. 1914-22. 02. 1915	Davilmar Théodore	Exil
04. 03. 1915-27. 07. 1915	Vilbrun Guillaume Sam	Ermordet

Quelle: Donner: S. 49

Für das politische Chaos sorgten vor allem *caco*-Banden aus dem Norden des Landes. Cincinnatus Leconte, ehemaliger Minister im Kabinett Simon-Sams, sollte mit seinem Vorgehen ein vielfach imitiertes Exempel statuieren. Im Mai 1911 revoltierte er an der Spitze einer aufwendig ausgerüsteten *caco*-Armee, besetzte Cap Haitien, marschierte in südlicher Richtung über Gonaives nach St. Marc und erlangte mit der Einnahme der dortigen Eisenbahnstation den freien Zugriff auf die Hauptstadt Port-au-Prince. Wie nicht anders zu erwarten, ergriff François Antoine Simon die Flucht, und Leconte wurde bald danach von der Nationalversammlung im Präsidentenamt bestätigt (Davis: S. 145 f.).

Die Tatsache, daß die Umsturzversuche sich häuften, bedeutet jedoch nicht, daß damit auch die »Qualität« der Präsidenten abnahm. Gerade unter den Regierungschefs dieser Periode befanden sich durchaus reformwillige Sympathieträger der Bevölkerung. So etwa Cincinnatus Leconte, der für seine Bemühungen um eine Armeereform und die Verbesserung des Bildungswesens gerühmt wurde. Nicht ein Jahr seiner Amtszeit war verstrichen, als er und der Großteil seiner Palastgarde mit dem Präsidentenpalast in die Luft flog. (Unvorsichtigerweise hatte man im Palast aus Sicherheitsgründen Waffen und Munition gelagert.) Mit Michel Oreste, einem Senator und Anwalt, übernahm zum ersten Mal in der haitianischen Geschichte ein Zivilist das Präsidentenamt. Auch er war ein beliebter Politiker, und seine erste Maßnahme im Amt richtete sich gegen den Analphabetismus im Lande. Die Weiterführung der Militärreformen gegen den Willen des Generalstabs sollte ihm jedoch bald zum Verhängnis werden, und *cacos* aus dem Norden stürzten seine Regierung (Gingras: S. 50f.).

Gegen Ende des 19. Jahrhunderts wurde der US-amerikanische Einfluß im Handelsbereich noch bedeutend erweitert. Die haitianische Importwirtschaft wurde ohnehin seit der Anerkennung der Unabhängigkeit Haitis durch Washington (1862) nahezu vollständig von den Vereinigten Staaten kontrolliert. Dies hing zum einen mit der geographischen Nähe, zum anderen und vor allem mit den günstigen Preisen der US-Produkte zusammen. Allerdings gelang es den Nordamerikanern nicht, trotz ihres ökonomischen Übergewichts, sich politischen oder gesellschaftlichen Einfluß in Haiti zu verschaffen – im Unterschied etwa zu den Deutschen, die ebenfalls als Händler gekommen waren, dann aber öfters haitianische Frauen heirateten und sich in das gesellschaftliche Leben des Landes integrierten, im Unterschied auch zu den Franzosen, die ihren Einfluß über die Kirche und kulturelle Institutionen geltend machten. Gegen Ende des Jahrhunderts kam es nun in Haiti zu einer größeren Einwanderung ärmerer Bewohner der Mittelmeerstaaten – im Jahr 1895 soll es schon 2000 gegeben haben –, unter denen Libanesen überwogen. Sie begannen ihre Tätigkeit in Haiti mit zumeist niederen Arbeiten, stiegen aber dann dank ihrer guten Beziehungen zu ihren Landsleuten in New York und Chicago schnell in den Importhandel ein. Ihr wirtschaftlicher Erfolg erweckte bald den Neid anderer ausländischer Gruppen, die über ihre Beziehungen zur haitianischen Regierung populistische Politiker und die Bevölkerung gegen die »Eindringlinge« aufhetzten; 1905 mußten viele das Land verlassen. In der Zwischenzeit hatten sich die USA allerdings die »Syrer« (wie sie genannt wurden) ihren eigenen Handelsinteressen verpflichtet: Sie versahen sie mit nordamerikanischen Pässen und eröffneten ihnen den Zugang zu neuen Kreditquellen. Auf diese Weise gelang es den USA, im haitianischen Handelsgeschehen eine physische Präsenz zu erreichen, die sie vorher nicht hatten. Dank dieser Strategie konnte der (ohnehin schon überproportional hohe) haitianische Import von US-Waren zwischen 1903 und 1911 verdoppelt werden! (Trouillot: S. 53-56)

Je weiter das 19. Jahrhundert voranschritt, desto offensichtlicher wurde die Dissoziation von politischer und ziviler Gesellschaft, von Staat und Nation. Der in den Städten residierenden politischen Gesellschaft ging es um die Erhaltung ihrer Macht, da sie über diese die zivile Gesellschaft ausplündern konnte. Zur Erhaltung der Macht hatten die Vertreter der politischen Gesellschaft eine für sie lukrative Allianz mit der zumeist ausländischen Handelsbourgeoisie geschlossen. Die Handelsbourgeoisie wiederum war nicht an einer Konsolidierung des Staates interessiert; eine schnelle Aufeinanderfolge von Regierungen war für diese Geldgeber weitaus interessanter, konnten sie damit doch die Abhängigkeit des Staates von ihren Finanzmitteln steigern.

Je unaufhaltbarer die Anarchie das Land überzog, desto mehr sahen sich ausländische, besonders deutsche Händler veranlaßt, aktiv in die politischen Geschicke Haitis einzugreifen. Immer öfter finanzierten sie die aufständische Armee eines genehmen Präsidentschaftskandidaten und beeinflußten so direkt das Geschehen (Munro: S. 326-331). In jenen Jahren nahm vor allem auch der wirtschaftliche Einfluß der Ausländer zu. 1905 wurden zwei Amerikanern Konzessionen für den Bau einer Eisenbahnlinie von Gonaives nach Hinche, im Landesinneren, verliehen. Fünf Jahre später schloß die Regierung den sogenannten MacDonald-Vertrag, demzufolge einer US-amerikanischen Gesellschaft das Recht eingeräumt wurde, Eisenbahnen zu bauen und das Land links und rechts der Trasse nutzbar zu machen. Tatsächlich bedeutete dies einen eklatanten Bruch der Verfassung, die nach wie vor Ausländern das Eigentum an Grund und Boden verwehrte (Nicholls 1985: S. 111).

Seit Erringung der Unabhängigkeit war die (geographische ebenso wie politische) Trennung der großen Masse der Landbevölkerung von den Entscheidungen auf staatlicher Ebene eines der strukturellen Charakteristika des Landes. Bei zunehmender Isolierung der Bauern im »Hinterland« waren auch die nationalen Institutionen – etwa die christlichen Kirchen, die Presse und Schule – nicht in der Lage, die Kluft zwischen politischer und ziviler Gesellschaft zu überbrücken. Die Dichotomien wurden immer offensichtlicher.

Durch die Marginalisierung der Bauernschaft und die Fraktionskämpfe in den Städten um die Macht war das politische System blockiert. Politisches Leben in den Städten wurde durch Rivalitäten zwischen Personen, Cliquen und Interessengruppen ersetzt. Diese Rivalitäten und Auseinandersetzungen wurden heftiger, je mehr Gruppen und Cliquen sich die Pfründe Staat zueigen machen wollten. Zu registrieren sind somit zwei gegenläufige Tendenzen: auf der einen Seite die politische Marginalisierung der Bauernschaft, die parallel zu ihrer soziokulturellen Isolierung lief; und auf der anderen Seite die Konzentration aller städtischen Gruppen in der politischen Sphäre.

Daß es bei dieser Polarisierung von Staat und Nation nicht zu einer vollständigen Machtzentralisation in Händen der politischen Gesellschaft kam, daß der Staat eine gewisse Mäßigung seiner Machtausübung hinnehmen mußte, hing mit Korrektiven und Gegengewichten zusammen, die während des 19. Jahrhunderts immer wieder funktionierten:

Zum einen ist das Militär zu nennen, das bei der Ein- und Absetzung von Regierungen stets eine entscheidende Rolle spielte und in gewisser Weise auch regionale Kräfte repräsentierte, da lokale und regionale Loyalitäten oft wichtiger als staatlich-nationale waren. Zum anderen spielte der Regionalismus eine große Rolle, nachdem Provinzen und Regionen (auch ökonomisch) wichtiger waren als nach erfolgter Machtzentralisierung im 20. Jahrhundert. Den hegemonischen Tendenzen von Port-au-Prince wurde von den früheren Verwaltungsbezirken im Norden, Westen und Süden stets Einhalt geboten, wobei Norden, Westen und Süden nicht als geographische Termini zu verstehen sind (als solche wären sie sehr ungenau), sondern soziokulturelle Einheiten mit eigenen Identitäten bezeichnen. Und schließlich ist noch auf die Heterogenität der dominierenden Allianz, auf die Brüche im Bündnis von Handelsbourgeoisie und politischer Klasse hinzuweisen.

All diese Aspekte begrenzten zwar die Fähigkeit des Staates, die Macht vollständig zu zentralisieren, konnten aber seine fortschreitende Desintegration nicht aufhalten: Korrupte Regierungen kämpften um die Macht; die meisten Präsidenten wurden durch Aufstände vertrieben, deren Epizentren in den Regionen lagen; Staat und Nation waren zwei nahezu getrennte Sphären; der Staat wurde immer mehr zum Spielball auswärtiger Großmächte – in der zweiten Hälfte des 19. Jahrhunderts wurden die haitianischen Hoheitsgewässer über 20mal von Kriegsschiffen verschiedener Mächte verletzt, die durch ihre Kanonenbootpolitik den Forderungen ihrer Bürger Nachdruck verliehen –, die ausländischen

Großhändler traten immer deutlicher als die eigentlichen Herren der Politik auf.

Besondere Bedeutung im Zusammenhang der staatlichen Desintegration Haitis erhielt die 1910 erfolgte Reorganisation der *Banque Nationale*. Mißwirtschaft und der Skandal aus der Zeit von Nord-Alexis hatten die Bank an den Rand der Zahlungsunfähigkeit gebracht. Die Gläubigerländer handelten ein Sanierungskonzept aus und verteilten die Anteile neu. Von den 40000 Kapitalanteilen der neuen *Banque Nationale de la République d'Haiti* entfielen nur ungefähr 10000 auf französische und deutsche Kreditinstitute. Der Rest blieb bei der *National City Bank of New York*, was faktisch den Übergang der Bank aus französischen in US-amerikanische Hände bedeutete. Noch im August jenes Jahres handelte die Regierung Simon mit französischen, deutschen und amerikanischen Bankiers ein Darlehen in Höhe von 65 Millionen Francs bei einer Verzinsung von fünf Prozent aus. Einerseits sollten Kredit und Bankreform den inflationsgeschädigten *gourde* stützen, andererseits gelang es mittels Kontrolle der Nationalbank, einen Anteil der Zolleinnahmen des Landes für die Zinstilgung der Gläubigerländer zu sichern (Davis: S. 143f.).

Die folgenden fünf Jahre zeigten jedoch, daß eine Konsolidierung der politischen Verhältnisse unmöglich war. Die jeweils mit Unterstützung von *cacos* aus dem Norden anrückenden Generäle sahen sich meist schon bald nach der Regierungsübernahme außerstande, ihre Gefolgsleute auszuzahlen, während sich im Norden bereits das nächste politische Unwetter zusammenbraute. Die Regierung der USA verfolgte mittlerweile sehr genau die Ereignisse auf der Insel. Schon im Januar 1914 landeten US-amerikanische *marines*, um – so hieß es – »ausländische Interessen zu schützen«. Gegen Ende jenes Jahres schlug der US-amerikanische Außenminister der Regierung Théodore vor, mittels einer Zollkonvention die Zolleinnahmen des haitianischen Staates direkt unter die Aufsicht der USA zu stellen; noch im selben Monat landeten wieder amerikanische *marines* auf der Insel und nahmen Goldmünzen im Wert von 500000 US-Dollar aus der haitianischen Nationalbank in Gewahrsam (Davis: S. 152f.).

Im Januar 1915 gelang General Vilbrun Guillaume Sam im Norden des Landes erneut die Aufstellung einer Armee, um die Präsidentschaft zu »erobern«. Währenddessen war auf Anruf eines US-amerikanischen Konsuls in Haiti Admiral W. B. Caperton an

Bord der *U.S.S. Washington* in der Karibik eingetroffen. Dieser handelte inoffiziell mit Guillaume Sam einen möglichst schonenden Feldzug gegen Port-au-Prince aus und sicherte die Einhaltung der Abmachungen mit der Präsenz amerikanischer Kriegsschiffe in den Hafenstädten entlang der Westküste. So »eskortiert«, erreichte Guillaume Sam die Hauptstadt und sollte nun, so hoffte zumindest Caperton, als Präsident des Landes den USA vertraglich die Aufsicht über die Zollkontrolle Haitis abtreten. Guillaume Sam indessen erwies sich als äußerst eigenwillig. Die Verhandlungen scheiterten, und außerdem rüstete im Norden bereits ein neuer Prätendent zum Feldzug. Das Ende des gerade »Inthronisierten« war absehbar; mit dessen Abtritt sollte sich auch der vorerst letzte Akt in der Geschichte eines unabhängigen Haiti seinem wenig rühmlichen Ende nähern.

III. Besatzung – Diktatur – Demokratie

1. Die US-Besatzung

111 Jahre nach der Erkämpfung der Unabhängigkeit von den französischen Kolonialherren mußte sich Haiti das Ende vom Traum einer freien schwarzen Republik eingestehen. Am 28. Juli 1915 landeten 350 weiße *marines* auf der Insel und bereiteten den Weg für die Einrichtung eines US-Protektorats, das 19 Jahre lang Bestand haben sollte. Der Landung war ein von der Armee nicht zu bändigender *caco*-Aufstand im Norden vorausgegangen, der das ganze Land in Aufruhr versetzt hatte. Zentrale Figur war dabei ein gewisser Dr. Rosalvo Bobo gewesen, der eine Armee von mehreren tausend *cacos* hinter sich hatte und im Ruf stand, antiamerikanisch eingestellt zu sein. Die *cacos* stürmten schließlich auch Port-au-Prince (Weinstein/Segal: S. 30). Die dann folgenden dramatischen Ereignisse in der Hauptstadt, die in ihrer Brutalität zugleich Höhepunkt und vorläufiges Ende einer Zeit langer innenpolitischer Unruhen darstellten, bildeten den konkreten Anlaß für die Invasion. Der schwarze Präsident Vilbrun Guillaume Sam flüchtete vor dem Aufstand in die französische Botschaft. Zeitgleich wurden auf seine Veranlassung hin mehr als 160 in Untersuchungshaft gehaltene politische Gegner – sie alle Mitglieder der mulattischen Elite – umgebracht. Die Angehörigen der Ermordeten mobilisierten daraufhin eine große Menschenmenge und belagerten die französische Botschaft. Präsident Guillaume Sam wurde am folgenden Tag von der Menge aus dem Botschaftsgebäude herausgezerrt und zerstückelt. Die Einzelteile seiner Leiche wurden triumphierend durch die Stadt getragen.

Angesichts der sich zuspitzenden Situation gab Admiral W. B. Caperton, der mit dem Kriegsschiff *U. S. S. Washington* vor Port-au-Prince lag, Befehl zur Landung. Gleichzeitig wies er die Kommandeure der ebenfalls vor Haiti liegenden französischen und englischen Schiffe an, sich zurückzuhalten, da die USA alle ausländischen Interessen schützen würden (Munro: S. 352). Es gibt viele Anzeichen dafür, daß die Pläne für die Invasion schon länger vorlagen und nur der psychologisch günstigste Augenblick für ihre Umsetzung abgewartet wurde (Abbott: S. 34). Militärisch erwiesen sich Landung und Besetzung der Hauptstadt als nicht schwierig. Die 350 *marines* stießen auf keinen nennenswerten Widerstand (Nicholls 1979: S. 148). Von vielen Teilen der haitianischen Elite wurde ihre Ankunft sogar begrüßt, verhieß ihre Anwesenheit doch Ruhe und Ordnung.

Ein erster wichtiger Schritt zur Stabilisierung der Verhältnisse war die Wahl eines neuen Präsidenten. Die US-Amerikaner suchten einen geeigneten Gegenkandidaten zum nach der Macht greifenden Bobo, der seinen Anspruch auf das Amt mit einer stattlichen Anzahl von *cacos* unterstrich, die in der Hauptstadt lagerten (Munro: S. 354). Einige Male sprachen die Besatzer ergebnislos bei potentiellen Präsidentschaftskandidaten vor, bis sie eine Zusage des damaligen Senatspräsidenten Philippe Sudre Dartiguenave erhielten. Denn obwohl nicht wenige Mulatten mehr oder minder offen mit den Amerikanern kooperierten, bekannten sich viele aus der Überlegung heraus, dies würde ihrem Ruf langfristig schaden, nicht öffentlich zu den Besatzern. Außerdem wurde (zu Recht) befürchtet, daß die USA die Geschicke Haitis größtenteils selbst bestimmen wollten und nur an einem gefügigen Marionettenpräsidenten interessiert waren. Am 11. August 1915 bestimmte dann der haitianische Kongreß unter massiver *marines*-Präsenz den Wunschkandidaten der USA zum neuen Präsidenten. Die Korrektheit des Wahlverlaufs wurde selbst von US-Marineminister Hosephus Daniels angezweifelt. Aber vielleicht war es nicht einmal Folge von Einschüchterung oder Wahlfälschung, daß Bobo so hoch verlor. Der Entscheidung vieler Abgeordneter lag wahrscheinlich die pragmatische Einsicht zugrunde, ein den Besatzern nicht genehmer Präsident werde keine dauerhafte politische Zukunft haben. Der unterlegene Bobo verließ das Land und verschwand endgültig von der politischen Bühne (Nicholls 1979: S. 145f.).

Die USA rechtfertigten ihre Intervention der Öffentlichkeit gegenüber mit drei Argumenten, die sich bei näherer Betrachtung allerdings als wenig stichhaltig erweisen und nicht ausreichen, eine so einschneidende Maßnahme zu legitimieren. Als ein Hauptgrund für die Intervention wurde, angesichts der Gewaltexzesse, die Wiederherstellung der öffentlichen Ordnung und die langfristige Etablierung der Demokratie angegeben. Sicher war bei den US-Amerikanern ein gewisses Sendungsbewußtsein vorhanden, die Karibikanrainer im Sinne eigener Vorstellungen zu »zivilisieren«. Doch verfolgten sie die Umsetzung dieses Anspruchs auf so undemokratische, rassistische und paternalistische Weise, daß dieses Unterfangen zum Scheitern verurteilt war (Nicholls 1979: S. 145). Als weiterer Interventionsgrund wurde der Schutz von Leben und Eigentum der auf Haiti lebenden Ausländer genannt. Dabei darf nicht übersehen werden, daß nicht alle Ausländer im gleichen Umfang von der Intervention profitierten: Der französische Einfluß wurde vielmehr zurückgedrängt, und Haiti wurde 1918, noch kurz vor Ende des Ersten Weltkriegs, von den USA dazu gezwungen, Deutschland den Krieg zu erklären, womit der Weg zur Enteignung von Deutschen frei war. Einige Deutsche wurden sogar interniert und zu Kriegsende ausgewiesen (Donner: S. 54f.; Nicholls 1979: S. 148). Der dritte Grund, mit dem die USA ihre Invasion rechtfertigten, war die angestrebte Ordnung der Finanzen, damit Haiti seinen Zahlungsverpflichtungen nachkommen könne. Allerdings war der Inselstaat, im Gegensatz zu vielen karibischen Nachbarn, seinen Schuldenzahlungen trotz der instabilen politischen Verhältnisse regelmäßig nachgekommen (Donner: S. 54). In der neueren Forschung ist es unbestritten, daß die tatsächlichen Beweggründe für die Invasion wirtschaftlicher bzw. geopolitischer und militärischer Natur waren. Die Diskussion kreist um die Frage, welche der beiden Motivationen von größerer Bedeutung war – eine Frage, die nicht leicht beantwortet werden kann, da es starke Wechselbeziehungen zwischen beiden Faktoren gab (Trouillot: S. 100-102).

Die militärischen und geopolitischen Interessen, die die USA mit der Okkupation verfolgten, werden im Zusammenhang der US-Politik im karibischen Raum verständlich, die Präsident Theodore Roosevelt 1904 als Konkretisierung und Weiterentwicklung der Monroe-Doktrin festgelegt hatte. Der *Roosevelt Corollary* verkündete den Anspruch der USA, in der »westlichen Hemisphäre« eine Art internationaler Polizeigewalt ausüben zu dürfen, wenn die Politik oder die Finanzverhältnisse lateinamerikanischer Staaten (angeblich) eine europäische Intervention herbeiführen könnten (Rippy: S. 267-279). Dieses Hegemonialverständnis der USA fand seinen Niederschlag in einer Reihe diplomatischer und militärischer Interventionen, die auch als Ausdruck der *Big Stick Policy* und der *Dollar Diplomacy* gelten können: 1898 erlangten die Vereinigten Staaten die Kontrolle über Puerto Rico, 1903 wurde mit dem Ziel eines Kanalbaus Panama von Kolumbien abgetrennt. Im gleichen Jahr wurde auf Kuba der Marinestützpunkt

Guantánamo Base errichtet, 1906 besetzten die USA die ganze Insel, 1909 erfolgte die Invasion Nicaraguas (Nicholls 1979: S. 144).

Haiti rückte 1914 mit der Öffnung des Panamakanals stärker in das Blickfeld der Washingtoner Verteidigungsstrategen: Die Windward-Passage zwischen Kuba und Haiti wurde, als kürzeste Verbindung zwischen der Ostküste der USA und dem Kanal, zum Nadelöhr für die zivile und militärische Schiffahrt. Auch deswegen war das auf der kubanischen Seite der Passage liegende Guantánamo schon 1903 US-Marinestützpunkt geworden. Dem auf der anderen Seite der Passage gelegenen haitianischen Môle San Nicholas wurde eine ähnliche strategische Bedeutung beigemessen. In diesem Zusammenhang verfolgten die USA auch aufmerksam, wie auf Haiti verschiedene europäische Mächte um wirtschaftlichen Einfluß rangen (Weinstein/Segal: S. 27): Großbritannien protegierte – ähnlich wie auch die Vereinigten Staaten selbst – eine Händlergruppe syrischer Herkunft; diese Einwanderer waren oft englischer Staatsangehörigkeit und stellten den Absatz von Waren des Königreichs auf Haiti sicher. Noch bedeutender waren die französischen Handelsinteressen und die Zahl französischer Staatsbürger in dem Inselstaat. Der deutschen Bevölkerung auf Haiti wurde im US-Machtkalkül eine zentrale Rolle zugewiesen. Eine kleine deutsche »Elite« schickte sich seit 1900 an, zur dominierenden wirtschaftlichen Kraft im Land zu werden. Durch Einheirat in haitianische Familien der Oberschicht war sie mit der traditionellen Machtelite weitgehend verschmolzen. Sie kontrollierte große Teile der Schiffahrt nach Europa, den einzigen Kai des Hafens von Port-au-Prince und andere öffentliche Einrichtungen sowie den Großhandel. 1914 verkündete die US-Administration sogar, der Einfluß der Deutschen erstrecke sich auf 80 Prozent des haitianischen Großhandels – eine Behauptung, der man aufgrund der Interessenlage der USA allerdings mit Vorsicht begegnen muß (Schmidt: S. 35).

Besonders kritisch wurde der deutsche Einfluß in Bereichen wahrgenommen, die nicht nur wirtschaftlich bedeutend waren, sondern auch politisch hochsensible Felder wie die Finanzdienstleistungen betrafen. Durch gezielte Kreditgewährung an bestimmte Machtgruppen nahmen deutsche Finanziers Einfluß auf die jeweiligen Machtkonstellationen. Ein mutiger Investor lieh z. B. einem politischen Hasardeur Geld; damit verschaffte sich dieser Kontrolle über eine Gruppe von *cacos*, ließ diese die Hauptstadt stürmen und zahlte bei geglücktem Putsch als neuer Präsident dem Geldgeber seine Kreditsumme mit hundertprozentigem Zins aus der Staatskasse zurück (Munro: S. 330). Diese Vorgehensweise wurde gerade deutschen Händlern nachgesagt, beispielsweise vom US-Botschafter auf Haiti, H.W. Furniss, der über einen der vielen Umstürze in der Zeit von 1900 bis 1915 schrieb: »Jeder weiß über die Komplizenschaft der deutschen Händler bei der Leconter Revolution Bescheid; ebenso ist bekannt, daß die Deutschen die Simon-Revolution 1908 und andere vorher finanzierten, und zweifellos werden sie alle folgenden ebenfalls finanzieren« (Nicholls 1979: S. 143).

Dieses (tatsächliche oder vermeintliche) Treiben der Deutschen wurde von den US-Militärs mit größtem Mißtrauen verfolgt. Die USA und Deutschland erklärten sich zwar erst 1917 den Krieg, doch wurde das Deutsche Reich schon lange vorher verdächtigt, für die im Rüstungswettlauf mit Großbritannien gewachsene deutsche Kriegsflotte in der Karibik eine Nachschubbasis errichten zu wollen und dabei ein besonderes Auge auf Môle San Nicholas geworfen zu haben. Der Schutz deutscher Staatsangehöriger oder deren finanzieller Interessen, so lautete die Befürchtung, hätte in Zeiten politischer Instabilität als Vorwand für eine deutsche Intervention dienen können. Munro vertritt die Meinung, daß die Besetzung der Insel durch deutsche Truppen ein nicht abwegiges Szenario war. Zur Unterstützung seiner These führt er die Ereignisse vom März 1913 an, als gleichermaßen deutsche und US-amerikanische Truppen auf Haiti landeten, einige Tage in der Hauptstadt blieben, um die Ordnung aufrechtzuerhalten, und sich erst angesichts der auf die Hauptstadt zustürmenden *cacos* zurückzogen (Munro: S. 333). Berücksichtigt werden mußte auch die Unberechenbarkeit der Außenpolitik des wilhelminischen Deutschland. In einem Teil der Literatur wird allerdings die Frage aufgeworfen, ob die präventive Intervention der USA die angemessene und einzige Möglichkeit zur Durchsetzung der US-Sicherheitsinteressen war, oder ob diese nicht durch ein defensiveres und reaktives Verhalten ebenso hätten wahrgenommen werden können.

Bei der Betrachtung der möglichen wirtschaftlichen Motive für die US-Intervention fällt zuerst das schon vor 1915 vorhandene Interesse der USA an finanzieller Kontrolle Haitis ins Auge. Seit

Anfang 1914 versuchten die Vereinigten Staaten erfolglos und gegen den Widerstand Deutschlands und Frankreichs, die haitianischen Regierungen dazu zu bringen, ihnen die Zollkontrolle und damit den Zugriff auf den bedeutendsten Teil der Staatsfinanzen zu übertragen (Munro: S. 334, S. 336).

Das wirtschaftliche Engagement der USA in dem Inselstaat war vergleichsweise gering. Ökonomen schätzen die US-Investitionen in Haiti im Jahr 1915 auf vier Millionen Dollar. Das ist, verglichen mit 800 Millionen Dollar in Mexiko oder 200 Millionen Dollar auf Kuba, eine fast vernachlässigbare Summe (Weinstein/Segal: S. 28). Über den Umfang der Auslandsschuld und die Zahlungsmoral der haitianischen Regierung liegen keine ausreichend genauen Daten vor. Die bedeutendsten finanziellen Ansprüche bestanden seit dem 19. Jahrhundert von seiten Frankreichs und nicht von seiten der USA. Angesichts dieses Bildes stellt sich die Frage, ob das geringe wirtschaftliche Engagement der Vereinigten Staaten in Haiti zu einer Erklärung der – mit enormen Kosten verbundenen – Invasion beitragen kann. Hier läßt sich mit Weinstein und Segal skeptisch argumentieren, daß die USA 1915 ohnehin schon der wichtigste Exporteur von Waren nach Haiti waren. Die wirtschaftliche Dominanz der Deutschen im haitianischen Großhandel oder ihre Kontrolle über die Hafenanlagen von Port-au-Prince beschnitten die Handelsinteressen der USA also nicht (Weinstein/Segal: S. 28).

Das Argument der wirtschaftlichen Motivation gewinnt jedoch im Hinblick auf die Erwartungen möglicher Investoren an Gewicht. Seit 1804 war Ausländern Landeigentum auf Haiti verwehrt. Die Hoffnung bestand nun darin, Haiti durch Druck von außen in ein zweites Kuba verwandeln und durch US-Firmen ähnlich profitable Zucker- und Tabakplantagen wie auf der Nachbarinsel aufbauen zu können – eine Motivation, die sicherlich nicht nur rational zu erklären war, überschätzten derartige Überlegungen doch das wirtschaftliche Potential der Insel. Außerdem fußten sie auf dem Wunsch, ein entwicklungspolitisches Exempel zu statuieren und die für die USA so unattraktive wirtschaftliche Binnenorientierung des Landes zu beenden. In den ersten Jahren des 20. Jahrhunderts hatten US-Bürger damit begonnen, exportorientierte Bananenplantagen in Haiti zu errichten; schon seit den 1890er Jahren war es zu US-Investitionen im öffentlichen Dienstleistungsbereich gekommen (Trouillot: S. 100).

Zum Verständnis der Entscheidung zur Intervention trägt auch eine Betrachtung des Informationsflusses zwischen Washington und Haiti bei, der Rückschlüsse auf die enge Verflechtung militärischer und wirtschaftlicher Interessen zuläßt. Roger L. Farnham, Stellvertretender Direktor der *National City Bank of New York*, erscheint als zentrale Figur, was die Wahrnehmung US-amerikanischer Finanzinteressen betrifft. Farnham war auch Vize-Direktor der haitianischen *Banque Nationale*, die sich spätestens seit 1910 ganz unter der Kontrolle von US-Geldgebern befand, und Präsident der – recht kleinen – haitianischen Eisenbahngesellschaft. Sein Wirken zielte darauf ab, die Finanzkrise der haitianischen Regierung bewußt zu verstärken, um eine Intervention zu provozieren und damit den US-Finanzkreisen gänzlich die Kontrolle über den haitianischen Staatshaushalt, d. h. insbesondere über die Zolleinnahmen und ihre Profitmöglichkeiten, zu verschaffen (Munro: S. 334). Darüber hinaus stellt Farnham ein anschauliches Beispiel für das Handeln und Wirken wirtschaftlicher Lobbyisten dar. Augenscheinlich war er jemand, der es verstand, sich mit seinem Anliegen in Washington Gehör zu verschaffen. Munro und Schmidt gehen soweit zu sagen, daß sich Farnham nicht nur als einflußreichster Lobbyist profilierte, sondern auch noch vor den jeweiligen US-Botschaftern in Haiti, die er als sehr blaß und ineffektiv beschreibt, zur wichtigsten, zugleich aber auch tendenziösen Informationsquelle der USA wurde (Munro: S. 332, 334 und 338 f.; Schmidt: S. 48-50).

Das bedeutet jedoch nicht unbedingt, daß es der New Yorker *Wall Street* gelang, die US-Militärs für ihre Interessen zu instrumentalisieren. Denn ebenso ist die umgekehrte Interpretation möglich, daß nämlich die US-Regierung Investoren gezielt einsetzte, um ihre strategischen Ziele oder militärischen Aktionen wirtschaftlich abzusichern. Die Politik der *Dollar Diplomacy* beinhaltete ja, US-Amerikaner zu ermutigen, in Lateinamerika – insbesondere in der Karibik – zu investieren, um die Abhängigkeit dieser Länder von europäischem Kapital zu verringern und damit auch die Gefahr politischer oder militärischer Interventionen europäischer Mächte in der Region zu vermindern.

Die USA legten dem frisch gewählten Präsidenten einen Vertragsentwurf vor, der ihnen weitreichende Kompetenzen in Haiti zusichern sollte. Nach einigen kosmetischen Korrekturen wurde der Entwurf am 16. September 1915 von haitianischer Seite unterzeichnet. Dieser Vertrag war auf eine Dauer von zehn Jahren angelegt, mit der beidseitigen Option zur Verlängerung auf 20 Jahre. Dabei wurde den Besatzern faktisch die Kontrolle über die Finanzen, besonders das Zollwesen, das öffentliche Bau- und Gesundheitswesen sowie das Militär übertragen (Munro: S. 356, 364). Ein noch weiterreichender Einschnitt in die staatliche Selbständigkeit erfolgte mit der »Volksabstimmung« über die Verfassung im Jahre 1918, die Ausländern erstmals seit 1804 wieder Zugang zu Landeigentum ermöglichte (Nicholls 1979: S. 147). Dieses Plebiszit, an dem sich nicht einmal fünf Prozent der Bevölkerung beteiligten, ergab eine Zustimmung von über 99 Prozent, was ernste Zweifel an der Korrektheit des Ablaufs aufkommen läßt.

In den Anfangsjahren der Besatzung war die Verwaltung der US-Amerikaner von Kompetenzstreitigkeiten zwischen zivilen Verwaltungskräften und den häufig wechselnden *marines*-Oberkommandeuren geprägt und entsprechend ineffizient. 1922 wurde mit der Ernennung von General John H. Russell zum Hochkommissar eine klare Machtstruktur geschaffen: Er wurde zum Herrscher über Haiti mit nahezu diktatorischen Vollmachten, sowohl über die *marines* als auch über die Verwaltung. Es gab zwar formell haitianische Minister, doch diese fügten sich den Weisungen der ihnen zugeordneten US-Beamten, die sich ihrerseits wieder dem autoritären Führungsstil Russells unterordneten. 1922 wurde auch der in der Bevölkerung unbeliebte Präsident Sudre Dartiguenave durch Louis Borno ersetzt. Dieser war bald ebenso unbeliebt wie sein Vorgänger; er stellte sich willfährig in den Dienst von General Russell (Schmidt: S. 124ff.).

Hinsichtlich der Frage, inwieweit die geopolitisch-militärischen Ziele das Handeln der US-Administration auf Haiti beeinflußten, muß einleitend darauf hingewiesen werden, daß die Vereinigten Staaten sich damit begnügten, Haiti dem militärischen Einfluß europäischer Konkurrenten, besonders dem des Deutschen Reichs, dadurch zu entziehen, daß sie die innenpolitische Lage stabilisierten. Darüber hinausreichende Maßnahmen, wie die Anlage eines festen Marinestützpunkts analog zu *Guantánamo Base*, wurden nicht für nötig erachtet. Für die innere Sicherheit stellten die zu Aufständen neigenden bzw. verführbaren *cacos* den größten Unsicherheitsfaktor dar. Unter Leitung der *marines* erfolgte deshalb der Aufbau einer relativ kleinen, aber effizienten und schlagkräftigen Gendarmerie (*Garde*), die die Aufgaben von Polizei und Militär übernehmen sollte. Bis dahin war die Armee in einem schlichtweg desolaten Zustand gewesen. Die einfachen Soldaten waren so schlecht bezahlt, daß sie noch anderen Arbeiten nachgehen mußten, um ihr Überleben zu sichern. Dementsprechend wenig waren sie motiviert, sich den regelmäßig wiederkehrenden Putschen und *caco*-Aufständen entschieden entgegenzustellen. Die USA stellten eine besser bezahlte und trainierte Gendarmerie auf, deren Führungsaufgaben anfangs ausschließlich von *marines* wahrgenommen und erst nach und nach an haitianische Offiziere übergeben wurden.

Caco-Revolten werden in der Literatur sehr unterschiedlich interpretiert. Die einen beschreiben sie als bezahlte Aufstände bewaffneter Banden, die von Machtgruppen für deren persönliche Zwecke instrumentalisiert wurden und ansonsten die Landbevölkerung terrorisierten (Abbott: S. 43), die anderen als sozialrevolutionäre Bewegungen landloser oder verarmter Bauern des unwirtlichen Nordens (Caprio: S. 67). Diese letztere Auffassung kann insofern weniger Plausibilität für sich beanspruchen, als hinter den *caco*-Revolten keine klaren politischen Ziele erkennbar sind. Die von den Bauern bis nach 1915 ins Amt gehievten Machthaber verwirklichten keine Sozialreformen und hatten diese meistens auch gar nicht angekündigt (Weinstein/Segal: S. 29 f.). Doch wandelte sich nach 1915 das Selbstverständnis der *cacos* hin zu einer nationalistischen Befreiungsbewegung, die die Besatzer zur klaren Zielscheibe der Revolten machte (Donner: S. 58 f.).

Der entscheidende Konflikt zwischen *cacos* und US-Besatzern entzündete sich in Zusammenhang mit den Maßnahmen, die zur Verbesserung der Infrastruktur ergriffen wurden. Das Verkehrswegenetz im Landesinneren bestand fast ausschließlich aus Wegtrassen der Kolonialzeit. Die amerikanischen Besatzer veranlaßten ein ehrgeiziges Straßenbauprogramm, das neben der wirtschaftlichen Erschließung auch die militärische Durchdringung der entlegenen Landesteile zum Ziel hatte. Dabei griffen sie auf das aus dem Jahr 1861 stammende Zwangsarbeitsgesetz zurück, das Anlieger verpflichtete, Sach- oder Arbeitsleistungen für Straßenbau und -unterhalt zu erbringen. Die Reaktivierung dieses 1915 in der Bevölkerung schon völlig in Vergessenheit geratenen Gesetzes (*La corvée*) gilt, neben dem offen zur Schau gestellten Rassismus, als größter Fehler der US-Besatzer.

Im Gegensatz zu den Bestimmungen des Gesetzes wurden nicht nur direkte Anlieger für einige wenige Tage im Jahr zur Arbeit verpflichtet (Blassinghame: S. 40). Die Gendarmerie zog, oftmals unter Führung von US-Offizieren, Bauern auch für weiter entfernt gelegene Arbeiten heran. Auf dem Weg zur und von der Arbeit wurden sie zur Verhinderung von Flucht zusammengebunden. Häufig waren sie längere Zeit von zu Hause weg und in Sammelunterkünften zusammengepfercht. Die Behandlung durch die Gendarmerie war bisweilen äußerst brutal. Viele Haitianer erinnerte dieser Arbeitsdienst an das historische Trauma der Sklaverei. Die Wiedereinführung der *corvée* war nicht nur ein sichtbares Zeichen für das »scheinheilige« Menschenrechtsverständnis der US-Besatzer – sie führten das Kriegsrecht ein, ließen Zivilisten von Militärgerichten verurteilen, inhaftierten Journalisten, lösten die Legislative auf, militarisierten den Staatsapparat –, sondern auch für ihr völlig fehlendes kulturelles Einfühlungsvermögen. Der Widerstand gegen die Zwangsarbeit wuchs derart an, daß die Behörden die Einstellung der Maßnahmen veranlassen mußten. Aber auch nach der offiziellen Beendigung der *corvée* wurde diese Praxis in den Bergen des Nordens, wohl auch mit Kenntnis von US-Offizieren, weiter angewandt. Verschiedene Quellen berichten, daß dabei die Brutalität der haitianischen Gendarmen bis zum Mord reichte und ganze Landstriche von der verängstigten Bevölkerung verlassen wurden. In diesen Gebieten eskalierten 1918/19 die *caco*-Aufstände, die auf seiten der Aufständischen mehrere tausend Tote fordern sollten (Donner: S. 58 f.; Caprio: S. 67).

Der Anführer der *caco*-Aufstände jener Jahre war Charlemagne Péralte, der der *bourgeoisie rurale* in der Gegend von Hinche entstammte. Vor der Invasion hatte er es durch seine Beteiligung an einem *caco*-Aufstand zum Militärkommandanten eines *arrondissements*, zuerst in Port-de-Paix und später in Léogane, gebracht. Einen Monat nach der Übernahme der Macht durch die US-Amerikaner schied er aus dem Militär aus und kehrte nach Hinche zurück. Dort wurde er 1917 aufgrund seiner Beteiligung an einem Angriff auf das Haus des dortigen US-Kommandanten festgenommen und zu fünf Jahren Zwangsarbeit verurteilt. Nach seinem geglückten Ausbruch baute er eine auf 20 000-40 000 Mann geschätzte Bauernarmee auf. Die lokale Gendarmerie konnte sich deren Attacken nicht mehr erwehren und rief *marines* zu Hilfe. Auf dem Höhepunkt seiner Macht stellte Péralte 1919 eine eigene haitianische Regierung zusammen und erklärte sich zum rechtmäßigen Präsidenten. Doch im November 1919 brach die Revolte nach heftigen Kämpfen und der Ermordung Péraltes zusammen. Ein verzweifelter, fehlgeschlagener Versuch im Sommer 1920, die Hauptstadt zu stürmen, besiegelte das Ende (Donner: S. 58f.). In einer regelrechten Treibjagd wurden die letzten bewaffneten *cacos* niedergemetzelt. Insgesamt sollten mehr als 10 000 Menschen gefallen sein.

Die *cacos* konnten auf Dauer nicht bestehen: zum einen, weil sie schlecht organisiert und ausgerüstet waren; zum anderen, weil es ihnen in Ermangelung sozialer und politischer Visionen nicht gelang, andere Gruppen der Bevölkerung in den Kampf einzubinden (Weinstein/Segal: S. 29-31; Nicholls 1979: S. 149). Dagegen konnten die *marines* im unwegsamen Gelände des haitianischen Nordens moderne Methoden der Aufstandsniederschlagung entwickeln und erproben, die sie später in anderen Ländern anwandten.

Das Straßenbauprogramm, für das die *corvée* reaktiviert wurde und das mehr als 1 700 km befahrbare Straßen zwischen den wichtigsten haitianischen Städten hervorbrachte, war Teil eines umfassenden und ambitionierten wirtschaftlichen und sozialen Modernisierungsprojekts. Der Modernisierungsschub zeigte sich beispielsweise daran, daß es 1929 schon 3 000 Autos auf Haiti gab; zuvor hatte es überhaupt keine gegeben. Des weiteren wurde ein modernes Telefonnetz eingerichtet, das in weite Teile des Landes reichte. Ferner wurden öffentliche Gebäude, Leuchttürme, Hafenanlagen, Bewässerungskanäle und Kanalisationssysteme gebaut. Auch im Gesundheitswesen gab es Fortschritte zu verzeichnen: Elf Krankenhäuser wurden errichtet, eine medizinische Fakultät und eine Schwesternschule wurden aufgebaut, mit großem Aufwand wurde Malaria bekämpft. Auf dem Land wurde eine ganze Reihe von Tierärzten im öffentlichen Dienst tätig (Schmidt: S. 186f.).

Diese und andere Entwicklungsmaßnahmen wurden nicht mit US-Geldern, sondern aus dem von der US-Administration kontrollierten Staatshaushalt finanziert (Schmidt: S. 160). Aufgrund der niedrigen Staatseinnahmen konnte der Umfang der Modernisierungsmaßnahmen nur sehr begrenzt sein. Hinzu kam, daß ein großer Teil des Haushalts auf die Bezahlung der öffentlichen Schuldenlast und die Gendarmerie verwandt wurde. 1927 beispielsweise beliefen sich diese Posten zusammen auf 3,96 Millionen Dollar;

dagegen entfielen auf die Bau- und Landwirtschaftsprojekte nur 1,94 Millionen, auf das Gesundheits- und Bildungswesen sogar nur 1,08 Millionen Dollar.

Tabelle 7: Mittelverwendung des haitianischen Staatshaushalts 1927 (in Millionen Dollar)

Schuldendienst	2,68
Öffentliche Bauprojekte	1,44
Gendarmerie	1,28
Gesundheitswesen	0,68
Landwirtschaftsprojekte	0,50
Bildungswesen	0,40

Quelle: Schmidt: S. 168

Diese Zahlen geben zu der Frage Anlaß, inwiefern die Aktivitäten der US-Administration zu einer Veränderung in der wirtschaftlichen Struktur Haitis führten. Dabei erweist sich eine Untersuchung der Aktivitäten im Bereich des Handels, der Finanzen und der Plantagenwirtschaft als aufschlußreich, wobei an letzterem Beispiel besonders anschaulich die Grundzüge und Probleme der US-Entwicklungspolitik auf Haiti deutlich werden.

Weinstein und Segal vertreten die Auffassung, daß die Invasion den US-Amerikanern keine nennenswerten Handelsvorteile verschaffte. Der Anteil an den haitianischen Importen aus den USA sank von 87% in den Jahren 1916-1922 auf 70% am Ende des Jahrzehnts. Auch blieb der Anteil der haitianischen Exporte, die nach Frankreich gingen, bis 1929 konstant über dem US-Anteil (Weinstein/Segal: S. 29), obwohl Haiti seine Währung an den Dollar band und diesen als offizielles Zahlungsmittel zuließ (Caprio: S. 68). Lukrativer war dagegen der Finanzsektor: Die haitianische Nationalbank fiel vollständig in den Einflußbereich von US-Banken. Bis 1922 nahm Haiti in großem Umfang US-Kredite auf, um seine Schulden an Frankreich zurückzuzahlen. In der Folgezeit mußte das Land seine Verbindlichkeiten gegenüber den US-Banken begleichen. Die US-Kontrolle über die Zölle, die wichtigste Einkommensquelle des Staates, garantierte allerdings ein sicheres Geschäft für die Kreditgeber. Für Haiti bedeutete das, daß (vgl.

Tab. 7) ein enormer Anteil des Staatshaushaltes auf die Rückzahlung von Schulden verwandt werden mußte (Weinstein/Segal: S. 31; Paquin: S. 76).

Im Schlepptau der *marines* und der Finanziers kamen bald auch US-Manager aus dem Primärsektor, um das wirtschaftliche Potential Haitis auf seine Eignung für Plantagenwirtschaft zu prüfen. Angelockt wurden sie vor allem von der Vorstellung, die wirtschaftliche Blüte der Kolonialzeit wieder aufleben zu lassen. Große wirtschaftliche Perspektiven versprachen unter anderem die extrem niedrigen Lohnkosten: Die Bezahlung für einen zwölf Stunden langen Arbeitstag lag auf Haiti bei 0,20 Dollar; auf den florierenden Plantagen Kubas, die jährlich zur Erntezeit Tausende haitianische Arbeiter beschäftigten, wurden zur gleichen Zeit schon 1-1,5 Dollar gezahlt. Das nur 1000 km vor der Küste der USA gelegene Haiti sollte mit US-Kapital und *Know-how* ähnlich aufblühen wie die Nachbarinsel Kuba.

Diese Hoffnungen sollten jedoch in den ersten Besatzungsjahren keine Erfüllung finden. Eine Baumwollpflanzung, in die US-Investoren eine Million Dollar gesteckt hatten, ging an Mißernten zugrunde, neuangelegte Ananas-Plantagen arbeiteten mit Verlust, die neuerrichtete Fabrik, die über das Monopol der Zuckerraffinierung verfügte, geriet unter Konkursverwaltung. Auch der Bergbau war wenig lohnend. 1934, zum Zeitpunkt des Abzugs der Besatzungstruppen, waren die sanierte Zuckerfabrik und einige Sisalhanfplantagen die einzigen bleibenden Veränderungen in der Wirtschaftsstruktur des Landes, die von den Investoren hinterlassen wurden (Donner: S. 60).

Es ist schwierig, die genauen Auswirkungen der partiellen Wiedereinführung der Plantagenökonomie auf die wirtschaftliche und soziale Situation der Subsistenzbauern zu beurteilen. Die Einschätzungen gehen, auch aufgrund unterschiedlicher ideologischer Ansätze, weit auseinander. Aus marxistischer Sicht wurde argumentiert, daß die Minifundienwirtschaft aufgrund des Bevölkerungsdrucks bis in die Grenzertragsböden vorgedrungen war und die Anlegung von Plantagen nur mittels Enteignungen habe verwirklicht werden können. Mehr als 100 000 ha Land sollen so Bauern entrissen worden sein, die zwar den Boden seit Generationen bewirtschafteten, aber keine offiziellen Eigentumstitel besaßen (Caprio: S. 69). Von anderer Seite wird argumentiert, daß haitianische Gerichte diese Enteignungen gezielt verhinderten.

Der Widerstand gegen Veränderungen im Landwirtschaftsbereich sei so stark gewesen, daß die Eigentumsstruktur nicht substantiell geändert werden konnte und darin auch der wirtschaftliche Mißerfolg der US-Plantagen mitbegründet liege (Donner: S. 60).

Am Beispiel der gescheiterten Umstrukturierung des landwirtschaftlichen Sektors lassen sich einige grundsätzliche Fehler der US-Besatzungspolitik auf Haiti zeigen. In der Inselrepublik bestand 1915 (und besteht heute immer noch) ein großer Bedarf an landwirtschaftlicher Beratung. Der enorme Bevölkerungsdruck, der die Bevölkerungsdichte Anfang des 20. Jahrhunderts schon auf mehr als 100 Einwohner pro km² getrieben hatte – die Bevölkerungsdichte im Verhältnis zur landwirtschaftlich nutzbaren Fläche zeigt die Probleme noch deutlicher (Logan 1961: S. 441) –, zog viele Gebiete stark in Mitleidenschaft. Unkontrollierter Holzeinschlag, Erosion und ununterbrochene Bewirtschaftung der kargen Böden hatten schwere ökologische Schäden verursacht und die Armut und Ernährungsprobleme auf dem Land noch verstärkt (Logan 1952: S. 27). Die USA brachten ein langfristiges, umfassendes Entwicklungskonzept mit, das sich besonders auf Maßnahmen im Bildungsbereich stützte. Es war stark an Entwicklungsprogramme aus den Südstaaten der USA angelehnt, mit denen dort seit geraumer Zeit versucht wurde, Schwarze für landwirtschaftliche Entwicklungsmaßnahmen zu qualifizieren.

Den Besatzern gelang es aber nicht, dieses Konzept auf die haitianischen Gegebenheiten abzustellen. Den Bauern sollten moderne Anbaumethoden beigebracht werden, um von der Subsistenzwirtschaft zur exportorientierten Überschußwirtschaft zu gelangen. Dabei wurde auch das Ziel verfolgt, einen Fachkräfte-Pool für die großflächige Plantagenwirtschaft anzulegen (Donner: S. 60). Zu diesem Zweck wurde 1922 in Damien die Zentralschule für Landwirtschaft, als Ausgangspunkt für ein weitreichendes Ausbildungsprogramm landwirtschaftlicher Entwicklung und Beratung, gegründet. Doch gab es große Schwierigkeiten, Studenten für diese Schule zu finden. Die schwarzen Bauernsöhne, die zuerst als Zielgruppe anvisiert wurden, waren fast durchweg Analphabeten. Und diejenigen unter ihnen, die lesen und schreiben konnten, hatten nur Interesse an einer Ausbildung, die ihnen eine Arbeit mit sozialen Aufstiegschancen in der Stadt verschaffte, aber nicht an einem Beruf, der sie wieder in das karge Landleben zurückführte. Um überhaupt qualifizierte Studenten zu gewinnen, wurden die

Studienplätze mit hohen Stipendien versehen, die schließlich hauptsächlich städtischen Mulatten zugute kamen. Und selbst diese von den USA materiell gut ausgestatteten Studenten sträubten sich gegen das neue Schulsystem. Zwei völlig verschiedene Bildungsphilosophien prallten aufeinander: die klassische französische Bildung und die anwendungsorientierte US-amerikanische Berufsbildung, letztere repräsentiert durch Lehrer aus den Südstaaten der USA, die bisweilen nicht einmal Französisch sprachen und oft deutliche Rassenvorurteile mitbrachten. Schülern, die bis dahin altgriechische und lateinische Texte ins Französische übersetzen mußten, wurde in überheblicher Weise zu verstehen gegeben, daß diese Bildung überflüssiger Ballast sei und sie von nun an Brauchbares lernen sollten.

Diese Einstellung, die sich auch in einer deutlichen Verschiebung der Zuwendung von Staatsgeldern hin zur beruflichen Bildung manifestierte, mag zwar aus entwicklungspolitischer Sicht durchaus sinnvoll gewesen sein; für die traditionelle Elite jedoch war sie Ausdruck von *mediocrité* und Kulturverfall. Wahrscheinlich spürten die Mulatten auch die Gefährdung, die die von den USA angestrebten Gesellschaftsentwicklungen für ihre Machtstellung bedeuteten (Nicholls 1979: S. 148). Das breiter angelegte Bildungssystem begann eine gebildete und selbstbewußte Schicht US-orientierter Berater, technischer Experten, von Doktoren und Lehrern hervorzubringen, die entsprechend dem US-Ideal einer staatstragenden Mittelschicht zum Zwecke der Stabilisierung der Gesellschaft gefördert wurden (Nicholls 1979: S. 150). Neben diesen Vorbehalten gegenüber dem neuen Bildungssystem hatten die Studenten auch festverwurzelte Ressentiments gegenüber der »unzivilisierten« schwarzen Landbevölkerung. Der schulische Lehrplan war oft nicht auf die örtlichen agrarischen Verhältnisse abgestellt, und die modernen Techniken überforderten die ungebildeten Bauern. Hinzu kam noch, daß diese den angestrebten Veränderungen gegenüber sehr mißtrauisch waren, besonders weil das historische Trauma der Sklaverei sie eine neuerliche Abhängigkeit von ausländischen Großgrundbesitzern befürchten ließ.

Angesichts solcher Schwierigkeiten bei der Umsetzung der wirtschaftlichen und entwicklungspolitischen Vorstellungen ist es fraglich, ob sich die Intervention und die lange Besatzung für die USA wirtschaftlich gelohnt haben. Der Schluß liegt nahe, daß selbst wenn die umfangreichen Entwicklungsprojekte über die haitianische Staatskasse finanziert wurden, die Aufwendungen für die langfristige Stationierung der Truppen den USA mehr an Kosten als an wirtschaftlichem Nutzen brachten, und diese Verluste auch nicht durch Zuwächse im Handel oder durch Gewinne in der Plantagenwirtschaft wettgemacht wurden (Caprio: S. 71).

Ende des Jahres 1929 kam es auf Haiti zu starken politischen Unruhen. Der Widerstand richtete sich gegen den schon seit sieben Jahren von den USA im Amt gehaltenen Marionettenpräsidenten Louis Borno, der die angekündigten Neuwahlen immer wieder hinausschob. Ausgangspunkt der Unruhen waren Studentenstreiks gegen die Bildungspolitik der Besatzer. Nach Verhängung des Ausnahmezustands schossen am 5. Dezember 1929 *marines* in eine Demonstrantenmenge in Les Cayes und töteten 24 Haitianer. Dieses Massaker löste im ganzen Land Demonstrationen gegen die Besatzung aus. US-Präsident Herbert Hoover sandte die *Forbes-Untersuchungskommission* nach Haiti, um den Hergang des Gemetzels und die Perspektiven einer Weiterführung der Besatzung zu klären. Borno mußte abtreten, ein Interimspräsident übernahm die Amtsgeschäfte. Bei der kurz danach stattfindenden Präsidentschaftswahl sprachen sich alle aussichtsreichen Kandidaten für den baldestmöglichen Abzug der US-Truppen aus. Am 8. November 1930 trat der neu gewählte Sténio Vincent das Präsidentenamt an und begann mit den USA auf der Grundlage der Ergebnisse der Untersuchungskommission die Verhandlungen über die Beendigung des Aufenthalts. Der Abzug der Truppen erfolgte schrittweise, er schloß im August 1934. Bis auf die Finanzhoheit, die sich die USA bis 1947 vorbehielten, hatten die US-Verwalter bis dahin alle Aufgaben an Haitianer übertragen. Vincent reklamierte dies als seinen persönlichen Erfolg und ließ sich, nach Dessalines, zum zweiten Befreier Haitis ausrufen.

Diesen politischen Ereignissen lagen verschiedene langfristige Entwicklungen zugrunde, die in den Jahren der Besatzungszeit eine immer stärkere antiamerikanische Stimmung hatten aufkommen lassen. Durch alle Gesellschaftsschichten zog sich eine Abneigung gegenüber dem von den Besatzungstruppen offen an den Tag gelegten rassistischen Überlegenheitsgefühl. Von den vielen überlieferten Äußerungen, die diesen Dünkel dokumentieren, sei nur der Ausspruch W. J. Bryans, des US-Außenministers während der Präsidentschaft Woodrow Wilsons, nach einem Haitibesuch erwähnt: »Dear me, think of it! Niggers speaking french.« Zum amerikanischen Club in Port-au-Prince hatten Haitianer keinen Zutritt, nicht einmal der haitianische Präsident (Logan 1952: S. 21). Der sonst die haitianische Gesellschaft prägende Konflikt zwischen Mulatten und Schwarzen wurde zurückgedrängt, es entstand ein breiter antiamerikanischer gesellschaftlicher Konsens. Dieser schlug sich in der Bewegung des *noirisme* nieder, in der vor allem schwarze Intellektuelle die farbige haitianische Identität und ihre afrikanischen Wurzeln verherrlichten. Diese Erscheinung sollte in den folgenden Jahren noch von großer Bedeutung sein. Die Spaltung zwischen Haitianern und US-Amerikanern wurde auch dadurch verstärkt, daß die Besatzer die (ihnen unheimlich vorkommenden) Voodoo-Praktiken zu unterdrücken suchten. Teilweise geschah dies sogar mittels Inhaftierungen hochstehender Vertreter des Kultes und durch Zerstörung von Zeremonialgegenständen, die den Gläubigen heilig waren (Abbott: S. 39, S. 41). Doch war es besonders die mulattische Elite, die ihren Einfluß gegen die Besatzer geltend machte. Denn zum einen erlebte sie die Tatsache, genauso wie die Schwarzen rassisch diskriminiert zu werden, als besonders erniedrigend, weil das ihrem Selbstverständnis, die hellhäutige »Aristokratie« des Landes zu sein, widersprach (Donner: S. 54). Zum anderen wurden diejenigen, die es bis dahin gewohnt waren, den Staat als »Selbstbedienungsladen« zu benutzen, durch die US-Finanzkontrolle empfindlich in ihren Einkünften beschnitten (Weinstein/Segal: S. 31). So war es kein Zufall, daß die innenpolitische Situation infolge großer wirtschaftlicher Probleme eskalierte. Neben internen Schwierigkeiten wie den schlechten Kaffee-Ernten der Jahre 1928 und 1929 bekam Haiti auch die Auswirkungen der Weltwirtschaftskrise zu spüren: Der Kaffeemarkt brach zusammen, Deviseneinkünfte fehlten, höhere Steuern wurden erhoben, und die Möglichkeit, zur Erntezeit auf Kuba zu arbeiten, wurde eingeschränkt. Diese Restriktionen trugen zur Unzufriedenheit bei.

In der Literatur finden sich vereinzelt Versuche, den Abzug der USA als ein planvolles Vorgehen darzustellen und die Bedeutung des Widerstands der Haitianer gegen die Besatzer für diese Entscheidung herunterzuspielen. In diesem Zusammenhang wird darauf verwiesen, daß der für eine Dauer von 20 Jahren abgeschlossene Vertrag 1935 auf jeden Fall ausgelaufen wäre und der Abzug nur um ein Jahr vorverlegt wurde. Einleuchtender scheint jedoch die Erklärung, daß sich auch seitens der USA die Einstellung zu Sinn und Zweck der Besatzung gewandelt hatte. Angesichts des verminderten europäischen Einflusses in der Karibik und einer oberflächlichen Stabilität und Investitionssicherheit konnte auch Haiti vom Kurswechsel der US-Außenpolitik profitieren und von Franklin D. Roosevelt in die *good neighborhood policy* einbezogen werden (Nicholls 1979: S. 151 f.).

Das großangelegte Modernisierungsprojekt der Besatzer aber war gescheitert. Die US-Amerikaner hatten es unterlassen, haitianische Ingenieure, Techniker und sonstige Fachkräfte zum Unterhalt der anspruchsvollen Infrastruktur heranzubilden. So verfielen Straßen, Telefonanlagen und andere öffentliche Einrichtungen in einem rapiden Tempo. Genausowenig hatten die USA nachhaltigen Einfluß auf die Tätigkeit der Verwaltung, die bald wieder ineffizient und korrupt war. Die wohl folgenreichste Hinterlassenschaft aber war die Zentralisierung der Infrastruktur, die der Hauptstadt den Zugriff auf das Hinterland ermöglichte. Dies bedeutete für die Regierung in Port-au-Prince eine Ausweitung ihrer Macht gegenüber den Provinzfürsten und war eine entscheidende Voraussetzung für die spätere Festigung der Macht der Duvalier-Dynastie. Auf die alltägliche wirtschaftliche und soziale Situation großer Teile der Bevölkerung auf dem Land jedoch hatte die Besatzung faktisch keine Auswirkungen. Die Politik der Besatzer drang nicht – genausowenig wie die Auswirkungen des Ersten Weltkriegs oder der Weltwirtschaftskrise – in die abgelegenen Berge im Inneren Haitis vor (Schmidt: S. 233 ff.).

Eine Gegenüberstellung positiver und negativer Wirkungen der US-Besatzung ergibt somit ein starkes Übergewicht der negativen Aspekte: Zwar konnten (auf der positiven Seite) eine Stabilisierung der Währung und ein vorübergehender Abbau der Verwaltungskorruption erreicht werden (was übrigens zu einer deutlichen Verringerung der Außenschuld führte), dafür nahmen aber (auf der negativen Seite) die sozioökonomischen Widersprüche und die traditionellen Konflikte zu (Trouillot: S. 100-107): Da Kaffee als Exportprodukt an Bedeutung zunahm (von 67 Prozent des Exportwerts in den Jahren 1916-1921 auf 78 Prozent in den Jahren 1932/33), stieg auch die Abhängigkeit von diesem Ausfuhrprodukt. Die Importzölle wurden von 23 Prozent (im Jahr 1916/17) auf 46 Prozent (im Jahr 1932/33) verdoppelt, die Exportzölle stiegen in diesem Zeitraum von 19 auf 28 Prozent; die höhere finanzielle Belastung mußten vor allem die niederen Schichten der

Bevölkerung tragen. Als besonders bedenklich erwiesen sich die politischen und militärischen Reformen. Die massive Zentralisierung aller Bereiche führte zu einer Beendigung regionaler Ökonomien und politischer Gegengewichte im Hinterland; die staatliche Kontrolle nahm deutlich zu; die neugeschaffene *Garde* diente von Anfang an nicht der Bekämpfung auswärtiger Feinde – wie zuvor die Armee, die aus dem Kampf gegen die Franzosen, die Sklaverei und den Kolonialismus hervorgegangen war –, sondern zur Unterdrückung: zuerst der Guerillatruppen Péraltes im Norden, sodann der Bauern auf dem Land. Diese neue Form der Staatsgewalt hatte ausschließlich nach innen gerichtete Funktionen. Und schließlich nahmen – obwohl die Vereinigten Staaten eine schwarze Mittelschicht als Gegengewicht zum Einfluß der Mulatten aktiv förderten – durch die Politik der US-Besatzer rassische Vorurteile gegen Farbige zu, was in der Folgezeit zu einem Element haitianischer Politik werden sollte. Äußerlich gelang somit der Besatzungsmacht die Herstellung politischer Stabilität; tatsächlich aber kam es zu einer Verschärfung vieler struktureller Probleme.

2. Mulattenherrschaft und Schwarzenbewegung

Der Mulatte Sténio Vincent, der 1930 auf dem Höhepunkt der antiamerikanischen Proteste Präsident geworden war, verließ sich bei seiner Machterhaltung nicht auf die Popularität, die er als selbsternannter »Befreier« Haitis eine Weile genoß. Bald knüpfte er an die Tradition der Vetternwirtschaft an (Gingras: S. 72). Bei der Besetzung wichtiger Ämter in Regierung und Verwaltung bevorzugte er Mulatten. Da er sich jedoch des Unmuts der schwarzen Mittelschicht wegen ihrer Benachteiligung bewußt war, zeigte er sich deren Interessen gegenüber aufgeschlossen, ohne jedoch wirkliche Zugeständnisse zu machen. Dieser Balanceakt gelang ihm eine Zeitlang so gut, daß er auch Vertreter der Schwarzenbewegung zu seiner Gefolgschaft zählte (Nicholls 1979: S. 166). Sein Amt stattete er mit diktatorischen Vollmachten aus, Bespitzelung und Unterdrückung waren an der Tagesordnung, de facto gab es keine Versammlungs- und Pressefreiheit. Einzig die weiterbestehende Finanzkontrolle der US-Amerikaner gebot Vincents ausufernder Willkür in bestimmten Bereichen noch Einhalt.

Vincents Amtszeit wurde, entgegen den Bestimmungen der bis dahin gültigen Verfassung, bis 1941 verlängert. Er war elf Jahre lang Präsident und enttäuschte damit alle Hoffnungen auf einen demokratischen Neuanfang in Haiti. Die Verfassungsänderung kam, wie schon so oft in der haitianischen Geschichte, über eine manipulierte Volksabstimmung zustande. Die neuen Bestimmungen – Verfassungsänderungen gab es während seiner Regierungszeit 1932, 1935 und 1939! – sahen unter anderem vor, daß der Präsident zehn der 21 Senatoren einsetzen durfte; für die restlichen Posten durfte er dem Abgeordnetenhaus Vorschläge unterbreiten. Da aber gemäß einem weiteren Verfassungszusatz alle Abgeordneten vom Präsidenten jederzeit ihrer Mandate enthoben werden konnten, hatte Vincent vollständige Kontrolle über beide Häuser des Parlaments. Die anmaßenden Bestimmungen fanden ihren Höhepunkt in einem Artikel folgenden Wortlauts: »Der Präsident der Republik personifiziert die Nation« (Gingras: S. 72f.).

In Vincents Regierungszeit fiel ein Ereignis, das in seinen furchtbaren Ausmaßen auch in der bewegten haitianischen Geschichte seinesgleichen sucht: das Massaker an haitianischen Wanderarbeitern in der Dominikanischen Republik. Schon seit Jahren zogen jährlich Tausende Haitianer nach Kuba und in die Dominikanische Republik, um sich dort als Landarbeiter zu verdingen. Diese Migrationsbewegung wurde von den USA durchaus gerne gesehen, da sie zur Senkung des kubanischen Lohnniveaus beitrug. 1937 aber wurden die Wanderarbeiter auf einen Schlag aus Kuba ausgewiesen, woraufhin sie vermehrt in die Dominikanische Republik strömten und sich im Grenzgebiet zu Haiti niederließen. Dort waren die Haitianer seit der haitianischen Besetzung des Ostteils der Insel im 19. Jahrhundert verhaßt. Auch aufgrund ihrer dunkleren Hautfarbe und ihrer relativen wirtschaftlichen Rückständigkeit wurden sie als Menschen zweiter Klasse betrachtet. Rafael Leónidas Trujillo, Präsident der Dominikanischen Republik, stellte sich gegenüber Haiti als Verfechter katholischer und europäischer Werte dar und prägte den Begriff *desafricanizar las fronteras*, »Entafrikanisierung des Grenzgebiets«. Ende 1937 wurden von der dominikanischen Armee, wohl auf Veranlassung Trujillos, ungefähr 20 000 im Grenzgebiet lebende haitianische Immigranten, gleich welchen Alters und Geschlechts, zusammengetrieben und massakriert.

Präsident Vincent geriet unter Druck, den Hergang der Ereignisse aufzuklären, und er wandte sich an Trujillo. Dieser bestritt, für das Massaker verantwortlich zu sein, erklärte sich aber zur Zahlung einer Entschädigung von 750 000 Dollar an die Angehörigen der Opfer bereit. Doch selbst diese lächerlich geringe Summe wurde nur zu einem Teil ausbezahlt. Die für die Haltung der mulattischen Oberschicht typische Gleichgültigkeit gegenüber der schwarzen Landbevölkerung zeigt sich daran, daß Vincent nicht einmal die Verteilung des Geldes an die Hinterbliebenen sicherstellte, sondern angeblich mit der Entschädigungszahlung auch noch sich und seine Getreuen bedachte. Grenzenlos zynisch benannte er im Gedenken an Trujillos »großzügige Geste« außerdem eine Hauptstraße von Port-au-Prince nach dem dominikanischen Diktator. Die Reaktion der haitianischen Regierung löste bei den Schwarzen Wut aus und vertiefte die Verwerfungen entlang der ethnischen Trennlinie (Weinstein/Segal: S. 36; Abbott: S. 48 f.). Abbott sieht im Verhalten Vincents auch einen Ausdruck der geschwächten außenpolitischen Position Haitis. Hatte der Inselstaat im 19. Jahrhundert noch immense Summen zum Unterhalt einer schlagkräftigen Armee ausgegeben, so sei das Land 1937 nicht mehr in der Lage gewesen, sich gegen Vergehen an seinen Staatsbürgern militärisch zur Wehr zu setzen.

1941 suchte Vincent erfolglos Unterstützung für eine erneute Verlängerung seiner nun auslaufenden Amtszeit. Die Bevölkerung verweigerte sie ihm aufgrund seines diktatorischen Gebarens, die USA wegen seiner nationalistischen Rhetorik. Vincent schlug daraufhin dem Kongreß Elie Lescot als Nachfolger vor. Lescot, haitianischer Botschafter in den USA, soll auch der Wunschkandidat Roosevelts gewesen sein, und interessanterweise scheint auch Trujillo als enger Vetrauter Roosevelts die Entscheidung mitbestimmt zu haben (Paquin: S. 81). Die Präsidenten-»Wahl« wurde endgültig zur Farce, als der Kongreß, der laut Verfassung den Präsidenten zu bestimmen hatte, mit brutaler Gewalt so eingeschüchtert wurde, daß Lescot ohne Gegenstimme an die Macht kam (Gingras: S. 74).

Lescot war zwar Mulatte; er sah jedoch recht dunkelhäutig aus und wurde als Aufsteiger angesehen. Um möglicherweise diesen »Makel« zu kompensieren, stützte er sich bei der Ämterbesetzung ausschließlich auf Mulatten der traditionellen Elite von Port-au-Prince. Durch diese offensichtlich einseitige Bevorzugung, die an die Politik der letzten Jahre der Präsidentschaft Vincents anknüpfte, erregte Lescot den Unmut vieler Schwarzer. Seine Verbundenheit mit dem »zivilisierten« Haiti demonstrierte er auch noch dadurch, daß er gemeinsam mit der von französischen Priestern dominierten katholischen Kirche Haitis eine Anti-Voodoo-Kampagne betrieb (Paquin: S. 81-83). Verboten war der Voodoo-Kult schon länger, doch war es die Regierung Lescot, die diese Bestimmungen durchzusetzen suchte. Nach nur einem Jahr mußte die Kampagne allerdings abgebrochen werden. Es hatte sich gezeigt, daß der Widerstand in der breiten Masse der Bevölkerung, aber auch unter den Intellektuellen der oppositionellen Schwarzenbewegung, zu stark war (Nicholls 1979: S. 181-183).

Wie sein Vorgänger, stützte auch Lescot seine Macht auf brutales, repressives Vorgehen. Und ebenso wie in Vincents Regierungszeit, waren keine ernsthaften Bemühungen um sozialen oder politischen Fortschritt erkennbar. Zwar führte Lescot ein Sozialversicherungssystem ein, das sich aus einem sechsprozentigen Vorausabzug auf alle Löhne und Gehälter finanzierte. Doch wurden der Öffentlichkeit keine Informationen über die Mittelverwendung zugänglich gemacht. Als zwei Abgesandte des *International Labor Office* nach Haiti kamen, um die Neuerung zu untersuchen, fiel ihr Urteil vernichtend aus: Es war zu offensichtlich, daß Lescot mit diesem System seine eigenen finanziellen und politischen Interessen und nicht die soziale Absicherung der Beitragszahler verfolgte (Gingras: S. 76).

Als ehemaliger Botschafter in Washington und Schützling der US-Regierung betrieb Lescot gegenüber dem starken Nachbarn im Norden durchweg eine freundliche, fast anbiedernde Politik. Seine große Stunde schlug, als es ihm nach dem japanischen Angriff auf Pearl Harbor gelang, noch vor Roosevelt – der erst den US-Kongreß befragen mußte – Japan den Krieg zu erklären. Eine Folge dieser Anlehnung an die USA war die bereitwillige Ausrichtung der haitianischen Wirtschaft auf die Bedürfnisse der Kriegsproduktion (Paquin: S. 82). Zur Sicherstellung der Rohstoffversorgung der USA wurde die *Société Haitiano-Américaine de Développement Agricole* (SHADA) gegründet. Im Mittelpunkt der Bemühungen dieser Gesellschaft standen Experimente mit dem Aufbau von Lianenplantagen, die der Herstellung eines Kautschukersatzes dienen sollten. Dazu wurden 2000 Hektar Land von Bauern enteignet. Doch erwies sich die Anbaumethode als nicht ausgereift, und noch bevor geerntet werden konnte, wurden viele Felder Opfer von Erosion (Donner: S. 65; Gingras: S. 75 f.).

Die Kriegserklärung führte, genau wie im Falle des Ersten Weltkriegs, zur Enteignung der deutschen und dieses Mal auch der italienischen Geschäftsleute. Vor allem die deutschen Händler hatten es mit dem Kaffee-Export wieder zu ansehnlichem Vermögen in Haiti gebracht. Die Erträge der Enteignungsmaßnahmen fielen, wenig verwunderlich, der Machtclique um Lescot zu (Paquin: S. 82).

Besonders hervorzuheben ist dabei der auf Jamaika geborene Engländer O. J. Brandt. Seit seiner ungefähr 1919 erfolgten Ankunft auf Haiti hatte er es, anfangs durch Finanzgeschäfte, später durch Übernahme kleiner Fabriken, zu Wohlstand gebracht. Lescot spielte ihm das Kaffee- und Baumwollimperium der deutschstämmigen Familie Reinbold zu. Damit erlangte er praktisch auf einen Schlag die Kontrolle über Ankauf, Verarbeitung und Export der wichtigsten haitianischen Anbaugüter, was ihn in den folgenden Jahren zum reichsten Mann Haitis machen sollte. Brandt, der aus seinen guten Beziehungen mit Lescot großen Nutzen ziehen konnte, vernachlässigte in der Folgezeit auch die Pflege guter Beziehungen zu Armee und Politikern nicht: Einige Jahre später wurde sein Freund und Schützling Paul Magloire hauptsächlich aufgrund seiner Protektion Präsident Haitis (Paquin: S. 86 und S. 104).

Innenpolitisch diente Lescot der Weltkrieg zur Stärkung seiner Machtposition. Im Januar 1945 hätte sein Mandat enden sollen, doch vorher verfügte das Marionettenparlament unter Hinweis auf das Kriegsgeschehen eine Verlängerung um sieben Jahre. Lescots Gegenleistung bei diesem Handel bestand darin, daß er das Mandat der Abgeordneten ebenfalls um eine Amtsperiode verlängerte (Gingras: S. 77). Doch war Lescots Position keineswegs gefestigt: Nach einer Serie von Streiks und Demonstrationen der sich benachteiligt fühlenden Schwarzen mußte er im Januar 1946 sein Amt aufgeben und ins Exil nach Miami gehen.

Nach einer kurzen Phase, in der eine dreiköpfige Militärjunta als Übergangsregierung die Amtsgeschäfte verwaltete, wurden Parlamentswahlen abgehalten. Die Nationalversammlung bestimmte dann am 16. August 1946 den Schwarzen Dumarsais Estimé zum Präsidenten. Im Zuge der Aufbruchstimmung, die mit der Beendigung des Zweiten Weltkriegs und dem Sieg über die faschistischen Diktatoren in vielen Teilen der Welt zu spüren war, ging die gewonnene Wahl für Estimé und seine Anhänger als »Revolution« in die Geschichte ein (Nicholls 1979: S. 183). Jedoch war die Euphorie nicht nur auf äußere Ereignisse zurückzuführen: Estimés Wahl spiegelt eine historische Kräfteverschiebung von den Mulatten zu den Schwarzen wider (Weinstein/Segal: S. 36). Nach der US-Besatzung und den folgenden Präsidenten, die sich eindeutig als Vertreter von Mulatteninteressen zeigten, war die Zeit reif für einen Umschwung (Donner: S. 66). Estimés Aufstieg zur Macht läßt deutlich werden, welche politischen Möglichkeiten es in Haiti inzwischen für Schwarze gab. Der Wandel, den Estimés Wahl symbolisierte, hatte seine Grundlage im intellektuellen Widerstand gegen die US-Besatzung.

Die Schwarzenbewegung *négritude*, die die Haitianer in ihrem Widerstand gegen die weißen Besatzer zusammengeführt hatte, hatte ihre Wurzeln schon in der Zeit vor der Ankunft der *marines* und entfaltete ihre volle Wirkung erst mit der Wahl Estimés zum Präsidenten. Letztlich ist aber auch der Aufstieg Duvaliers 1957 auf diese Bewegung zurückzuführen. Sie läßt sich in folgende Phasen unterteilen: Einige Jahre nach der Jahrhundertwende legte die sogenannte *Ethnologische Bewegung* in einer ersten Phase die gedanklichen Grundlagen der Schwarzenbewegung, die während der Besatzungszeit in einer zweiten Phase eine starke literarische Bewegung inspirierte. Nach dem Abzug der US-Amerikaner begann die Schwarzenbewegung in einer dritten Phase sodann, sich konkret politisch zu artikulieren.

Die Anfänge lagen in den schon vor der US-Besatzung veröffentlichten Schriften von Justin Chrysostome Dorsainvil, Dr. Arthur Holly und Jean Price Mars. Price Mars (1876-1968) war der einflußreichste Vertreter der Frühphase der *Ethnologischen Bewegung*. Nach Studien in Port-au-Prince und Paris wurde er als Schulleiter, Universitätsrektor, Abgeordneter, Senator, Präsidentschaftskandidat, Minister und Diplomat zum angesehensten Intellektuellen des Inselstaats. Seine Schriften kritisierten die Abgrenzung, die die Elite gegenüber der Masse der armen Bevölkerung vornahm. In seinen ethnologischen Studien, besonders im Buch »Ainsi parla l'oncle« (1928), zeigte Price Mars auf, daß die Landbevölkerung nur oberflächlich mit der westlichen Kultur, das hieß vor allem der französischen, und dem Christentum in Kontakt gekommen war, und viele afrikanische Gebräuche und Traditionen bewahrt hatte. Der Sprache *créole* gestand er als authentischer Ausdrucksform der Schwarzen volle Daseinsberechtigung zu. Besonders widmete sich Price Mars dem Voodoo-Kult, den er als eine ernstzunehmende Religion anerkannte. Sein Anliegen war es weniger, über den Kult zu urteilen, als die Gebräuche der Landbevölkerung, und damit auch den Voodoo, zu verstehen und das gewonnene Wissen zu vermitteln. Seine Erkenntnisse mündeten in Forderungen nach einem der haitianischen (und nicht der französischen) Kultur entsprechenden Bildungssystem (Nicholls 1979: S. 152-157).

Während der US-Besatzungszeit fielen die Schriften von Price Mars in der haitianischen Gesellschaft auf fruchtbaren Boden. Paradoxerweise waren es zuerst junge Mulatten, die ab 1925 mit Gedichten, Romanen und Aufsätzen eine neue nationale literarische Ausdrucksweise zur Überwindung der Grenzen zwischen Schwarzen und Mulatten schaffen wollten. Auch wenn die mulattischen Schriftsteller gegen ihre eigene Schicht zu Felde zogen und sich auf ihre afrikanische Herkunft beriefen, blieb ihnen die Verbindung zur französischen Kultur, gerade auch in Abgrenzung zum angloamerikanischen Einfluß, immer wichtig. Doch verschafften sich auch bald der aufstrebenden Mittelschicht entstammende schwarze Schriftsteller Gehör. Der Grundton war dabei immer nationalistisch, und der Voodoo-Kult wurde als spezifisch haitianisches Kulturelement mit teilweise verherrlichenden Darstellungen verteidigt. Die wichtigsten Autoren dieser Zeit waren Jacques Roumain, Léon Laleau und Carl Brouard, die, wie viele andere Aktivisten dieser Bewegung, während der Besatzungszeit wegen ihrer scharfen Kritik an der mulattischen Oberschicht und der US-Administration immer wieder verfolgt und inhaftiert wurden (Nicholls 1979: S. 159-162).

Mit Beginn der dreißiger Jahre gewann die Schwarzenbewegung großen Einfluß auf Intellektuelle in vielen frankophonen Ländern; Vergleichbares vollzog sich aber auch in der spanischsprachigen Karibik. Das wachsende schwarze Selbstbewußtsein jener Zeit kann auf verschiedene Ereignisse zurückgeführt werden, die die industrialisierten Staaten Europas als Leitbilder der Zivilisation in Frage stellten: Begonnen hatte es mit der Niederlage der europäischen Großmacht Rußland gegen die aufsteigende asiatische Macht Japan im Krieg von 1904/5; dann kamen die Schwierigkeiten der europäischen Kolonialmächte, ihr brutales Vorgehen in Afrika zu legitimieren; schließlich folgte das Gemetzel der europäischen Staaten im Ersten Weltkrieg. Das schwarze Selbstbewußtsein zeigte sich auch darin, daß in den USA schwarze Künstler mit einer literarischen Bewegung und der Entwicklung der Jazzmusik auf sich aufmerksam machten. Gleichzeitig beschäftigten sich europäische Ethnologen und Schriftsteller intensiv mit afrikanischer Kultur, und bildende Künstler ließen sich von afrikanischen Skulpturen inspirieren. Für die dreißiger Jahre kann man von einer umfassenden *négritude*-Bewegung sprechen. Immer deutlicher kristallisierte sich für die Schwarzen die Überzeugung heraus, daß Afrikaner aufgrund ihrer Rasse eine bestimmte, von Weißen unterschiedene Persönlichkeit haben. Damit wurde eine selbstbewußte Abgrenzung gegenüber der europäischen Kultur vorgenommen, die als dekadent und überkommen galt. Diese Bewegung läßt sich auf Haiti noch einmal nach dem Grad ihrer Radikalität unterteilen. Neben der Strömung, die Afrika als kulturellen Fixpunkt Haitis ansah, gab es die Gemäßigteren, die die *créole*-Kultur, also eine aus europäischen und afrikanischen Elementen entstandene Mischung, als Inbegriff des Haitianischen ansahen. Gemein war beiden Strömungen, daß sie den Gedanken der Rassengleichheit als Weg zur Überwindung von Rassenschranken aufgaben. Anstelle dessen wurde die eigene Identität durch Abgrenzung mittels rassischer Kategorien in beinahe deterministischer Weise definiert (Nicholls 1979: S. 157-164).

Einen neuen Impuls erhielt die Bewegung im Verlauf der dreißiger Jahre. Bedeutend war dabei die Gruppe *Les Griots*. Der Name *griot* kommt von der Bezeichnung für »Geschichtenerzähler« oder »Magier« in afrikanischen Stämmen. Träger der Bewegung waren schwarze Doktoren, Anwälte und Lehrer. Der spätere Diktator François Duvalier war einer ihrer Köpfe und gelangte über seine Arbeit bei den *griots* unter der Regierung Estimé an den Posten des Unterstaatssekretärs im Arbeitsressort. Aufbauend auf den schon vorhandenen Ideen der *négritude* versuchten die *griots* unter anderem eine Neuinterpretation der haitianischen Geschichte aus der Sichtweise der Schwarzen. Als politische Vision diente Mussolinis Faschismus. Die Bewunderung für den *Duce* endete erst 1935 mit dem italienischen Überfall auf Äthiopien. Selbst Präsident Vincent verdammte damals offiziell im Namen der »schwarzen Republik Haiti« den Überfall auf das afrikanische Land (Nicholls 1979: S. 159-162).

Neben der Schwarzenbewegung gab es noch weitere neue Kräfte in der politischen Landschaft Haitis, die ebenfalls zum Sturz Lescots beigetragen hatten und nunmehr tiefgreifende Reformen forderten. Hierzu gehörte eine Vielzahl rivalisierender sozialreformerischer Parteien, die das ganze Spektrum vom gemäßigten Liberalismus bis hin zum Marxismus abdeckten: Die 1934 von dem Mulatten Jacques Roumain gegründete Kommunistische Partei Haitis beispielsweise interpretierte die erbärmliche soziale Lage der Schwarzen nicht – wie etwa die *négritude*-Bewegung – als Ergebnis der Rassendiskriminierung, sondern mittels des marxistischen Klassenverständnisses. Das Augenmerk wurde auf die ungleiche Besitzverteilung gelegt, und im Gebaren der Elite wurde eine Ausbeutung des Proletariats gesehen, die es im Zuge des weltweiten Klassenkampfs zu beseitigen galt. Nicholls beschreibt die meist der mulattischen Oberschicht entstammenden Aktivisten der Kommunistischen Partei als weltfremd: »Sehr wenige von ihnen waren darauf vorbereitet, die eben erst entstehende Arbeiterbewegung anzuführen; sie zogen es vor, Gedichte über das Leiden der Massen zu verfassen« (1979: S. 166). Außerdem scheint die Partei keine breite Anhängerschaft unter den städtischen und Landarbeitern gefunden zu haben.

Ein weiterer innenpolitischer Faktor waren seit den dreißiger Jahren auch die verschiedenen Gewerkschaften, die zwar nicht einmal 10 000 Mitglieder gehabt haben sollen, trotzdem aber gerade in der Hauptstadt viel Einfluß ausüben konnten. Besonders ist hier der *MOP (Mouvement Ouvriér Proletarién)* zu nennen, der von dem charismatischen Demagogen Daniel Fignolé angeführt wurde (Nicholls 1979: S. 189).

Die vielfältigen politischen Bewegungen stellten 1946 auch jeweils Präsidentschaftskandidaten auf. Von den insgesamt acht Kandidaten waren sieben, wie Estimé, Schwarze. Die politische Landschaft war sehr komplex: Noch am ehesten waren die Unterscheidungskriterien Rasse (Schwarze, Mulatten) und Ideologie (Konservative, Liberale, Sozialisten, Marxisten) nachvollziehbar. Oft aber wichen die tatsächlichen Interessen der Kandidaten von den vorgeschobenen politischen Zielen ab, beispielsweise im Fall von Schwarzen, die als Vertreter von Mulatteninteressen kandidierten. Hinzu kamen regionale Interessenvertretungen. Estimé, ein der unteren Mittelschicht entstammender gemäßigter Intellektueller, der vorher schon einmal Sprecher des Abgeordnetenhauses und Erziehungsminister gewesen war, war unter diesen Umständen für die traditionelle Oberschicht und die Armee angesichts des politischen Drucks radikaler linker Gruppen ein akzeptabler Kompromißkandidat. Der neue Präsident favorisierte bei der Ämterverteilung klar Schwarze, versuchte aber durch die Einbindung von Vertretern der radikalen Linken, darunter auch eines mulattischen Marxisten, sich eine breitere Machtbasis zu schaffen (Ferguson: S. 31 f.; Nicholls 1979: S. 186; S. 191 f.).

Estimé trat mit einem ehrgeizigen Reformprogramm an. Für das Sozial- und Gesundheitswesen sah sein Programm den Bau von Volksschulen und die Erhöhung des Mindestlohns vor. Auf wirtschaftlichem Gebiet strebte der Präsident Agrarreformen durch die Einführung staatlich subventionierter Kooperativen an. Doch zeigte die Landbevölkerung, die gegenüber jeglicher Veränderung der Eigentumsverhältnisse traditionell mißtrauisch war, wenig Interesse an dieser Maßnahme (Gingras: S. 80-82).

Beachtenswert waren auch die Maßnahmen zur Ankurbelung des Tourismus. Anläßlich der Zweihundertjahrfeier der Gründung von Port-au-Prince wurden 1949 sechs Millionen Dollar in die Modernisierung der Hauptstadt investiert. Nicholls argumentiert, daß diese Investitionen sich nicht amortisiert hätten (Nicholls 1979: S. 192); andere Autoren verweisen hingegen darauf, daß die steigenden Touristenzahlen (1948 wurden 6000 Touristen gezählt, 1952 waren es 20000 und 1954 schon 50000) diese Branche zur zweitwichtigsten Devisenquelle machten (Gingras: S. 82; Donner: S. 80).

Es war von großer psychologischer Bedeutung für das Land, daß Estimé 1947 die Finanzkontrolle der USA über den haitianischen Staatshaushalt abschütteln konnte. Sodann führte er die erste Einkommenssteuer in der haitianischen Geschichte ein. Zu jener Zeit wurden auch die ausländischen Entwicklungshilfemaßnahmen zunehmend bedeutend. Haiti war das erste Land, für das die Vereinten Nationen 1948 einen entwicklungspolitischen Maßnahmenkatalog ausarbeiteten. Mit umfangreichen US-Krediten wurde ein Bewässerungs- und Landgewinnungsprojekt im Artibonite-Tal begonnen, das bis heute allerdings auf seine Fertigstellung wartet (Donner: S. 66 f.).

Insgesamt gelangte Estimé mit der Umsetzung seiner Reformen

nicht sehr weit: Er fühlte sich allzusehr von den USA abhängig und nahm auf die Mulattenoberschicht und deren wirtschaftliche Interessen starke Rücksicht. Außerdem wurden die Reformen in der Folgezeit durch politische Unruhen gestört. Estimé geriet von verschiedenen Seiten unter politischen Druck: Die Ladenbesitzer streikten gegen neueingeführte Steuern. Andererseits gab es Demonstrationen von Anhängern radikaler linker Gruppen, die Estimé vorwarfen, nur eine kleine Machtclique zu begünstigen und die Reformen nicht konsequent genug voranzutreiben. Zum damaligen Zeitpunkt hatten die Vertreter dieser Gruppen Estimés Regierung schon verlassen. Unter dem Druck der Mulattenelite wurden dann Ende 1949 einige linksradikale Parteien und ihre Zeitungen sogar verboten (Ferguson: S. 30f.).

Es fällt schwer, das recht widersprüchliche und unter schwierigen politischen Rahmenbedingungen erfolgte Wirken Estimés abschließend zu beurteilen. Estimé konnte nicht ohne die in der politischen Kultur Haitis so verbreiteten Methoden von Vetternwirtschaft und Repression auskommen. Dies erscheint um so tragischer, als er in der Literatur, beispielsweise bei Abbott, als grundehrliche und nicht korrumpierbare Person beschrieben wird (S. 56). Sein Abgang gestaltete sich, gemessen am Anspruch eines demokratischen Reformers, denkbar unwürdig: Im Mai 1950 wurde er nach dem Versuch, sein Mandat zu verlängern, von den Militärs, die damit auch die Interessen von mulattischer Oberschicht und Kirche vertraten, aus dem Amt gejagt. Verbittert starb er drei Jahre später im erzwungenen New Yorker Exil (Gingras: S. 83-85).

Nach der Vertreibung Estimés aus dem Amt veranlaßte dieselbe Militärjunta, die den Übergang von Lescot zu ihm sichergestellt hatte, als provisorische Regierung allgemeine, direkte Präsidentschaftswahlen, die das System der Wahl des Präsidenten durch das Parlament ablösten. Die zu gut 90 Prozent aus Analphabeten bestehende Bevölkerung wählte Oberst Paul Magloire, eines der drei Mitglieder der Militärjunta, zum neuen Präsidenten. Unter Estimé war er Kommandeur der Palastwache gewesen und hatte in dieser Stellung dem reformerischen Präsidenten ständig die Grenzen seines Spielraums vor Augen geführt. Vom reichsten Mann Haitis, O. J. Brandt, protegiert, trat er in engem finanziellem Zusammenwirken mit den führenden Wirtschaftsvertretern das Amt des Präsidenten schon als wohlhabender Mann an (Paquin:

S. 108). Aber neben der Unterstützung von Militär, Kirche und konservativer Oberschicht hatte er auch die der mulattischen Marxisten (Gingras: S. 87f.).

Magloire war zwar Schwarzer, doch in seinem Amt setzte er sich für die wirtschaftlichen und politischen Interessen der Mulatten ein. Es bildete sich eine Aufgabenteilung heraus, bei der den Schwarzen in gewissem Umfang Zugang zu Regierung, Verwaltung und Militär gewährt wurde, während sich die Mulatten verstärkt auf die Wirtschaft als Einkommensquelle konzentrierten. Bei dieser Neuauflage der *politique de doublure* verblieb die tatsächliche politische und wirtschaftliche Macht bei den Mulatten; Magloire diente nur als Marionettenpräsident (Weinstein/Segal: S. 37).

In der Literatur wird hervorgehoben, daß während Magloires Amtszeit eine relative Stabilität im sozialen, wirtschaftlichen und religiösen Bereich herrschte. Im Rahmen eines Fünfjahrplanes gab der Präsident hohe soziale und wirtschaftliche Ziele vor. Er veranlaßte die erste Volkszählung, begann den Bau von Sozialwohnungen, von Straßen und Krankenhäusern und richtete eine Bank für die Kreditgewährung an Bauern ein (Paquin: S. 110). Daraufhin flossen auch großzügige ausländische Entwicklungsgelder, beispielsweise für den Bau des Péligre-Staudamms. Auch kann man für die Amtszeit Magloires von einer gewissen Kontinuität sprechen, da er einige von Estimé begonnene Großprojekte im Bereich der wirtschaftlichen Entwicklung fortführte (Gingras: S. 87f.). Das abschließende Urteil über ihn fällt jedoch negativ aus. Die Korruption und Mißwirtschaft nahmen unter seiner Regierung skandalöse Ausmaße an, besonders das unaufhaltsame Versickern ausländischer Hilfsgelder war unübersehbar (Donner: S. 66f.).

Als die Kritik an seiner Amtsführung, gerade seitens der Schwarzenbewegung, zunahm, verhängte Magloire eine Pressezensur, ließ Studentenstreiks brutal niederschlagen und Schwarzenführer verhaften. Nach dem Versuch, seine Amtszeit zu verlängern, mußte auch er im Dezember 1956 ins (finanziell komfortabel gepolsterte) Exil flüchten (Ferguson: S. 36). Zurück ließ er ein praktisch bankrottes Land.

Im Jahrzehnt von 1946 bis 1956 war in Haiti der Eindruck allgemeinen Fortschritts entstanden, nachdem die Inselrepublik Experimentierfeld vieler internationaler Organisationen (UNESCO, Weltgesundheitsorganisation) geworden war. Der

Eindruck täuschte allerdings über die tatsächliche Situation des Landes hinweg: Die Abhängigkeit von landwirtschaftlichen Exporten konnte nicht reduziert werden; 80 Prozent aller Wirtschaftsaktivitäten fanden immer noch im Landwirtschaftssektor statt, dessen Produktivität allerdings sank. So betrug etwa 1955 der Kaffee-Export pro Kopf der Bevölkerung nur ein Viertel dessen von 1843! Diese katastrophale Verschlechterung dürfte mit dem demographischen Wachstum der Bauernschaft zusammenhängen, die von 1930 bis 1950 um ein Drittel zunahm. Die Verschlechterung der Böden und die steigende Abgabepflicht der Bauern ließ diese keinen Unterhalt mehr in der Landwirtschaft finden; als Ausweg blieb ihnen nur die Abwanderung in die Städte oder die Auswanderung in die Dominikanische Republik und nach Kuba. In der ersten Hälfte der fünfziger Jahre verschlechterte sich die wirtschaftliche Situation abermals: 1953 kam es zu einer Mißernte im Kaffeesektor; das Ende des Koreakrieges beendete den Boom des Sisalhanfes; 1954 zerstörte ein Hurrikan 40 Prozent der Kaffee- und 50 Prozent der Kakao-Ernte. Daraufhin mußten die Kaffeesteuern erneut erhöht werden; der Staat verschuldete sich im Ausland weiter (Trouillot: S. 139-143).

3. Die Diktatur der Duvaliers

Um die Nachfolge Magloires bewarb sich nach dessen Abgang eine ganze Anzahl Politiker: Louis Déjoie, ein wohlhabender Mulatte, der die Oberschicht vertrat; Clément Jumelle, ein Schwarzer, der als politisches Ziehkind Magloires galt; Daniel Fignolé, Gewerkschaftsführer des einflußreichen *MOP*; und François Duvalier als Vertreter der Schwarzenbewegung. Duvalier stellte sich im Wahlkampf als politischer Erbe von Estimé dar und war somit ein Hoffnungsträger der Schwarzen, die nach mehr Einfluß strebten (Weinstein/Segal: S. 38 f.).

Noch bevor die Wahl stattfinden konnte, fiel Haiti wieder in ein Chaos, das an die Zeiten erinnerte, die der Intervention der US-Truppen vorangegangen waren: In nur sechs Monaten sah das Land nacheinander vier provisorische Machthaber. Dabei unterschied die Ereignisse in der ersten Hälfte des Jahres 1957 von denen am Anfang des Jahrhunderts vor allem die Tatsache, daß der Kampf um die Macht subtiler ausgefochten wurde. Die Präsident-

François Duvalier am Wahltag vor einem Bildnis Jean-Jacques Dessalines'

schaftsanwärter schickten nicht mehr, wie damals, Horden käuflicher *cacos* ins Feld, sondern versuchten, jeder auf seine Weise, sich die günstigste Ausgangsposition für die Wahl zu schaffen: François Duvalier z. B. konnte durch seinen Einfluß auf die Gewerkschaft der LKW-, Bus- und Taxifahrer den gesamten Verkehr im Land lahmlegen. Außerdem gingen von Gruppen, die ihm nahestanden, Bombenanschläge auf öffentliche Einrichtungen und Fabriken aus. Fignolé konnte seine Gewerkschaftsorganisation *MOP* aufwiegeln und Déjoie die der Oberschicht entstammenden Geschäftsbesitzer zu Streiks anhalten. Auch die in verschiedene Fraktionen gespaltene Armee schaltete sich in die Auseinandersetzungen ein, wobei Duvalier von dieser Seite einige Unterstützung zuteil wurde. Der Wunschkandidat der USA war zwar Déjoie, doch auch Duvalier galt als akzeptabel.

Nach monatelangem Tauziehen traten am 22. September 1957 nur noch Duvalier und Déjoie als Kandidaten zur Wahl an. Fignolé hatte als provisorischer Präsident versucht, die Macht an sich zu reißen, und war aus dem Amt gejagt worden; Jumelle hatte einsehen müssen, daß er chancenlos war, und zog sich freiwillig von der Wahl zurück. Duvalier erreichte schließlich 679 884 Stimmen, Déjoie 266 992. Auch wenn es bei der Wahl zu einigen Unregelmäßigkeiten kam, spiegelte das Ergebnis doch die Stimmung in der Bevölkerung wider (Heinl: S. 575-585; Nicholls 1979: S. 219).

François Duvalier war 1907 geboren worden. Sein Vater – Lehrer, Journalist und Friedensrichter – sandte ihn auf das *Lycée Pétion* in Port-au-Prince, eine von der Mittelschicht besuchte Schule. Einer seiner Lehrer war auch sein politischer Ziehvater: Dumarsais Estimé. Anschließend studierte er in Port-au-Prince Medizin. 1946 bekam er in einem von den USA finanzierten Projekt zur Bekämpfung der überall auf Haiti kursierenden »Himbeerseuche« die Leitung einer Landklinik übertragen. Später reiste er im Rahmen seiner Arbeit durch die Provinz und erhielt so detaillierten Einblick in die Lebensbedingungen der einfachen Bauern sowie in die soziale und politische Bedeutung des Voodoo (Abbott: S. 54). Durch sein Wirken bei der Gruppe *Les Griots* profilierte er sich als Vertreter der Schwarzenbewegung. In seiner publizistischen Tätigkeit vertrat er die Meinung, daß eine autoritäre Staatsform für die Umsetzung von Reformen nötig sei; Schwarze aus der Mittelschicht sollten dabei die Führungsrolle übernehmen. Diese Mittelschicht untersuchte er auch in seinen historischen Studien; später sollte er ihr in seinem Machtsystem eine Schlüsselrolle zuweisen (Weinstein/Segal: S. 39f.).

Das Auftreten des kleinen und schmächtigen Duvalier war so bescheiden und zurückhaltend, daß bei seinem Amtsantritt nicht befürchtet wurde, er habe große persönliche Ambitionen. Vielmehr wurde er als eine Marionette der Armee betrachtet (Ferguson: S. 38). Doch sollte sich sehr bald herausstellen, daß Duvalier fest entschlossen war, sich den Attacken politischer Kontrahenten und Teilen des Militärs entgegenzustellen und die Macht mit niemandem zu teilen. 1961 ließ er sich im Amt bestätigen; 1964 wurde er zum Präsidenten auf Lebenszeit gewählt. Dabei half ihm jeweils grandioser Betrug, seine Wahlergebnisse zu optimieren (Ferguson: S. 48f.). So war Duvalier vierzehn Jahre lang, bis zu seinem Tod 1971, im Amt.

Die Regierungszeit Duvaliers läßt sich in zwei Phasen unterteilen: In der ersten Phase versuchte er seine Machtstellung gegen immer neue Umsturzversuche dadurch zu sichern, daß er den Einfluß innenpolitischer Machtgruppen – vor allem der Armee, der mulattischen Oberschicht, der Gewerkschaften und der Kirche – zurückdrängte. In einer zweiten Phase näherte er sich diesen nun geschwächten Gruppen an und versuchte, ihre Unterstützung zu gewinnen und sie in seine Politik einzubinden. Ähnlich war seine Haltung gegenüber den USA (Nicholls 1979: S. 212).

Entscheidend für die Festigung der Machtstellung Duvaliers war dabei, daß es ihm gelang, der Armee eine neue, untergeordnete Rolle im Staat zuzuweisen. Duvaliers Anstrengungen, das Militär durch eine geschickte Personalpolitik unter seine Kontrolle zu bringen, lassen sich daran erkennen, daß die Armee in den Jahren 1957 bis 1959 fünf verschiedene Befehlshaber erhielt (Ferguson: S. 38-40). Einerseits konnte sich so im Generalstab keine Opposition gegen ihn bilden, andererseits konnte er seine jüngeren Gefolgsleute schnell in entscheidende Positionen befördern. Außerdem ließ er eine loyale Präsidentengarde aufbauen und verlegte das Waffen- und Munitionsarsenal der Armee von der Hauptkaserne in Port-au-Prince in den Präsidentenpalast. Des weiteren – das war der eigentliche Schritt zur Schaffung seiner Machtbasis – ließ er seinen Vertrauten Clément Barbot die berühmt-berüchtigten *Tonton Macoutes* aufbauen. Sie gingen aus einer sofort nach Duvaliers Machterringung geschaffenen Unterdrückungsmaschinerie, den *cagoulars*, hervor; die Ähnlichkeiten mit faschistischen Organisationen Europas der dreißiger Jahre waren unübersehbar. Nachdem Barbot gegen Duvalier zu intrigieren begann, entledigte er sich schnell dieses Rivalen und übernahm selbst die Kontrolle über die Sicherheitskräfte.

Tonton Macoute war eigentlich die Bezeichnung für eine volkstümliche Figur, die unartige Kinder in einen Sack steckte und mitnahm. Die Tonton Macoutes, deren Organisation später in *Volontaires de la Securité Nationale (VSN)* umbenannt wurde, überzogen bald flächendeckend das ganze Land. Ihre Zahl wurde Anfang der sechziger Jahre auf mehrere Tausend geschätzt. Ihre Aufgabe war es gleichermaßen, Informationen für Duvalier zu beschaffen, wie seine politischen Weisungen, regelmäßig unter Einsatz von Gewalt, umzusetzen. Die unteren Chargen erhielten keinen regelmäßigen Sold und waren deshalb darauf angewiesen, sich durch willkürliche Festnahmen und das Eintreiben von Lösegeld, durch Strafen oder Diebstahl Geld von der Bevölkerung zu beschaffen, was dazu beitrug, die Tonton Macoutes besonders verhaßt werden zu lassen (Weinstein/Segal: S. 40).

Die Tonton Macoutes rekrutierten ihre Mitglieder teilweise aus der Unterschicht, unter Bewohnern von Slumvierteln, besonders aber aus den unteren Mittelschichten. Diese Mittelschichten wurden von Duvalier bewußt, auch unabhängig von den Tonton Macoutes, gefördert. Beide Maßnahmen, der Aufbau der Tonton Macoutes und die Stärkung der Mittelschichten, verfolgten das gleiche Ziel: Es sollte ein Gegengewicht zur mulattischen Oberschicht geschaffen werden. In der Stadt gehörten zu dieser Mittelschicht die Taxi-, Lastwagen- und Busfahrer, ferner schwarze Armeeangehörige und Angehörige des öffentlichen Dienstes. Des weiteren können auch die kleinen und mittleren syrischen und libanesischen Händler dazugezählt werden, die Duvalier als Gegengewicht zu den dominanten und etablierteren mulattischen Geschäftsleuten aufzubauen versuchte (Weinstein/Segal: S. 42; Nicholls 1985: S. 30).

Auf dem Land förderte Duvalier die schwarzen Kaffeeaufkäufer, die den Kaffee von den Bauern zu den Exporthäusern der Mulatten in der Hauptstadt schafften. Da sie sowohl französisch als auch *créole* sprachen, waren sie prädestiniert dafür, Duvaliers Kontrollmöglichkeiten in der Provinz zu erweitern. Das gleiche galt für die kleinen Händler, die bestimmte Waren von den Städten in die Provinzen schafften. Duvalier unterstützte diese Gruppen durch eine Stärkung ihrer Position gegenüber den mulattischen Händlern. Weiterhin richtete er sein Augenmerk auf die Schicht der Bauern, die es zu einem bescheidenen Wohlstand gebracht hatten. Dadurch, daß sie ärmeren Bauern in paternalistischer Weise Kredite gaben, diese als Landarbeiter anstellten oder ihre Kaffee-Ernten aufkauften, nahmen sie eine gewisse Machtstellung ein.

Gleichzeitig waren diese Bauern der Mittelschicht oft auch lokale Voodoo-Priester, sogenannte *houngans*. Dies erlaubte Duvalier – der vor seiner politischen Laufbahn ein begeisterter Amateurethnologe gewesen war – einerseits, bei der Kontrolle über die Landbevölkerung auf bestehende Strukturen zurückzugreifen; andererseits nährte es das von ihm gewünschte Bild des Herrschers, der von übernatürlichen Kräften geschützt wurde und im Voodoo-Kult verwurzelt war. Von weiten Teilen der Bevölkerung wurde Duvalier denn auch als der *Baron Samedi*, der Friedhofswächter im Voodoo-Kult, betrachtet und gefürchtet (Nicholls 1979: S. 234; Ferguson: S. 39-41).

Die mulattische Oberschicht versuchte von Beginn an, Duvalier aus dem Amt zu drängen. Sofort nach seinem Amtsantritt im Oktober 1957 schlossen die Händler von Port-au-Prince, ähnlich wie sie es in den vorherigen Monaten mehrmals getan hatten, ihre Geschäfte, um damit die ihnen unliebsame Regierung zu destabilisieren. Duvalier handelte schnell und entschieden: Seine Anhänger schlugen einfach die Türen der verschlossenen Läden ein und setzten sie somit Plünderungen aus. Ebenso wurden Zeitungen aus dem Umfeld der Oberschicht verboten und fast hundert prominente Oppositionelle verhaftet. Duvalier bevorzugte, wie sein Vorbild Estimé, bei der Postenverteilung in Staatsdienst und Armee systematisch Schwarze. Das gezielte Zurückdrängen der Mulatten ließ erst in den letzten Jahren seiner Regierungszeit nach (Nicholls 1985: S. 33).

Gegen eine andere gesellschaftliche Gruppe ging Duvalier ähnlich konsequent vor: In den ersten Jahren seiner Präsidentschaft unterband er den Einfluß der Gewerkschaften völlig, um danach nur staatlich kontrollierte Gewerkschaften zuzulassen. Der katholischen Kirche gegenüber zeigte sich der Präsident zunächst entgegenkommend; er nahm sogar einen Geistlichen als Erziehungsminister in sein Kabinett auf. Doch nachdem Duvalier gegenüber den reichen Geschäftsleuten, den Gewerkschaften und insbesondere dem Militär Oberhand gewonnen hatte, begann er, die katholische Kirche wegen ihrer Voodoo-feindlichen Haltung offen zu bekämpfen. Er verwies drei Bischöfe des Landes, der Jesuitenorden wurde verboten. Wegen seiner kirchenfeindlichen Politik strafte ihn Rom 1962 mit der Exkommunikation. Doch nur vier Jahre später gelangte Duvalier zu einer Einigung mit dem Vatikan, die darin bestand, daß die ausländischen Priester, die in der Kirchenhierarchie die höchsten Ämter innehatten, durch haitianische ersetzt wurden. Da er sich danach der Loyalität des Klerus auf Haiti sicher sein konnte, hatte er den Einfluß der Amtskirche erfolgreich beschnitten (Ferguson: S. 50). Auch konnte er auf diese Weise den ausländischen Einfluß auf das haitianische Schulwesen zurückdrängen. Damit verfolgte er eine Schwächung der Position der Eliten, deren Kinder diese kirchlichen Schulen vornehmlich besuchten (Nicholls 1985: S. 26-29).

Trotz dieser umfangreichen Bemühungen, seine Machtstellung

abzusichern, wurde Duvalier immer wieder von Widersachern herausgefordert: In den vierzehn Jahren seiner Regierungszeit hatte er allein neun Invasionen und Umsturzversuche niederzuschlagen. Diese reichten von Bombenanschlägen kommunistischer Gruppen bis hin zu einem gescheiterten Marineaufstand. Duvaliers Reaktion erfolgte jeweils entschieden und blutig: Beispielsweise massakrierten Tonton Macoutes nach einem Putschversuch im Jahre 1964 Hunderte von Mulatten in Jérémie. Die Mehrzahl der Ermordeten hatte keine nachweisbare Verbindung zu den Putschisten (Ferguson: S. 48). Zur Illustration der Bandbreite der Umsturzversuche soll der aus dem Juni 1958 dienen – sicherlich der skurrilste von allen: eine Invasion haitianischer Exil-Mulatten, die mit Unterstützung von US-Söldnern, darunter drei ehemaligen Deputy-Sheriffs, vierzig Kilometer von Port-au-Prince entfernt an Land gingen. Das aus nur acht Personen bestehende »Invasionskommando« kaperte einen Minibus, ein sogenanntes *tap-tap*, und fuhr damit in die Hauptstadt. Dort war es den »Invasoren« ein leichtes, den schlafenden Soldaten die Kontrolle über das Hauptquartier der Armee, die Kaserne *Dessalines*, zu entreißen. Als Duvalier die Nachricht von der Attacke übermittelt wurde, begann er sofort, seine Flucht ins Exil vorzubereiten. Dann aber klärte ein haitianischer Soldat, der die Kaserne verlassen durfte, um einem der mulattischen Umstürzler Zigaretten zu kaufen, Duvaliers Anhänger über die Größe des Invasionskommandos auf. Daraufhin stürmten Tonton Macoutes und Präsidentengarde die Kaserne und bereiteten dem Putschversuch ein schnelles Ende (Ferguson: S. 41 f.).

Ein weiteres Mittel zu seiner Machtsicherung bestand darin, daß Duvalier, nachdem er 1964 zum Präsidenten auf Lebenszeit gewählt worden war, versuchte, seine Popularität durch breitangelegte Propaganda zu erhöhen. Die Farben der Nationalfahne wurden von blau und rot zu schwarz und rot geändert, um die Revolution der Schwarzen zu symbolisieren. Dazu inszenierte er einen pompösen Personenkult, indem er sich mit Dessalines, De Gaulle, Lenin, Mao und Jesus Christus verglich, und er schreckte auch nicht davor zurück, das *Vater Unser* auf seine Person umzudichten: »Unser Doc, auf Lebenszeit im Nationalpalast; geheiligt werde dein Name von jetzigen und zukünftigen Generationen. Dein Wille geschehe, wie in Port-au-Prince, so in den Provinzen. Gib uns heute unser neues Haiti und vergib nicht die Sünden der

Anti-Patrioten, die täglich auf unser Land spucken ...« (Nicholls 1979: S. 233). Graham Greene entlarvte in seinem Roman *The Comedians*, sehr zum Mißfallen des Diktators, diese plump aufgesetzte Fassade des Terrorregimes.

Schließlich konnte der Diktator noch auf die Unterstützung einer weiteren Schicht setzen: der Händleroligarchie. Der *Bord de Mer* sah keine Veranlassung, gegen Duvalier vorzugehen, da die Händlerprofite weiter flossen. Letztlich blieb auch in den sechziger und siebziger Jahren, wenn auch mit einigen Veränderungen, die »Republik der Händler« bestehen. Zu Beginn der achtziger Jahre verfügte ein halbes Prozent der Bevölkerung – die sich damals auf 5,3 Millionen Personen belief – über 43 Prozent des Volkseinkommens! Zweifellos ging es der Handelsbourgeoisie weiterhin gut (Trouillot: S. 181). Im Zuge der abhängigen Industrialisierung des Landes kam zu der strategischen Allianz zwischen Staat und lokaler Bourgeoisie das Bündnis mit wirtschaftlichen US-Interessen; im Laufe der Jahre siedelten sich immer mehr Tochtergesellschaften US-amerikanischer Firmen – angelockt durch die billigen Arbeitskräfte – in Haiti an.

Außenpolitisch bemühte sich Duvalier zunächst – auch wegen seiner noch nicht gesicherten innenpolitischen Stellung – um gute Beziehungen zu den USA. Nach der erfolgreichen kubanischen Revolution 1959 sah er seine Verhandlungsposition gestärkt, da die USA um jeden Preis kommunistischen Einfluß in der Karibik zurückdrängen und unterbinden wollten. Duvalier kokettierte öffentlich, unter Verweis auf die schlechte haitianische Wirtschaftssituation, mit einer möglichen Annäherung an die UdSSR, was das Klima zwischen seinem Land und den USA deutlich verschlechterte. Duvalier hatte auch gegen das Image eines blutrünstigen Diktators anzukämpfen, das sich nur schlecht mit den von Präsident John F. Kennedy formulierten Vorstellungen der *Allianz für den Fortschritt* vertrug, nach der die lateinamerikanischen und karibischen Staaten mittels wirtschaftlicher Modernisierung und über Kooperation mit den USA zu stabilen Demokratien werden sollten (Nicholls 1979: S. 221). Auch wenn die USA ab 1962 ihre Hilfezahlungen deutlich reduzierten, stoppten sie diese doch nie ganz; und Ende der sechziger Jahre setzten diese wieder massiv ein. Andere Geldgeber, wie die Vereinten Nationen, aber auch die Bundesrepublik Deutschland, machten ihre Hilfe erst gar nicht von Menschenrechtsfragen abhängig (Donner: S. 70).

Insgesamt nutzte Duvalier das Verhältnis zu den USA in mehrfacher Weise äußerst geschickt aus: Während er einerseits die militärische und wirtschaftliche Macht der USA dazu verwendete, seine Position zu konsolidieren, griff er zugleich bei der Suche nach politischer Unterstützung im Lande auf eine US-kritische Haltung in der Bevölkerung zurück. Daß Duvalier sich so lange an der Macht halten konnte, ist letztlich auch darauf zurückzuführen, daß er die Widersprüche der US-Politik für sich ausnutzte. Die offizielle Bitte um Entsendung eines US-Marinekorps, das die haitianische Armee »trainieren« sollte, war ein brillanter politischer Schachzug, der gleichzeitig verschiedenen Zielen diente: Auf der einen Seite schuf die erneute Anwesenheit von *marines* auf Haiti erhebliches Unbehagen in weiten Kreisen; auf der anderen Seite stärkte sie die Position Duvaliers gegenüber der internen Opposition. Außerdem wurde die Manövrierfähigkeit der USA als Korrektiv gegenüber dem Duvalier-Regime verringert. Am wichtigsten war wohl, daß die US-Truppen Duvalier beim Aufbau einer Prätorianergarde halfen, um die Macht der Armee auszugleichen (Mintz: S. 292-294).

Bei seiner größten außenpolitischen Kraftprobe hatte es Duvalier nicht nur mit den USA, sondern auch mit der Dominikanischen Republik zu tun. Nach einem – fehlgeschlagenen – Attentat auf zwei Kinder Duvaliers im April 1963 ging der Präsident ungemein brutal gegen mögliche Verdächtige vor. Einer davon, ein gewisser Leutnant Benoît, flüchtete in die Botschaft der Dominikanischen Republik. Als Tonton Macoutes sich anschickten, diese zu stürmen, drohte der dominikanische Präsident Juan Bosch mit einer militärischen Intervention. Der frischgewählte Reformer Bosch war, im Gegensatz zu seinem (1961 einem Attentat erlegenen) Vorgänger Rafael Leónidas Trujillo, dem Willkürregime Duvaliers gegenüber nicht gleichgültig eingestellt und nutzte diese Gelegenheit, um Druck auszuüben. Als dann noch einige US-Kriegsschiffe vor der Küste Haitis aufkreuzten, wurde deutlich, daß Bosch bei seinem Vorpreschen auch auf die Unterstützung von Präsident Kennedy zählen konnte. Duvalier hatte schon das Tikket für einen Flug ins Pariser Exil gebucht, als sich langsam abzeichnete, daß das dominikanische Heer Bosch die Unterstützung für eine Invasion versagte. Duvalier konnte sich vollends als Sieger des Kräftemessens fühlen, als Bosch im September in einem blutigen Putsch von den Militärs gestürzt wurde und Präsident

Kennedy im November desselben Jahres dem Attentat in Dallas erlag (Ferguson: S. 45 f.).

Schon vier Jahre später hatte sich Duvaliers Verhältnis zum Nachbarstaat völlig geändert. Seine Beziehung zur neuen dominikanischen Junta und sodann zum Präsidenten Joaquín Balaguer war so gut, daß sich ihm eine lukrative Einnahmequelle auftat: die Vermittlung von haitianischen Saisonarbeitern. Ab 1967 gingen jährlich 20 000 Arbeiter in die Dominikanische Republik, für die Duvalier jeweils zehn Dollar Vermittlungsgebühr und zusätzlich einen Anteil am kargen, unter unsäglichen Bedingungen erarbeiteten Lohn einstrich. Menschenrechtsgruppen bezeichneten diese Abmachung zwischen den Präsidenten beider Länder und den (meist) US-amerikanischen Besitzern der dominikanischen Zuckerrohrfelder als moderne Form des Sklavenhandels (Ferguson: S. 54).

Doch war diese Haltung Duvaliers typisch für sein Verhältnis zur Wirtschaft. Seine Raffsucht und seine Phantasie, der Bevölkerung und ausländischen Helfern immer mehr abzupressen, um es in die eigene Tasche zu leiten, schienen unerschöpflich. Die staatliche Tabakgesellschaft beispielsweise wirtschaftete allein zugunsten von Duvalier. Nicht genug damit, daß diese Gesellschaft über das Tabakmonopol verfügte; später erhielt sie auch noch das Monopol für Mehl, Zucker, Alkohol und Fahrzeuge zugeschlagen, ohne daß der Öffentlichkeit die Geschäftsbücher zugänglich gemacht wurden. Der haitianische Staat hatte auch früher schon seine Herrscher stets bereichert; jetzt aber wurde persönliche Bereicherung zu einem der wichtigsten Prinzipien jeglicher Regierungstätigkeit. Um an Profitquellen heranzukommen, war die Beziehung zum Präsidenten entscheidend.

Als Duvalier – inspiriert durch die aus dem Urwald gestampfte brasilianische Hauptstadt Brasilia – den Entschluß faßte, sich mit Duvalierville auch ein städtebauliches Denkmal zu setzen, ging auf die Haitianer eine Flut neuer Abgabebestimmungen nieder. Duvalier erließ so absurde Steuern wie auf Telefonanschlüsse, selbst wenn diese mangels eines funktionierenden Netzes nicht benutzbar waren. Die Steuereintreibung stellten auf ebenso verläßliche wie brutale Weise die Tonton Macoutes sicher. Und so wie das ambitionierte Bauprojekt sein klägliches Ende mit der Fertigstellung eines Kinos, einiger Betonbungalows und einer Hahnenkampfarena nahm, so fand der größte Teil des Geldes seinen Weg auf sichere ausländische Nummernkonten (Ferguson: S. 46 f.).

Angesichts dieser Zustände verließen viele Haitianer mit guter Ausbildung das Land, um in den USA, in Kanada oder in Frankreich Arbeit zu suchen. Teilweise geschah dies aus politischen Gründen, ebenso aber auch wegen der aussichtslosen wirtschaftlichen Lage auf Haiti. Vor allem Angehörige der gebildeten Mittelschichten verließen zu Tausenden das Land: Offiziere, Journalisten, Unternehmer, Anwälte, Mediziner. Von den 761 zwischen 1945 und 1968 an der medizinischen Fakultät von Port-au-Prince ausgebildeten Ärzten praktizierten 1970 nur 242 auf Haiti (Nicholls 1979: S. 240).

In diesem Zusammenhang wird in der Literatur auch die Frage diskutiert, inwieweit Duvalier tatsächlich versuchte, die Ideologie der Schwarzenbewegung in konkrete Maßnahmen umzusetzen, oder ob er diese nur für persönliche Machtzwecke instrumentalisierte. An der Bildungspolitik beispielsweise läßt sich erkennen, daß die Rassenproblematik Duvalier nur als Instrument zur Durchsetzung eigener Interessen diente. In der Auseinandersetzung mit der Kirche über die Bildungspolitik an den kirchlichen Schulen hatte Duvalier eine Aufwertung des *créole* als Element der Volksbildung gegenüber dem elitären Französisch gefordert. Der Diktator hat sich jedoch nie bemüht, das allgemeine Bildungsniveau zu heben oder die Analphabetenquote deutlich zu senken (Weinstein/Segal: S. 42). Ebensowenig initiierte Duvalier erfolgversprechende Entwicklungsprogramme in der Landwirtschaft, um das armselige Los der großen Masse der Bauern zu verbessern. So wurden in den Jahren 1957-1967 nur acht Prozent des Staatshaushaltes auf den Landwirtschaftssektor verwandt (Donner: S. 70).

Duvalieristen haben stets behauptet, daß die schwarzen *classes moyennes* (»Mittelschichten«) die einzigen genuinen Repräsentanten der »Massen« waren und daher als einzige Schicht die kulturelle und moralische Regeneration der Nation herbeiführen konnten. Duvaliers *noiriste*-Diskurs wandte sich zuerst an diese schwarze Mittelschicht; langsam integrierte er jedoch seinen Diskurs in einen breiten nationalistischen Rahmen. Aus einem *noiriste*-Führer wurde ein vielfarbiger Messias, ein Apostel nationaler Einheit. Viele seiner Reden begannen mit der Ansprache: »Haitianer, meine Brüder!« Die von ihm bevorzugten Themen waren Einheit und Versöhnung; er selbst identifizierte sich mit der »Nation«.

Nicholls (1979: S. 212f.) vertritt die Ansicht, daß Duvalier zu dem Zeitpunkt, als er an die Macht kam, sehr wohl das Reformwerk Estimés habe fortsetzen wollen. Um aber nicht das gleiche Schicksal wie Estimé zu erleiden, der von den konservativen Kräften aus dem Amt getrieben wurde, habe er in den ersten Jahren alle Kräfte darauf verwenden müssen, sich entschieden gegen andere Machtgruppen zur Wehr zu setzen. Diese Einschätzung von Nicholls ist dann schwer nachvollziehbar, wenn man den Quellen Glauben schenkt, die berichten, daß Duvalier schon in den ersten Jahren seiner Herrschaft systematisch Millionen von Dollars unterschlug.

Was nun die Bewertung der Terrorherrschaft Duvaliers betrifft, so wird bisweilen darauf hingewiesen, daß der Diktator mit Hilfe der Tonton Macoutes, »einer Art Tropen-SS«, über alle Teile der Gesellschaft Kontrolle ausübte und jede Form von Organisation, »bis hin zu den Pfadfindern«, unterdrückte (Ferguson: S. 44). Nicholls hebt demgegenüber hervor, daß man das Duvalier-Regime keineswegs als totalitär oder faschistisch bezeichnen könne, da das Land keiner umfassenden Ideologie unterworfen und der Privatbereich der Bevölkerung nicht vollständig kontrolliert wurde. Personen, die nicht in Opposition zu Duvalier oder den Tonton Macoutes standen – oder dessen verdächtigt wurden –, hätten keine Repressionen zu fürchten gehabt (Nicholls 1979: S. 212). Auch Sidney W. Mintz wendet sich gegen die (vor allem von US-Amerikanern vertretene) Meinung, das Regime Duvalier habe keinerlei Volksunterstützung genossen und sei eine reine Terrorherrschaft gewesen. Richtig sei, daß die breite Masse der bäuerlichen Bevölkerung keinerlei Einfluß auf die Politik und die nationalen Entscheidungen hatte; dies bedeute aber nicht, daß das Regime unter den Bauern nicht populär gewesen sei. Unabhängig davon, daß Duvalier auch viel Opposition erfahren habe, konnte er sich in gewisser Weise auf die Bauernschaft stützen (Mintz: S. 290-296).

Im Gegensatz zu diesen »autoritären« Deutungen des Duvalier-Regimes spricht Michel-Rolph Trouillot von einem »totalitären« System, das die Antwort auf die seit Jahrzehnten andauernde Hegemoniekrise im Land war. Diese äußerte sich seit der Jahrhundertwende in der schnellen Aufeinanderfolge von Regierungen, konnte aber durch die US-Besatzung noch einmal überdeckt werden. Mitte der fünfziger Jahre kam die Krise sodann zum vollen Durchbruch: Unruhen nahmen zu; die traditionellen Machtgruppen waren unfähig, einen politischen Diskurs zu führen; das

Parlament war entmachtet, Militärterror griff um sich; das Land stand kurz vor dem Bürgerkrieg.

Kaum hatte Duvalier die Macht errungen, beschnitt er den Wirkungsbereich aller zivilen Institutionen: Kirche, Schulen, Universitäten, Presse, Berufsverbände, Sportklubs – alle hatten ihre Autonomie aufzugeben. Sämtliche Säulen und Organe der Zivilgesellschaft wurden fortan kontrolliert und gezähmt; sie degenerierten zu einem Anhang der Exekutive. Auch früher schon hatte sich der haitianische Staat um die Exekutive gedreht, jetzt aber wurde die Exekutive zum Staat, ja: zum Staatschef, und dieser betrachtete sich als Personifizierung der Nation. Duvalier setzte sich mit Haiti gleich. Slogans seiner Reden, die zugleich auf öffentlichen Plätzen zu lesen waren, lauteten etwa: »Ich bin die haitianische Flagge, einzig und unteilbar.« Oder: »Meine einzigen Feinde sind die der Nation.« Schließlich: »Duvalier zerstören wollen heißt Haiti zerstören wollen.«

Der duvalieristische Staat erfuhr einen qualitativen Wandel: Der in Haiti traditionelle Autoritarismus bildete einen totalitären Apparat heraus, der neue Formen der Staatseinmischung in das Alltagsleben der Menschen ermöglichte. Charakteristika des Duvalier-Totalitarismus waren die Einheitspartei, die voll ausgebaute Geheimpolizei, das Monopol auf die Massenkommunikationsmittel und auf jegliche Art von Organisation des zivilen Lebens, die Allzuständigkeit des Staates für die Zivilgesellschaft. Die Staatsgewalt erhielt eine neue Dimension: Die politische Sphäre wurde ganz vom Staat besetzt, die Gesellschaft spielte keine (politische) Rolle mehr. Systematisch wurden all jene Regeln vergewaltigt, die zuvor für die Gewaltanwendung durch den Staat gegolten hatten; staatliche Willkür war weit verbreitet, es entstand ein Klima des Terrors. Das Überschreiten überbrachter Regeln läßt sich am staatlichen Verhalten Frauen gegenüber aufzeigen: Galten diese traditionellerweise als außerhalb des »politischen Geschäfts« stehend – weshalb sie auch in den zahlreichen politischen Kämpfen zumeist unbehelligt blieben –, so genossen sie während der Duvalier-Diktatur keinerlei »natürlichen« Schutz mehr. Sie wurden genauso regelmäßig Opfer staatlicher Willkür wie Männer (Trouillot: S. 139-172).

Die Stärke des duvalieristischen Staates resultierte aus der Schwäche der haitianischen Gesellschaft. Die traditionelle Trennung zwischen Staat und Nation war gewissermaßen die Voraussetzung für das Duvalier-Regime; dieses schickte sich zugleich an, die Spaltung totalitär aufzuheben, indem Staat und Nation gleichgesetzt wurden. Nach der Paralysierung sämtlicher Organisationen der Zivilgesellschaft griff der Staat über die Milizen in die Zivilgesellschaft ein. Nicht jedes Milizmitglied (*milisyen*) war automatisch ein Tonton Macoute; die Miliz war aber die einzige Organisation, die sich über das ganze Land erstreckte und an der alle – auch Alte, Arme, Frauen – teilhaben konnten. Die Milizorganisation diente dem Regime zum Ausbau einer Konsens-Basis und damit – parallel zum Terror – zur Konsolidierung der Macht (Trouillot: S. 185-190).

Unabhängig davon, wie das Duvalier-Regime typologisch eingeordnet wird, verdient festgehalten zu werden, daß die Zentralisierung der Macht und das Ausmaß staatlicher Gewaltanwendung Höhepunkte in der Geschichte Haitis darstellten. Weinstein und Segal beurteilen die Repressionspolitik folgendermaßen: »Haiti weist in seiner Geschichte einige wenige Tyrannen und viele Diktatoren auf; ein Monster dieses Ausmaßes hatte es bis dahin noch nicht gehabt.« Ohne jeden Zweifel übertraf die Bereitschaft des Regimes, auf Gewalt zurückzugreifen, die einer jeden anderen haitianischen Regierung des 19. und 20. Jahrhunderts. In nackten Zahlen weist die Schreckensbilanz geschätzte 30 000-60 000 Opfer der Tonton Macoutes auf (Weinstein/Segal: S. 42).

Mit Beginn der siebziger Jahre verschlechterte sich der Gesundheitszustand des Diktators immer mehr. Deshalb begann der damals 62jährige Diktator 1970, seinen 18jährigen Sohn, Jean-Claude Duvalier, als Nachfolger aufzubauen. Um die Nachfolge sicherzustellen, wurde vom entmachteten Parlament eine Verfassungsänderung vorgenommen, die das Mindestalter des Präsidenten von 40 Jahren auf 18 heruntersetzte. Anschließend wurde ein »Referendum« abgehalten, bei dem sich die Bevölkerung mit 2 391 916 Ja-Stimmen (ohne Gegenstimmen!) für Jean-Claude Duvalier als Nachfolger ausspracht. François Duvalier starb am 21. April 1971 (Ferguson: S. 56f.).

Papa Doc hatte vor seinem Ableben noch mit den wichtigen äußeren Mächten Konsens darüber erzielen können, daß die Machtübergabe an seinen Sohn Jean-Claude – *Baby Doc*, wie er bald genannt wurde – reibungslos erfolgte. So patrouillierten US-amerikanische Kriegsschiffe entlang der haitianischen Küste, um zu verhindern, daß Exil-Oppositionelle die Gelegenheit zu einer

Invasion nutzten. Auch Joaquín Balaguer, Präsident der Dominikanischen Republik, ließ an der Grenze Truppen aufziehen, um mögliche Guerillabewegungen vom Eindringen nach Haiti abzuhalten (Ferguson: S. 56f.).

Doch erschien es zunächst als durchaus fraglich, ob sich der junge Jean-Claude an der Macht halten würde. Gerade ausländische Beobachter, für die *Papa Doc* immer nur der Inbegriff des blutrünstigen Tyrannen gewesen war, bezweifelten, daß die Bevölkerung einen zweiten Duvalier akzeptieren würde. Tatsächlich aber war die Grundhaltung weiter Teile der Bevölkerung Duvalier gegenüber erst einmal neutral. Die Geschichte hatte sie gelehrt, daß vom Staat in der Regel nichts Gutes zu erwarten war. Solange der Staat sie in Ruhe ließ, waren sie zurückhaltend. Gelegentliche Übergriffe durch die Tonton Macoutes wurden nicht unbedingt mit der Person des Präsidenten in Verbindung gebracht und minderten somit nicht dessen Popularität (Nicholls 1985: S. 34).

Jean-Claude Duvalier machte seine mangelnde politische Erfahrung dadurch wett, daß er die Politik des Vaters fortsetzte und dessen Berater übernahm. Auch seine Mutter, Simone Ovide Duvalier, spielte in der ersten Zeit nach dem Tod des Vaters eine entscheidende Rolle bei der Wahrung dieser Kontinuität. Die verschiedenen gesellschaftlichen Gruppen – Armee, Gewerkschaften, Kirche – waren nach der systematischen Bekämpfung durch François Duvalier geschwächt und schienen vorerst wenig gewillt, den neuen Präsidenten herauszufordern (Nicholls 1985: S. 225).

Das Kräfteverhältnis war im politischen System von *Papa Doc* genau ausbalanciert gewesen. Zum einen gab es die schwarze Mittelschicht als eigentlichen Träger des Duvalierismus. Zum anderen standen dieser Schicht Gruppen gegenüber, deren Interessen in den letzten Jahren von François Duvalier stärker berücksichtigt worden waren. Neben Armee und mulattischer Oberschicht waren dies vor allem junge Technokraten, die für eine wirtschaftliche und entwicklungspolitische Kooperation mit dem Ausland benötigt wurden.

In den folgenden Jahren begann der junge Präsident, die Mittelschicht – besonders die ländliche – zu vernachlässigen. Er orientierte sich stärker auf die Kräfte der Oberschicht hin. Analog zur *politischen Revolution* seines Vaters rief er die *wirtschaftliche Revolution* aus. Er integrierte in seine Regierung Wirtschaftsfachleute und sorgte so dafür, daß mehr Entwicklungsgelder nach Haiti flossen, durch die beispielsweise Straßenbauprojekte finan-

Vater und Sohn Duvalier

ziert wurden (Weinstein/Segal: S. 43). Im wesentlichen sollte die »wirtschaftliche Revolution« eine verstärkte Integration der haitianischen Ökonomie in die Weltwirtschaft bewirken; daher richtete sie sich auch schwerpunktmäßig auf den US-amerikanischen Markt aus. Sehr schnell siedelten sich Hunderte von Montage-Industrien an, denen enorme Steuervergünstigungen eingeräumt wurden; Haiti profitierte von diesen ausländischen Montagebetrieben nur sehr wenig.

Die Ausgangslage für eine »wirtschaftliche Revolution« war aufgrund der katastrophalen wirtschaftlichen und sozialen Bilanz der Regierung von François Duvalier denkbar ungünstig: Das

Pro-Kopf-Einkommen war von 79,7 Dollar im Jahr 1957 auf 74,1 Dollar im Jahr 1969 gesunken. Neben einem Exportrückgang, dem Verfall der wirtschaftlichen und sozialen Infrastruktur aufgrund fehlender staatlicher Investitionen und dem ungünstigen Investitionsklima war es vor allem der Bevölkerungsdruck, der die Situation der einfachen Landbevölkerung verschlechterte. So kam es von 1950 bis 1971 zu einem Anstieg der Stadtbevölkerung von 12,2 auf 20,4 Prozent. Die Hauptstadt wuchs in diesem Zeitraum sogar jährlich um durchschnittliche 6,1 Prozent, ohne daß dort jedoch durch einen Ausbau des bescheidenen industriellen Sektors neue Arbeitsplätze geschaffen worden wären. Die meisten Landflüchtigen erwartete von neuem ein Überlebenskampf, den sie in den Slums mit den Gelegenheitsarbeitern im informellen Sektor führen mußten (Barros: S. 33 f.).

Vorzeigestück der »wirtschaftlichen Revolution« waren die steuer- und zollbegünstigten Sonderzonen für ausländische Unternehmen, die unter *Baby Doc* geschaffen wurden und dem »Armenhaus der Karibik« den von überschwenglichen (und realitätsfernen) US-Managern geprägten Kosenamen »Taiwan der Karibik« einbrachten. Vor allem US-amerikanische Unternehmen wurden durch das niedrige Lohnniveau angelockt. Oft waren es aber auch haitianische Unternehmer, die dort in Produktionsanlagen für *Baseballs*, Stofftiere oder Textilien investierten – darunter auch solche, die vor *Papa Doc* ins Ausland geflüchtet waren. Schätzungen besagen, daß sich die Zahl der – ausschließlich in Port-au-Prince konzentrierten – Produktionsstätten 1980 auf rund 200 belief. Auf diese Weise sollen 60000 Arbeitsplätze geschaffen worden sein, an denen vornehmlich Frauen arbeiteten. Doch war dies keineswegs ausreichend, um die Folgen der massiven Wanderung von den Provinzen in die Städte, und da vor allem nach Port-au-Prince, aufzufangen (Grunwald/Delatour/Voltaire: S. 231-233). Das außenorientierte und weltmarktabhängige Entwicklungsmodell brachte der Masse der Bevölkerung keinerlei Verbesserung ihrer Situation.

Die Produktion von Kaffee und Sisal, die unter *Papa Doc* enorm gesunken war, erholte sich wieder, ohne jedoch die Werte von 1957 zu erreichen. Die Baumwollproduktion nahm beständig ab, die Produktion von Kakao und Zuckerrohr dagegen stieg. Als neues Exportgut kam Speiseöl hinzu (siehe Tab. 8).

Tabelle 8: Produktion von Agro-Exportgütern
(in tausend Tonnen)

Produkt	1957	1970	1975
Kaffee	40	24,3	38,1
Zuckerrohr	3500	4200	4300
Sisal	30	17	24
Kakao	2	3,7	3,5
Baumwolle	7	4	3,2
Speiseöl	–	0,2	0,3

Quelle: Barros: S. 53

Gleichzeitig stieg jedoch, aufgrund des Bevölkerungswachstums von 3,1 Millionen Einwohnern 1950 auf 4,3 Millionen 1971, auch der Inlandskonsum von Kaffee, Zucker und Kakao. Der Kaffee-Export, der in den Jahren 1941-1960 durchschnittlich 25 560 Tonnen betragen hatte, sank deshalb auf 21 600 Tonnen in den Jahren 1960-1971 und weiter auf durchschnittlich 19 770 Tonnen in den Jahren 1972-1980. Erstmals seit der Unabhängigkeit fiel Kaffee auf den zweiten Platz in der Skala der Exportprodukte. Noch dramatischer war die Entwicklung beim Zucker. Die ehemalige »Zuckerinsel« war 1977 sogar gezwungen, selbst Zucker zu importieren. Infolge von Trockenheit mußten im gleichen Jahr auch 50 000 Tonnen Reis und 20 000 Tonnen Mais importiert werden. Aufgrund der Weltmarktsituation sanken die Sisalexporte von 30 000 Tonnen im Jahr 1957 auf 6000 Tonnen im Jahr 1977. Damit stieg das Außenhandelsdefizit von 16,2 Millionen Dollar im Jahr 1970 auf 100,3 Millionen Dollar im Jahr 1977. Die Abhängigkeit Haitis von ausländischen Geldgebern nahm ständig zu. Die Außenschuld des Staates vervierfachte sich in der gleichen Zeit von 40 auf 163 Millionen Dollar (Barros: S. 59, 72, 82). Die wirtschaftliche Entwicklung unter *Baby Doc* war eine Katastrophe für das Land. Trotz der massiven Ansiedlung von US-Firmen in den siebziger Jahren war diese Montage-Industrie nicht in der Lage, eine ökonomische Erholung des Landes herbeizuführen. Zu offensichtlich wurden die Probleme des ländlichen Haiti, wo die große Masse der Bevölkerung lebte und arbeitete, übergangen!

Die zunehmende wirtschaftliche Abhängigkeit von US-Investitionen und US-Entwicklungsgeldern hatte auch innenpolitische Auswirkungen. François Duvalier hatte seine Macht auf gesellschaftliche Gruppen gestützt, die im wesentlichen unabhängig von ausländischen Einflüssen waren. Da er auf ausländische Gelder nicht angewiesen war, hatte er auch eine starke Verhandlungsposition gegenüber den USA. Dagegen kooperierte Jean-Claude stärker mit den mulattischen Geschäftsleuten, deren Unzufriedenheit bei ungünstiger wirtschaftlicher Entwicklung und ausbleibender ausländischer Hilfe schnell in eine Oppositionshaltung umschlagen konnte. Dies zeigte sich, als 1976 der Demokrat Jimmy Carter zum Präsidenten der USA gewählt wurde und begann, Haiti aufgrund von Menschenrechtsverletzungen unter Druck zu setzen. Um die Fortzahlung der Entwicklungsgelder sicherzustellen, mußte *Baby Doc* sein Regime in Richtung auf eine *weiche Diktatur* liberalisieren. Es wurden einige moderat-regierungskritische Zeitungen und Oppositionsparteien zugelassen. Vier Jahre später wurden diese Maßnahmen aber mit dem Regierungsantritt Ronald Reagans wieder rückgängig gemacht. Die Pressezensur griff wieder so hart durch wie in den Jahren zuvor, und Oppositionelle fanden sich scharenweise im Gefängnis wieder (Nicholls 1985: S. 225 f.).

Doch hatte diese zeitweise Lockerung der Repressionspolitik einen unumkehrbaren Prozeß in Gang gebracht, der schließlich zum Ende der Duvalier-Dynastie führen sollte. Bauern und Arbeiter, Jugendliche und Bewohner von Elendsvierteln radikalisierten ihre Protestbewegungen; kirchliche Basisgemeinden schlossen sich an. Gefordert wurden nicht nur politische Reformen und eine Liberalisierung des Systems; auch soziale Mißstände sollten endlich ernsthaft korrigiert werden. Vergeblich versuchte die Regierung, die anschwellende Protestbewegung in den Griff zu bekommen. 1980 heiratete der Präsident die Mulattin Michèle Bennett und provozierte damit weitere Unzufriedenheit in den Reihen der schwarzen Mittelschicht. Diese wurde noch verstärkt, als der Vater der Braut in der Folgezeit wirtschaftlich stark von seinen Beziehungen zum Präsidenten profitierte. Während also Duvalier einerseits die alten Verbündeten vor den Kopf stieß, gelang es ihm andererseits nicht, durch seine Heirat mehr Unterstützung seitens der traditionellen mulattischen Oberschicht zu erhalten. Diese sah nämlich die Bennetts als eine Aufsteigerfamilie an und warf ihnen vor, nur über Drogenschmuggel zu Wohlstand gekommen zu sein. Die lukrativen Wirtschaftsgeschäfte wurden nahezu ausschließlich von Monopolisten und Spekulanten kontrolliert, denen der Zugang zu diesen Pfründen durch ihre Beziehungen zum Duvalier-Clan ermöglicht wurde. Dieser erkaufte sich die Loyalität der Armee-Offiziere und korrupter Verwaltungsbeamter, indem er sie schamlos Schmuggelgeschäfte durchführen ließ.

Verstärkt wurden die Schwierigkeiten Duvaliers dadurch, daß Haitis Wirtschaft in den folgenden Jahren großen Turbulenzen ausgesetzt war. Die allgemein schwierige Weltwirtschaftslage wirkte sich in Form niedriger Preise auf die haitianischen Exportprodukte aus. Hinzu kam eine Seuche, die in den Jahren 1982 und 1983 praktisch den gesamten Bestand an Schweinen dahinraffte. Die Auslandsschuld stieg zwischen 1980 und 1985 von 320 auf 690 Millionen Dollar, und trotz eines hohen Haushaltsdefizits wurden Mulattenfamilien, die dem Präsidenten nahestanden – darunter unvermeidlicherweise wieder die Bennetts –, von der Steuerpflicht befreit.

Inzwischen begann auch eine neue politische Kraft, die seit den späten siebziger Jahren an Selbstbewußtsein gewonnen hatte, Breitenwirkung zu entfalten. Viele Priester wandten sich der *Theologie der Befreiung* zu und leiteten fortan aus der Bibel Forderungen nach sozialem und politischem Wandel zugunsten der Ärmsten des Landes ab. Dies geschah nicht nur bei einigen basisnahen Priestern, sondern erfaßte weite Teile der Kirchenhierarchie, sowohl auf seiten der Katholiken wie bei Anglikanern, Methodisten und Baptisten. Verstärkt wurde dieser Trend durch den Besuch Papst Johannes Pauls II. im März 1983 auf Haiti. Ohne explizit das Duvalier-Regime anzugreifen, machte er mit seinem *Il faut que les choses changent* (»Wandel ist nötig«) doch deutlich, daß er die Bestrebungen der kritischen Priester guthieß (Weinstein/Segal: S. 45; Antonin: S. 77-79).

Bald nach dem Papstbesuch zeigten sich auch die ersten Anzeichen eines aufkommenden Massenprotests. Im November 1985 kam es infolge zunehmender Versorgungsschwierigkeiten zu Demonstrationen. Bei einer der Demonstrationen wurden in Gonaïves drei Schüler von Polizisten und Tontons Macoutes erschossen. Daraufhin wurde das ganze Land von Protestwellen gegen das Regime ergriffen. Duvalier versuchte noch über Zugeständnisse die Massen zu besänftigen, doch wendete sich das Blatt endgültig, als er die Rückendeckung der USA verlor. Die Reagan-Administration hatte eingesehen, daß die Proteste nicht kommunistisch motiviert waren und Duvalier nicht mehr zu halten war. Nachdem sich Frankreich bereit erklärt hatte, Duvalier aufzunehmen, verließ dieser mit seiner Familie am 7. Februar 1986 an Bord einer US-Maschine Haiti.

4. Der schwierige Weg in die Demokratie

Nach der Flucht der Duvaliers begann eine lange Übergangsperiode in die Demokratie, die erst mit den Wahlen von 1991 und endgültig mit der Wiedereinsetzung von Präsident Aristide in sein Amt im Herbst 1994 endete. Daß dieser Prozeß so langwierig und schwierig war, hängt zum einen mit dem Fortbestand autoritärer Strukturen der Duvalier-Diktatur, zum anderen mit der Schwäche der haitianischen Zivilgesellschaft – etwa dem Fehlen breiter Volksparteien oder starker Gewerkschaften – zusammen (Nicolas: S. 21-23). Zuerst bildete sich unter Führung von General Henri Namphy eine Übergangsregierung, die sich den Namen *Conseil National de Gouvernement* (CNG) gab. Diese bestand aus sechs Mitgliedern, vier Militärangehörigen und zwei Zivilisten. Gérard Gourgue, einer der beiden Zivilisten, war Anwalt und Menschenrechtler. Er stand im CNG fünf Duvalieristen gegenüber. Der CNG löste zwar das Duvalier-treue Parlament auf und setzte die Duvaliersche Verfassung außer Kraft, doch zeigte er wenig Interesse, die Menschenrechtsverstöße der Duvalier-Regierungen zu ahnden. Nicht zuletzt deswegen kam es von seiten der aufgebrachten Bevölkerung immer wieder zu Übergriffen auf ehemalige Tontons. Am 23. März verließ Gérard Gourgue unter Protest den CNG, da dieser die Demokratisierung des Landes nicht vorantrieb (Gewecke 1991: S. 138f.).

Am 19. Oktober 1986 – ein knappes dreiviertel Jahr nach der Flucht *Baby Docs* – fanden Wahlen zu einer Verfassunggebenden Versammlung statt. Da diese von Gewalttaten begleitet und von Teilen der demokratischen Opposition boykottiert wurden, betrug die Wahlbeteiligung weniger als fünf Prozent. Dennoch wies der von dieser Versammlung im März 1987 präsentierte Verfassungsentwurf grundlegende und für Haiti fast revolutionäre Neuerungen auf. Deshalb wurde er von einem breiten Spektrum gesellschaftlicher Kräfte begrüßt und fand bei dem am 29. März stattfindenden Referendum auch in der Bevölkerung eine überwältigende Zustimmung.

Die neue Verfassung sah ein Regierungssystem vor, bei dem ein vom Präsident ernannter, aber vom Parlament getragener Premierminister als Gegenpol zum Präsidenten fungieren sollte. Desweiteren wurde dem *créole* als nunmehr offizieller Landessprache der gleiche Status wie dem Französischen verliehen und eine Abkoppelung der Polizeifunktionen von der Armee festgelegt. Schließlich sollten Aktivisten des Duvalier-Regimes für die Dauer von zehn Jahren von öffentlichen Ämtern ausgeschlossen werden. Eine unabhängige Wahlbehörde, der *Conseil Électoral Provisoire (CEP)*, legte im Juni 1987 ein Wahlgesetz vor und setzte für den 29. November Wahlen an. Die hohe Anzahl von 27 Präsidentschaftskandidaten versprach Pluralismus und Meinungsvielfalt. So wurde es auch als ein hoffnungsvolles Zeichen für den Ablauf der Wahl gewertet, daß sich ein Großteil der wahlberechtigten Bevölkerung in die Wählerregister eintrug. Doch wurden diese Bemühungen von verschiedenen Gruppen, allen voran ehemaligen Tonton Macoutes, dem CNG und der Armee hintertrieben. Das Land wurde von politisch motivierten Gewalttaten erschüttert, denen auch zwei gemäßigte Präsidentschaftskandidaten zum Opfer fielen. Die Armee unternahm keine Anstrengungen, um den sicheren Verlauf der Wahl zu gewährleisten. Nachdem dann in den Morgenstunden des Wahltags ehemalige Tonton Macoutes ein Wahllokal überfielen und 30 Menschen erschossen, entschloß sich die Wahlbehörde, die Wahl abzubrechen (Gallé 1991: S. 100f.).

Der Nationale Regierungsrat schob der Wahlbehörde die Schuld für das Scheitern der Wahlen zu und übernahm selbst die Durchführung neuer Wahlen am 17. Januar 1988. Diese wurden von den wichtigsten oppositionellen Kräften boykottiert und konnten deswegen auch nur eine Wahlbeteiligung von weniger als zehn Prozent verzeichnen. Präsident wurde, mit Hilfe offensichtlicher Wahlmanipulation, Leslie Manigat, der am 7. Februar sein Amt antrat. Manigat, ein nach dem Sturz Duvaliers aus dem Exil zurückgekehrter Universitätsprofessor, mußte jedoch bald feststellen, daß ihm Armee und Duvalieristen nur die Rolle eines Marionettenpräsidenten zugedacht hatten. Seine Versuche, Schmuggel und Korruption zu bekämpfen, scheiterten am Widerstand der Teile des Militärs, für die diese Machenschaften eine bedeutende Einnahmequelle darstellten. Als Manigat sich dann anschickte, die Armeespitze umzubesetzen, putschte ihn das Militär am 19. Juni kurzerhand aus dem Amt; General Namphy wurde neuer Präsident (Gallé 1991: S. 101f.).

Die Rolle der Armee war im Übergangsprozeß ambivalent: In Zusammenhang mit dem Sturz Jean-Claude Duvaliers kam es zu Verbrüderungsszenen zwischen Demonstranten und Militärs, die ja im Duvalier-Regime gegenüber den Tontons Macoutes systematisch zurückgesetzt worden waren. Jetzt gab sich die Armee als Retter des Vaterlandes aus und setzte sich für die Demokratisierung der Institutionen ein. Sehr bald versuchte sie aber, die demokratische Protestbewegung zu kanalisieren. Letztlich ging es ihr vor allem darum, den eigenen Spielraum zu erweitern und entscheidenden Einfluß im entstehenden nach-duvalieristischen System auszuüben. Hierzu verbündeten sich Armeeangehörige immer häufiger mit untergetauchten, bald aber wieder an die Öffentlichkeit tretenden Duvalieristen. Sehr schnell stellte sich das Militär, das zuvor nur verdeckt über den Nationalen Regierungsrat in Erscheinung getreten war, ganz offen den demokratischen Reformkräften entgegen und demonstrierte seinen eigenen Machtanspruch. Das Machtvakuum, das der Wegfall der offiziellen Organisation der Tonton Macoutes nach dem Sturz Jean-Claude Duvaliers erzeugt hatte, schien von den Streitkräften gefüllt worden zu sein. Da es keine eigenständige haitianische Polizei gab (die einzigen regulären Polizeitruppen befanden sich in Port-au-Prince, waren aber eine Untereinheit der Armee), kam der Armee automatisch die Funktion der Aufrechterhaltung der öffentlichen Ordnung zu. Eine Ausbildung zur Durchführung dieser Tätigkeit erhielten die Soldaten, die zumeist Analphabeten waren, jedoch nicht: Genausowenig, wie sie die Grundregeln der Verbrechensverfolgung und -aufklärung lernten, stand die Auflösung einer Demonstration ohne Einsatz von Gewalt auf dem Ausbildungsplan. Angesichts der höchst ineffizienten und weitgehend korrupten Justiz gab es außer dem Protest der Massen keine Institution, die die Macht des Militärs kontrollieren konnte (Lawyers Committee for Human Rights: S. 42 ff.).

Die Streitkräfte waren in jeder der 515 Sektionen, der kleinsten haitianischen Verwaltungseinheit, durch einen Sektionschef vertreten. Auf dem Land hatte der Sektionschef in seinem jeweiligen Gebiet praktisch unbegrenzte Macht, um mittels Korruption seine persönlichen Interessen zu verfolgen. Die Sektionschefs hatten sich ihre Posten normalerweise gekauft. Da die Dauer, die sie ihre Posten innehatten, wiederum allein von der Willkür ihrer Vorgesetzten abhing, mußten sie zusehen, daß sich ihre Investition rasch amortisierte. Dies geschah zum einen durch das Einstellen von Mitarbeitern, sogenannter *attachés*, zum anderen durch das direkte Auspressen der Bevölkerung. Die *attachés*, deren Organisation in jedem Sektor unterschiedlich strukturiert war und deren Zahl in den letzten Jahren in einigen Sektionen auf mehr als 500 angestiegen war, bezahlten den Sektionschef für ihre Einstellung, erhielten kein Gehalt und preßten deshalb ebenfalls die Bevölkerung aus. Sie verhängten Strafen, nahmen willkürlich Beschlagnahmungen und Verhaftungen vor und ließen Gefangene erst wieder nach Bezahlung einer bestimmten Summe frei (Lawyers Committee for Human Rights: S. 42 ff.).

Die Militärregierung unter General Namphy hatte nur kurzen Bestand. Unter ihm wuchs der Terror gegen oppositionelle Kräfte enorm an. Ihren Höhepunkt fanden die Übergriffe im Mord am prominenten Menschenrechtler Lafontant Joseph und in einem Überfall auf eine Kirche, in der Pater Jean-Bertrand Aristide gerade einen Gottesdienst abhielt; fünf Menschen wurden getötet. Am 17. September 1988 wurde Namphy dann von Generalleutnant Prosper Avril gewaltsam aus dem Amt gedrängt. Der Putsch von Avril war durch eine Gruppe von Unteroffizieren gestützt worden, die als gemäßigt galten und denen Offenheit für demokratische Veränderungen nachgesagt wurde. Die Armeespitze wurde umbesetzt und der gemäßigte General Hérard Abraham zum Oberbefehlshaber ernannt. In Gesprächen mit den oppositionellen Parteien wurde als Termin für Parlamentswahlen der November 1990 festgelegt (Gallé 1991: S. 101 f.). Der Putsch gegen Namphy stellte etwas Neues dar: Er ließ deutlich werden, daß der Konsens in der Armee zerbrochen war. Außerdem wurde nicht nur die Staatsspitze ausgewechselt, sondern darüber hinaus wurden viele duvalieristische Militärkommandanten und Verwaltungsbeamte abgesetzt. Die »Bewegung der Soldaten« vertrat damit Programmpunke und Forderungen, die denen der zivilen demokratischen Kräfte entsprachen (Nicolas: S. 30).

Jedoch zeigte sich bald, daß auch General Avril – der im übrigen persönlicher Schatzmeister von *Baby Doc* und Chef der Präsidentengarde gewesen war – den Demokratisierungsprozeß nicht vorantrieb und Oppositionelle weiterhin Verfolgungen ausgesetzt waren. Anfang 1990 wurde sogar der Ausnahmezustand verhängt, und die Zahl der Verhaftungen und Folterungen stieg rapide an. Nach Massendemonstrationen setzte Armee-Oberbefehlshaber

Abraham Präsident Avril am 10. März ab. Als provisorische Nachfolgerin wurde die ehemalige Verfassungsrichterin Ertha Pascal-Trouillot eingesetzt, der ein aus Vetretern verschiedener gesellschaftlicher Organisationen gebildeter *Conseil d'Etat* zugeordnet war. Die Organisation der Wahlen bereitete ziemliche Schwierigkeiten. Zum einen kam der Verdacht auf, Pascal-Trouillot stehe unter dem Einfluß von duvalieristischen Kräften, zum anderen bereitete die praktische Vorbereitung Probleme. Doch mit ausländischen Helfern, Wahlbeobachtern sowie logistischer und finanzieller Unterstützung wurden diese Probleme schließlich weitgehend beseitigt (Gallé 1991: S. 103).

Bis Mitte Oktober 1990 waren die aussichtsreichsten Kandidaten gemäßigte Oppositionspolitiker wie Marc Louis Bazin oder Eugène Gregoire. Doch verschärften sich die politischen Auseinandersetzungen, als am 14. Oktober eine Duvalieristische Partei gegründet wurde, die Roger Lafontant, der unter Duvalier Innenminister gewesen war, als Präsidentschaftskandidaten aufstellte. Als Reaktion darauf nominierte die Linke Jean-Bertrand Aristide als Kandidaten. Zwar wurde Lafontant aus formalen Gründen nicht zur Wahl zugelassen, doch ließ man entgegen der Verfassungsbestimmung, die Duvalier-Aktivisten für zehn Jahre von allen Ämtern ausschloß, den moderaten Duvalieristen Volvick Rémy Joseph zur Wahl zu. In den Meinungsumfragen lag Aristide allerdings weit vorn, was sich auch nach einem Anschlag auf eine Wahlveranstaltung seiner Partei einige Tage vor dem Wahltag nicht änderte, dem mehrere seiner Anhänger zum Opfer fielen. Der Name von Aristides politischer Bewegung *Lavalas* (»Flut« oder »Erdrutsch«) wurde zum Synomym für die Begeisterung, die Aristide bei großen Schichten der Bevölkerung entfachte. Bei der Wahl am 16. Dezember erhielt Aristide 65,7 Prozent der Stimmen und erreichte damit gleich im ersten Wahlgang die erforderliche absolute Mehrheit der Stimmen. Sein Hauptkonkurrent Bazin, ein hoher Beamter der Weltbank und Wunschkandidat der USA, konnte nur 12,2 Prozent der Stimmen auf sich vereinigen (Gallé 1991: S. 104-106).

Wer war dieser charismatische, linke Politiker Jean-Bertrand Aristide, der den Ärmsten der Armen Haitis wie ein neuer Messias erschien? Er war am 15. Juli 1953 als Kind armer Bauern geboren worden. Nach dem Studium der katholischen Theologie und der Psychologie wurde er Pfarrer der Gemeinde Saint-Jean-Bosco, wo er mit seinen radikalen befreiungstheologischen Forderungen bald die Gläubigen in seinen Bann zog, gleichzeitig aber auch konservative Kreise in Alarmbereitschaft versetzte. 1988 wurde er wegen seines zunehmend politischen Engagements aus dem Salesianerorden ausgeschlossen (Delince 1993: S. 298). Unter den Militärregierungen wurde er wiederholt zum Ziel von Mordanschlägen, seine Kirche wurde niedergebrannt, viele seiner Gemeindemitglieder wurden ermordet. Daraufhin stellten seine Anhänger »Leibwächterbrigaden« zusammen, die ihn ständig bewachten und schützten.

Aristides Massenbewegung *Lavalas* setzte sich aus einer Vielzahl unterschiedlicher Basisgruppen zusammen, die sich in den Jahren der wachsenden Unzufriedenheit mit Jean-Claude Duvalier oder kurz danach gebildet hatten. Diese verschiedenen Gruppen hatten nicht nur den Sturz *Baby Docs* mitgetragen, sondern sich auch unablässig den Versuchen des Militärs, nach 1986 die Macht an sich zu reißen, widersetzt.

Der Schlüsselbegriff von Aristides Bewegung war *dechoukaj*, was soviel wie »ausreißen« oder »entwurzeln«, im übertragenen Sinne aber auch »ausmerzen« bedeutet. *Dechoukaj* drückte den Willen der breiten Masse der Bevölkerung aus, den Duvalieristen, deren Nachfolgern in den Reihen der Armee und der Oberschicht ihre Macht zu entreißen und das eigene Schicksal selbst stärker in die Hand zu nehmen. Unter diesen oppositionellen Basisgruppen sind die christlichen Basisgemeinden, die Bauerngruppen, die Nachbarschaftskomitees, die Studentenbewegung und die Gewerkschaften besonders hervorzuheben (Aristide/Richardson: S. 64ff.).

Die sicherlich bedeutendste Oppositionsbewegung war die *ti legliz*, die »kleine Kirche«. Seit Mitte der siebziger Jahre war sie zum Sammelbecken verschiedener gesellschaftlicher Kräfte geworden, die unter dem Schutz der Kirche Reformen anstrebten. Der kirchlich betriebene Radiosender *Radyo Solèy* diente als Sprachrohr verschiedenster Oppositionsgruppen. Nach dem Sturz Jean-Claude Duvaliers verfestigten sich die institutionellen Strukturen der Basisgemeinden durch einen landesweiten, überkonfessionellen Zusammenschluß. Die Basisgemeinden hatten in der Spätphase des Duvalierismus den Protest in die Institution Kirche hineingetragen. Die Radikalität des Massenprotestes hatte in der Umbruchphase dazu geführt, daß die Amtskirche zurückschreckte, sich immer mehr für die Verteidigung des Status quo stark machte und schließlich sogar für die (Neo-)Duvalieristen Partei ergriff.

Die Bauernbewegung hatte ihre Wurzeln in den Ende der sechziger Jahre entstandenen landwirtschaftlichen Kooperativen, den sogenannten *gwoupman*. Die politischen Ziele dieser Gruppen waren die Abschaffung der Institution der Sektionschefs, Agrar- und Steuerreformen und eine Aufwertung des *créole*. Schon 1986 traten diese Gruppen weithin sichtbar mit Demonstrationsmärschen und Landbesetzungen in Erscheinung. Die bedeutendste dieser Bewegungen, das *Mouvement des Paysans de Papaye* (MPP), zählte 1991 rund 100000 Mitglieder (Aristide/Richardson: S. 66). Die ausgeprägte Bereitschaft der Bauern, sich dergestalt zu organisieren, ist auch mit der Härte zu erklären, mit der auf Haiti Auseinandersetzungen um Landrechte geführt werden: Bei einem Massaker in Jean Rabel, im Nordwesten Haitis, wurden im Juli 1987 bei einem solchen Disput im Auftrag von Großgrundbesitzern mehr als 200 Kleinbauern ermordet (Kuhlmann: S. 628).

Das städtische Gegenstück zu der Bauernbewegung waren die Nachbarschaftskomitees. Diese Komitees entstanden vor allem in den Slums und forderten unter anderem Anschluß an das Wasserleitungs- und Stromnetz. Entscheidend für das Aufkommen dieser Gruppen war auch die Notwendigkeit, sich gegen politisch motivierte oder willkürliche Übergriffe durch Tonton Macoutes und das Militär, aber auch gegen alle anderen Arten von Verbrechen schützen zu müssen. Dazu wurden Barrikaden errichtet und Wachen an den Zugängen zu den Stadtvierteln postiert.

Die Studenten und Schüler, die seit der Zeit der US-Besatzung immer wieder politisch in Erscheinung getreten waren, hatten unter *Papa Doc* völlig an Bedeutung verloren. Nach dem Fall Jean-Claude Duvaliers organisierten sie sich aber wieder landesweit. Ihr Forderungskatalog umfaßte kostenlose Volksbildung und die Entfernung von Duvalieristen aus den Bildungseinrichtungen. Die Gewerkschaftsbewegung war zweigeteilt. Die Arbeit der einen Gruppe, die unter anderem aus dem Gewerkschaftsverband FOS (*Fédération d'Ouvriers Syndiqués*) bestand, war schon unter Duvalier toleriert worden; sie wurde in den Jahren nach Baby Docs Sturz mit Geldern der US-Stiftung *National Endowment for Democracy* unterstützt. Die zweite Richtung hingegen, die *Cen-*

trale des Travailleurs Haitiens (CTH), deren Vorläuferorganisationen bis 1986 aus dem Untergrund heraus operieren mußten, ist sowohl in ihren Forderungen als auch in ihrer Unterstützung für Aristide militanter (Aristide/Richardson: S. 69 ff.).

Noch bevor Aristide sein Amt antreten konnte, versuchte am 6. Januar 1991 Roger Lafontant mit einem Putsch die Macht an sich zu reißen. Die Armee schlug jedoch unter der Führung Abrahams den Putsch nach nur einem Tag nieder. In den nächsten Tagen kam es zu schweren Plünderungen und Verwüstungen in Port-au-Prince, die nach dem Eingreifen der Polizei 200 Tote forderten (Pfennig: S. 280).

Am 7. Februar 1991 konnte Aristide schließlich sein Amt unbehelligt antreten. Um den Premierminister René Preval bildete er eine Regierung, die aus seinen persönlichen Vertrauten bestand. Die meisten dieser Minister und Mitarbeiter waren politisch unerfahren und dem radikalen Flügel der *Lavalas*-Bewegung zuzurechnen. Aristide hatte in keiner der beiden Kammern eine absolute Mehrheit; deshalb hielt er sich bei dem Bemühen, schnell Änderungen in dem geschundenen Land zu bewirken, oft nicht an die vorgesehenen konstitutionellen Prozeduren und entschied am Parlament vorbei. Dabei stützte sich *Titid*, wie er von seinen Anhängern liebevoll genannt wird, auf seine Popularität in der breiten Masse der Bevölkerung. Der »institutionalisierte Volkszorn« der *Lavalas*-Bewegung bildete so ein Gegengewicht zur Armee (Pfennig: S. 279). Aristide nährte auch – vor allem durch sein angebliches Gutheißen der Lynchmorde an ehemaligen Tonton Macoutes – Zweifel an seinem Demokratieverständnis. Diese Lynchmorde erfolgten mittels brennender Reifen, sogenannter *Père Lebruns*, die den Duvalier-Aktivisten um den Hals gelegt wurden. (Der Name geht auf die Reifenhandlung *Lebrun* in Port-au-Prince zurück, die lange Zeit eine Fernsehwerbung geschaltet hatte, bei der ein Reifen wie ein Heiligenschein über dem Kopf einer Werbefigur schwebte, um dann abrupt zu fallen und sich um den Hals der erstaunten Figur zu legen.) Aristide schien auch deswegen nicht gegen diese Form der Lynchjustiz vorzugehen, weil sich die neue Regierung außerstande sah, die Tonton Macoutes und ihr Netzwerk der Macht auf andere Weise in den Griff zu bekommen (Pfennig: S. 282).

Das Ausland, allen voran die USA, die Aristide immer nur als »das kalte Land im Norden« bezeichnete, war mißtrauisch und hielt sich mit der Bereitstellung von Hilfsgeldern deutlich zurück. Aristide konnte aber auch kein in sich stimmiges Wirtschaftsprogramm vorlegen. Im Gegensatz zu Bazin – der sich, nachdem er im Wahlkampf ein hartes Liberalisierungsprogramm für die Wirtschaft gefordert hatte, ausländischer Unterstützung sicher sein konnte – gingen Aristides wirtschaftliche Vorstellungen eher in Richtung auf eine sozial- und binnenorientierte Politik wirtschaftlicher Autarkie. Der Mindestlohn wurde um mehr als 50 Prozent auf gut sieben Dollar pro Tag angehoben, und Preissenkungen wurden erzwungen, so daß es zu einer prekären Verknappung des Warenangebots kam. Jedoch ist es schwierig, die politischen Maßnahmen zu beurteilen, weil das Parlament praktisch alle Gesetzesinitiativen blockierte. Die größten Widerstände rief Aristides Versuch hervor, die Sektionschefs abzuschaffen (Pfennig: S. 279-283).

Auch die Beziehungen zur Dominikanischen Republik verschärften die Lage. Aristide hatte den Nachbarstaat angeklagt, Duvalieristen Unterschlupf zu gewähren und haitianische Zuckerrohrschneider wie Sklaven zu behandeln. Als daraufhin die Dominikanische Republik begann, 20000-30000 haitianische Wanderarbeiter auszuweisen, war die Regierung Aristide bald mit deren Versorgung und Re-Integration überfordert. Es ist anzunehmen, daß die Dominikanische Republik dies bewußt tat, um die Stellung des Populisten Aristide, dem sie nicht wohlgesonnen war, zu destabilisieren (Fauntroy: S. 37). Anfang September 1991 wurde Aristide außerdem von seinen eigenen Anhängern unter Druck gesetzt und in Massendemonstrationen beschuldigt, die Interessen der Armen zugunsten der Reichen verraten zu haben.

Nachdem schon einige Tage Gerüchte über einen bevorstehenden Staatsstreich in der Hauptstadt kursierten, putschte am 30. September das Militär, das seit dem kurz zuvor erfolgten unerwarteten Rücktritt von General Abraham nun von Brigadegeneral Raoul Cédras geführt wurde. Nur mit Mühe konnte Aristide seine nackte Haut retten und sich nach Venezuela absetzen. Pro forma ernannten die Militärs Joseph Nérette, einen Richter des Kassationshofes, zum provisorischen Präsidenten, und den Vorsitzenden einer »Menschenrechtsorganisation«, Jean-Jacques Honorat, zum Premierminister. Dieser »Regierung« wurde aber sehr schnell jegliche internationale Anerkennung abgesprochen, nachdem es in den folgenden Wochen zu massivem staatlichen Terror kam, der nach Angaben der *Organisation Amerikanischer Staaten* (OAS) bis Dezember 1 500 Menschen das Leben kostete. Noch vor Jahresende flüchteten über 5 000 Haitianer in die USA und nach Kuba (Pfennig: S. 282).

Von den ausländischen Reaktionen auf den Putsch war naturgemäß die US-amerikanische diejenige, die mit der größten Spannung erwartet wurde. Zum einen konnten die USA noch am ehesten auf das Cédras-Regime Druck ausüben, zum anderen hatte kein anderes Land so starke wirtschaftliche und politische Interessen auf Haiti wie die USA. Zwei Tage nach dem Putsch kamen Vertreter der OAS in Washington zusammen. US-Außenminister James A. Baker beschwor den Willen der Vereinigten Staaten, gemeinsam mit den anderen Ländern der OAS die rechtmäßige Regierung Aristide zu verteidigen. Auch Präsident George Bush bestätigte, daß Aristide sein Amt zurückerhalten müsse. Doch diese rhetorische Entschlossenheit, die die USA demonstrierten, änderte sich nach nur wenigen Tagen. Immer öfter verwandten die USA die vage Formel einer »Rückkehr zur Demokratie« und wiesen der Aristide-Regierung wegen ihres »mangelnden demokratischen Verhaltens« indirekt eine Mitschuld am Putsch zu. Als Beweis wurde ein Katalog mit angeblich von Aristide begangenen Menschenrechtsverletzungen angeführt, der von der Organisation Jean-Jacques Honorats aufgestellt worden war (Ives: S. 87-89).

Bald wurde deutlich, daß die eigentlichen Drahtzieher hinter dem Coup gegen Aristide Mulatten der Oberschicht gewesen waren. Diese Wirtschaftselite gehörte zu den entschiedensten Gegnern jeglicher Veränderung, damit also auch der Reformvorstellungen Aristides. Haitis Wirtschaft wird bis heute von einigen wenigen reichen Familien dominiert, die praktisch ausnahmslos mulattisch sind und von polnischen, französischen, deutschen, syrischen und libanesischen Einwanderern abstammen. Über ihre engen Kontakte zur politischen Führung haben sie sich lukrative Monopole gesichert und sind in Positionen gelangt, die selbst François Duvalier nie grundsätzlich in Frage stellen konnte. Diese wirtschaftliche Elite stellt in keiner Weise eine dynamische Unternehmergruppe dar, sondern beharrt auf Bestehendem, scheut Risiko und Veränderung und verteidigt ohne jegliche strategische Weitsicht (und ohne Steuern zu bezahlen) ihren parasitär erlangten Besitzstand. Einige dieser im hauptstädtischen Luxusvorort Pétionville residierenden Oberschichtfamilien sind besonders hervorzuheben: Brandt, Mevs, Accra, Bigio, Behrmann und Madsen (Fauntroy: S. 36; Ridgeway: S. 30f.).

Die Brandts, die ihren Aufstieg unter den Präsidenten Magloire und Lescot schafften, haben ein weit diversifiziertes Unternehmensimperium. Mit der Speiseölproduktion, einem mit 15 Millionen Dollar von der *International Finance Corporation* finanzierten Geflügelzuchtprojekt, Plantagen, der Bank *L'Union Haitienne* und angeblich auch Drogenhandel sind sie die wohl reichste Familie Haitis. Die Mevs sind die zweite prominente Familie dieser Gruppe; sie sind traditionellerweise mit den Brandts verfeindet. Sie haben das Monopol auf Import und Verarbeitung von Zucker und beherrschen die Produktion von Schuhen und verschiedenen Kunststofferzeugnissen; desweiteren sind sie auch in der Montageproduktion für den Export tätig, wo sie beispielsweise *Baseballs* produzieren lassen.

Die Accras haben das Monopol für die auf den Binnenmarkt ausgerichtete Textilproduktion. Vor allem das Exklusivrecht zur Herstellung von Schuluniformen sichert dieser Familie ein glänzendes Auskommen. Desweiteren beliefert sie die Armee mit Uniformen und Lebensmitteln; sie ist auch in der Landwirtschaft tätig. Die Bigios, eine der wenigen jüdischen Familien auf Haiti, betreiben das einzige Stahlwerk des Landes, das, wenn es voll ausgelastet wäre, rund 50 Prozent des in Port-au-Prince verfügbaren Stroms verbrauchen würde. Außerdem beherrschen sie den gesamten Markt für Baumaterialien. Die Konzession zum Alleinimport von Autos und Lastwagen ist in den Händen der Behrmanns; die Madsens kontrollieren das Brauen von Bier, außerdem sind sie im Kaffeehandel tätig.

Ridgeway beschuldigt die Brandts in seiner Untersuchung über die Hintergründe des Putsches, die Hauptdrahtzieher und -financiers des Coups gegen Aristide gewesen zu sein. Ebenso nennt er aber auch die Mevs, denen er vorwirft, nach Duvaliers Sturz die verschiedenen Terrorregime unterstützt zu haben. Jedoch gesteht er dieser Familie auch eine gewisse Einsicht in die Unumgänglichkeit politischer Veränderungen unter (zumindest oberflächlicher) Einbeziehung der Masse der Armen zu (Ridgeway: S. 30, 32).

Auch nach dem Putsch wirkten diese Familien weiter auf die politische Zukunft Aristides ein, diesmal durch ihr Lobbying in Washington. Neben einer gezielten Beeinflussung der Medien im Sinne einer Anti-Aristide-Haltung war ihnen daran gelegen, die

Graffito in Port-au-Prince, 1993; Foto: dpa

Entscheidungsträger in Washington davon zu überzeugen, sich mit dem Cédras-Regime zu arrangieren. McCandless, ein neben anderen von den Brandts engagierter US-Anwalt, ging bei seinem Lobbying so weit zu fordern, daß Aristide in Haiti vor einen parlamentarischen Untersuchungsausschuß gestellt werden müsse. Der Prozeß gegen ihn müsse von CNN übertragen werden, damit die Welt wisse, wie gefährlich Aristide sei (Ridgeway: S. 29).

Die Vereinten Nationen und die OAS verhängten gegen Haiti ein Handelsembargo, das aber immer wieder, besonders auf dem Landweg über die Dominikanische Republik, umgangen wurde (Ives: S. 87-89). Aristide, der sich inzwischen in Washington niedergelassen hatte, war für dieses Embargo eingetreten. Er zögerte noch vor den Alternativen, entweder eine US-Intervention zu fordern oder seine Anhänger zu einer gewaltsamen Revolution in Haiti aufzurufen. Ende Dezember 1992 kam es zu einem Vermittlungsversuch der OAS, bei dem Aristide das Zugeständnis machte, seinen Premierminister fallenzulassen; dafür stimmte er der Ernennung von René Theodore, einem gemäßigten Gegner, zum Premierminister mit aufgewerteter Machtposition neben sich zu. Anfang Februar 1993 wurde seitens der USA das Handelsembargo dahingehend modifiziert, daß US-Firmen der Montageproduktion Teile im- und exportieren konnten.

Im Februar 1992 schlug – trotz des weitgehenden Entgegenkommens von Aristide – ein Vermittlungsversuch zur Rückkehr des rechtmäßigen Präsidenten aufgrund der Starrhalsigkeit der Hardliner unter den Duvalieristen und Militärs fehl. Vielmehr ergriff jetzt die Armee selbst die Initiative. Sie installierte Marc Bazin als neuen Premierminister und warb so bei den USA und vor der Weltöffentlichkeit um eine Anerkennung des Regimes. Ein nicht zu unterschätzendes Motiv für diese diplomatischen Geplänkel war auch die Überlegung, daß die offizielle Amtszeit Aristides nur fünf Jahre betrug. Laut Verfassung darf sich ein Präsident nicht direkt im Anschluß an seine Amtszeit zur Wiederwahl stellen. So spielten die Militärs um Cédras auf Zeit und hofften, daß sich das Problem Aristide von selber lösen würde.

Die Reaktion der *Lavalas*-Bewegung in Haiti war gespalten. Während die gemäßigten Kräfte einen Dialog mit Cédras forderten, wurde dieser von den radikaleren Gruppen abgelehnt. Anfang September 1992 kam es zu Verhandlungen zwischen Unterhändlern von Bazin und Aristide – mit dem Ergebnis, daß eine kleine OAS-Delegation zur Beobachtung der Menschenrechtssituation ins Land gelassen wurde. Als aber deutlich wurde, daß dadurch die persönliche Sicherheit der Haitianer nicht verbessert wurde, nahmen die Rufe nach einer militärischen Intervention zu. Zu diesem Zeitpunkt wurde eine Intervention von den radikaleren *Lavalas*-Kräften allerdings noch rundum abgelehnt. Eine einschneidende Änderung der US-Haltung bahnte sich Ende 1992 mit der Wahl des Demokraten Bill Clinton zum Präsidenten der Vereinigten Staaten ab. Clinton zeigte deutlich mehr Sympathie für Aristide als sein Vorgänger. Dies andererseits bewirkte bei Aristide, daß sich seine Bereitschaft, den Putschisten gegenüber in der Frage einer möglichen Amnestie-Regelung Zugeständnisse zu machen, erhöhte (Ives: S. 97).

Clintons Politik gegenüber Haiti erschien jedoch wegen seiner Haltung in der Flüchtlingsfrage zunächst wenig glaubhaft. Im Wahlkampf hatte Clinton versprochen, haitianische *boat-people* zeitweilig als politische Flüchtlinge aufzunehmen. Im Januar 1993 jedoch verkündete er, die Flüchtlingspolitik Bushs fortsetzen zu wollen. Kurz nach dem Putsch waren haitianische Flüchtlinge von der US-Küstenwache abgefangen und in *Guantánamo Base* auf Kuba untergebracht worden. Dort wurde in einem Vorabverfahren festgestellt, ob eine Aussicht auf Anerkennung als politisch

Verfolgte bestehe. In der Regel wurde dies nicht bescheinigt, so daß diesen Flüchtlingen von Anfang an die Einreise in die USA und ein ordentliches Asylverfahren verwehrt wurde. Im Mai 1992 wurde sodann dieses zweifelhafte Verfahren der Bush-Administration geändert: Fortan transportierte die *Coast Guard* alle von ihr aufgelesenen haitianischen Flüchtlinge wieder nach Haiti zurück. Die offizielle Begründung für dieses Vorgehen lautete, daß es auf Haiti keine Unterdrückung gebe. Tatsächlich brachten die USA zum damaligen Zeitpunkt nicht den politischen Willen auf, noch mehr als die ohnehin schon fast 40 000 Flüchtlinge zeitweilig in Guantánamo aufzunehmen (Canham-Clyne: S. 108ff.). Die in den USA weit verbreiteten Ressentiments gegenüber haitianischen Flüchtlingen hängen sicher auch mit dem von den US-Medien produzierten Haiti-Zerrbild zusammen. Überspitzt formuliert erscheinen Haitianer dort häufig auf das Stereotyp des HIV-positiven Voodoo-Fanatikers reduziert.

Cédras und Aristide kamen im Frühjahr 1993 zu einer Übereinkunft bezüglich der Rückkehr zur Demokratie. Nachdem das reine Handelsembargo keinen Erfolg hatte, war Cédras durch das Öl-Embargo, das Verbot von Waffenlieferungen und das Einfrieren der Konten in den USA kompromißbereiter geworden. Der unter Vermittlung der OAS ausgehandelte »Plan von Governor's Island« umfaßte als zentrale Punkte eine Amnestie für die Putschisten, den Rücktritt von Cédras, den Aufbau einer zivilen Polizei, die Ernennung eines Ministerpräsidenten durch Aristide und vor allem dessen Rückkehr in das Präsidentenamt.

Als Anfang September 1993 der von Aristide eingesetzte neue Ministerpräsident Robert Malval, ein gemäßigter Geschäftsmann und Publizist, die Amtsgeschäfte übernahm und kurz danach auch der demokratisch gewählte Bürgermeister der Hauptstadt, Evans Paul, wiedereingesetzt wurde, schien die Rückkehr zur Demokratie wie geplant gelingen zu können; daraufhin wurde das Wirtschaftsembargo aufgehoben; die USA kündigten eine Finanzhilfe an.

Fast zeitgleich mit Malval betrat eine »neue alte« Kraft die politische Bühne. Einige Duvalieristen kamen aus dem Exil zurück und gründeten mit alten Weggefährten die Partei *Front pour l'Avancement et le Progrès Haitien* (FRAPH). Diese Partei trat zum ersten Mal Anfang Oktober 1993 mit Demonstrationen in Erscheinung; sie forderte eine Berücksichtigung ihrer Mitglieder bei der Ämterbesetzung in Malvals Kabinett. So zwang sie am 7. Oktober der Hauptstadt und anderen Städten unter Anwendung von Gewalt einen Generalstreik auf und forderte den UNO- und OAS-Vermittler Dante Caputo zum Abzug aus Haiti auf. Die Armee begleitete die Aktionen des FRAPH und schützte sie. Die ehemals konkurrierenden Kräfte der Duvalieristen und des Militärs hatten sich somit in einer einheitlichen antidemokratischen Front zusammengefunden.

Die Friedensvereinbarung von »Governor's Island« hatte vorgesehen, daß 1600 UN-Soldaten (davon rund 600 US-amerikanische Ingenieure und Techniker) den Frieden im Land sichern und am Aufbau demokratischer Strukturen mitwirken sollten. Als am 11. Oktober 1993 der erste Teil dieser Truppe an Bord der *U.S.S Harlan County* im Hafen von Port-au-Prince einlief, wurde das Schiff von einigen hundert demonstrierenden FRAPH-Anhängern mit Drohgebärden empfangen. Daraufhin drehte es wieder ab, und die multinationale Mission fand, noch bevor sie richtig begonnen hatte, ein blamables Ende (Haitian Information Bureau: S. 53-55). (Dieses Debakel Clintonscher Außenpolitik fand im Oktober 1994 noch ein äußerst delikates Nachspiel: Damals mußte nämlich US-Außenminister Warren Christopher zähneknirschend zugeben, daß der Anführer des FRAPH, Emmanuel »Toto« Constant, zu jenem Zeitpunkt als Informant auf der Gehaltsliste des CIA stand.)

Im Herbst 1993 wurde immer offensichtlicher, daß Cédras die für Ende Oktober vorgesehene Rückkehr Aristides systematisch hintertrieb. Der Prozeß der Wiederherstellung demokratischer Verhältnisse machte deutliche Rückschritte: Premierminister Malvals Regierung wurde in vielfacher Weise terrorisiert, Justizminister Malary fiel einem Mordanschlag zum Opfer, die Büros der Zivilverwaltung wurden geplündert. Aufgrund dieser klaren Mißachtung des Friedensabkommens verhängte der UN-Sicherheitsrat abermals umfassende Wirtschaftssanktionen gegen den Inselstaat, die durch eine Seeblockade umgesetzt werden sollten. Die haitianische Bevölkerung reagierte mit Panikkäufen und Massenflucht aufs Land.

Am 15. Dezember trat Ministerpräsident Malval aus Resignation darüber, daß Cédras die von ihm angeregte Konferenz zur nationalen Versöhnung abgelehnt hatte, zurück. Daraufhin setzten die USA, Frankreich, Kanada und Venezuela am 22. Dezember

1993 Haiti ein Ultimatum, demzufolge die Militärs um Cédras bis spätestens 15. Januar 1994 zurücktreten und die Rückkehr Aristides ermöglichen sollten. Als das Ultimatum ohne eine Reaktion von Cédras verstrich, verschärften die vier Länder das Wirtschaftsembargo gegen Haiti weiter. Drei weitere Friedenspläne wies Aristide im Februar und März zurück, da die persönliche Sicherheit der Regierungsmitglieder nicht gewährleistet gewesen wäre.

Während die USA und die internationalen Organisationen unbeholfen versuchten, Haitis Militärjunta mit Drohungen und Wirtschaftssanktionen zur Aufgabe zu zwingen, drangen immer wieder detaillierte Berichte über brutale Aktionen von Angehörigen des FRAPH in den Elendsvierteln von Port-au-Prince an die Öffentlichkeit. Besonders in Cité Soleil, einer Aristide-Hochburg, kam es immer wieder zu Einschüchterungen und Morden. Der Menschenrechtskommission der OAS zufolge war die Anzahl der Opfer staatlichen oder parastaatlichen Terrors inzwischen auf gut 3000 gestiegen. Aristide übte heftige Kritik an der kategorischen Abweisung von haitianischen Bootsflüchtlingen durch die USA, die die Flüchtlinge nach der Abschiebung oft wieder zu Opfern des FRAPH werden ließ. Unterstützung erhielt Aristide in seiner Kritik von vielen in den USA lebenden Exil-Haitianern, schwarzen US-Kongreßabgeordneten und dem linken US-Demokraten und Bürgerrechtler Jesse Jackson. Anfang Mai versprach Clinton daraufhin, den Flüchtlingen noch auf See die Möglichkeit zu geben, den US-Einwanderungsbehörden ihr Anliegen vorzutragen und gegebenenfalls einen Asylantrag zu stellen.

Am 11. Mai setzten die Militärmachthaber als Antwort auf die angekündigte Verschärfung der UN-Sanktionen den 81jährigen Emile Jonassaint als provisorischen Präsidenten ein. Dieser erfuhr jedoch keine internationale Anerkennung. Am 23. Mai trat das von der UNO beschlossene umfassende Handelsembargo in Kraft, demzufolge sich die Liste der erlaubten Einfuhrprodukte im wesentlichen auf Grundnahrungsmittel und Medikamente reduzierte.

5. Zwischen prekärer Gegenwart und ungewisser Zukunft

Bis Mitte 1994 hatten die USA wiederholt ihr Bestreben unterstrichen, den Konflikt friedlich beizulegen und eine Militärinvasion zu vermeiden. Dabei gingen sie von der Hoffnung aus, daß die Wirtschaftssanktionen die Militärregierung in die Knie zwingen würden. Da jedoch der Schmuggel aus der Dominikanischen Republik, insbesondere der Benzinschmuggel, unvermindert anhielt, hatten diese Maßnahmen nicht den gewünschten Effekt. Im Gegenteil: Die Oberschicht und das korrupte Militär verdienten am Transport und Verkauf der Schmuggelwaren, die armen Teile der Bevölkerung dagegen litten unter den gestiegenen Preisen und den Versorgungsschwierigkeiten.

Aufgrund des Stillstands der Verhandlungen wurde die Möglichkeit einer militärischen Intervention immer mehr in Betracht gezogen. Der Konflikt verschärfte sich, als am 12. Juli 1994 Cédras die UN- und OAS-Beobachter aufforderte, Haiti binnen 48 Stunden zu verlassen. Der UN-Sicherheitsrat verurteilte diese Entscheidung aufs schärfste, da von nun an Menschenrechtsverletzungen völlig unbeobachtet vonstatten gehen konnten. Die USA ließen 13 Kriegsschiffe vor Haiti aufkreuzen. Sie nannten den 1. Oktober 1994 als endgültigen Termin für die Lösung des Konflikts. Auf Drängen der USA hin billige der UN-Sicherheitsrat am 31. Juli eine »multinationale Intervention« mit dem Ziel, die Putschisten aus ihren Ämtern zu entfernen und Sicherheit sowie Frieden auf Haiti zu gewährleisten.

Eine Woche später erhielt Präsident Clinton, nach harten Auseinandersetzungen mit konservativen Kräften, die die Invasion als nicht im Interesse der USA liegend erachteten, vom US-Kongreß freie Hand für die Intervention. Die Vorbereitung der Invasion erfolgte demonstrativ und erfuhr große Medienunterstützung. Diese diente sowohl dazu, die US-Bevölkerung, die die Pläne mit Skepsis verfolgte, von diesem Unternehmen zu überzeugen, als auch dazu, den haitianischen Machthabern die Entschlossenheit der USA zu demonstrieren. Als Antwort darauf wurde auf Haiti gleichfalls ein großes Säbelrasseln inszeniert: Soldaten und Anhänger des FRAPH demonstrierten vor laufenden Fernsehkameras ihre Bereitschaft zur Landesverteidigung und belegten die US-Amerikaner mit Voodoo-Flüchen.

Der Schlagabtausch der Drohgebärden fand mit den Ereignissen vom 17. September ein Ende. Im Auftrag Clintons traf überraschend Ex-Präsident Jimmy Carter zu Verhandlungen auf Haiti ein. Er überbrachte das Angebot, den Putschisten-Generälen Amnestie zu gewähren, falls diese bis zum 15. Oktober aus ihren Ämtern schieden. Nach zähen Verhandlungen und weitgehenden Zugeständnissen gegenüber den Generälen wurde dieses Angebot angenommen. Daraufhin begann am 19. September die Landung der ersten von 15 000 insgesamt vorgesehenen US-Soldaten. Cédras ging am 13. Oktober ins Exil nach Panama. Wie sein Umzug, wurde auch der anderer Putschistengeneräle von den USA als Bestandteil des Carter-Abkommens logistisch unterstützt und finanziell großzügig »versüßt«. Der wegen vieler Menschenrechtsverletzungen berüchtigte Polizeichef François hatte sich zu diesem Zeitpunkt schon in die Dominikanische Republik abgesetzt.

Am 16. Oktober 1994 erfolgte die triumphale Rückkehr Aristides in Begleitung einer großen US-amerikanischen Delegation, an ihrer Spitze Außenminister Warren Christopher. Aristide hatte in den drei Jahren US-amerikanischen Exils eine erstaunliche Wandlung vom unberechenbaren Demagogen zum würdevollen Staatsoberhaupt durchgemacht. Vor seinem Abflug traf er noch mit Nelson Mandela zusammen und ließ sich über Möglichkeiten und Grenzen einer Versöhnungspolitik beraten. Die US-Soldaten hatten alle erdenklichen Vorkehrungen getroffen, damit Aristide nicht Opfer eines Anschlags würde. Diese Maßnahmen begannen schon am Flughafen von Port-au-Prince. Der für die Sicherheit des Flughafens zuständige Major Marc Malvue wurde seines Amtes enthoben, nachdem er (Meldungen des haitianischen Rundfunks zufolge) angekündigt hatte, Aristide zur Begrüßung ein »Loch in den Kopf« zu schießen.

Aristides Versicherungen, keine Vergeltung üben und ohne Gewalt wieder zu demokratischen Verhältnissen zurückfinden zu wollen, bestätigten sich auch in seiner Personalpolitik. Am 24. Oktober machte er Smarck Michel zum Premierminister. Daß die Wahl auf den 57jährigen Geschäftsmann fiel, der schon im ersten Kabinett Aristides Wirtschaftsminister gewesen war, sollte ein Zeichen für die angestrebte Zusammenarbeit mit der Oberschicht setzen. Aristide schien gewillt, diesmal die Fehler aus dem Jahr 1991 zu vermeiden, als seine damals einseitige Kabinettsbesetzung zur Verhärtung der politischen Fronten beigetragen hatte.

Schnell wurde jedoch deutlich, daß die alleinige Präsenz der US-Truppen und des demokratisch gewählten Präsidenten nicht ausreichte, den Gewaltmißbrauch der haitianischen Sicherheitskräfte zu unterbinden. Die US-Soldaten öffneten zwar die Gefängnisse und ließen die politischen oder willkürlich festgehaltenen Gefangenen frei. Aber immer wieder kam es vor den Augen der Interventions-Truppen zu Übergriffen gegen Demonstranten. Offiziell sah das Mandat der US-Truppen zwar eine Entwaffnung der Menschenrechtsverletzer, jedoch keine Maßnahmen vor, diese Entwaffnung systematisch und notfalls auch unter Anwendung von Gewalt vorzunehmen. Das offizielle Entwaffnungsprogramm sah einen Aufkauf aller illegal geführten Waffen vor. Die ehemaligen Tontons und *attachés* hatten aber in aller Regel Waffenscheine, waren somit legale Eigentümer der Waffen und wurden nicht zu deren Abgabe gezwungen. Die Waffen, die zu den Aufkaufstellen gebracht wurden, waren oftmals alt und verrostet. Nichtsdestotrotz wurde die Entwaffnung von den USA als Erfolg gefeiert.

Doch drängte sich bisweilen der Verdacht auf, daß Entwaffnungen nur für die internationale Presse organisiert wurden. Vor laufenden Fernsehkameras wurde das FRAPH-Hauptquartier besetzt, rund 50 Personen wurden festgenommen; der FRAPH-Führer Constant jedoch konnte sich unbehelligt in die USA absetzen. Die meisten der Festgenommenen wurden den haitianischen Behörden, also Polizisten und Soldaten, übergeben. Wenn die Behörden die Gefangenen nicht gleich am nächsten Tag wieder frei ließen, kam es in der Regel in der darauffolgenden Nacht zu einem »unerklärlichen« Gefängnisausbruch. So ist es keineswegs verwunderlich, daß Übergriffe durch FRAPH-Anhänger sowie durch Räuber- und Killerbanden, die sich aus dem gleichen Umfeld rekrutieren, bis heute anhalten.

Die Sicherheitslage und die Haltung der US-Soldaten hingen auch stark von der jeweiligen Region ab. In einigen Orten gingen US-Soldaten konsequent gegen paramilitärische FRAPH-Anhänger und *attachés* vor und erwarben sich mit ihrer offenen Parteinahme die Sympathie der Bevölkerung. In Nordhaiti dagegen, wo Großgrundbesitzer traditionellerweise ihre Interessen mit Gewalt gegen die kleinbäuerliche Bevölkerung durchsetzen, verbreiten FRAPH-Anhänger im Auftrag der Oberschicht gezielt Terror gegen Aktivisten der Volksbewegung. Die US-Soldaten schauten dort tatenlos den Übergriffen zu oder ergriffen sogar für die Ver-

Jean-Bertrand Aristide am Tage seiner Rückkehr aus dem Exil; Foto: AP

treter der alten Elite Partei. Wenn es zu bewaffneten Auseinandersetzungen kam, dann deshalb, weil die US-Truppen sich selbst schützten.

Aristide reduzierte die haitianische Armee radikal auf 1 500 Mann und entließ im März 1995 auf einen Schlag alle Offiziere oberhalb des Major-Dienstgrades. Dies brachte ihm zwar einen großen politischen Erfolg ein, doch mußte er sich die Kritik linker *Lavalas*-Kreise gefallen lassen, die die Armee ganz abgeschafft wissen wollten. Dem widersetzten sich jedoch die USA, die in der Vergangenheit gute Beziehungen zum haitianischen Militär unterhalten hatten und dieses weiterhin als Gegenpol zu den unberechenbaren Volksbewegungen erhalten sehen wollten. Ebenso konnten Aristide und seine Anhänger aus den linken Basis-Gruppen nicht den Aufbau einer Interims-Polizei verhindern, die sich aus ehemaligen Armee-Angehörigen zusammensetzte, die angeblich nicht an Menschenrechtsverletzungen beteiligt gewesen waren. Es ist allerdings anzunehmen, daß viele dieser Interims-Polizisten doch an Übergriffen beteiligt waren; diese Feststellung ist um so gravierender, als es gut möglich ist, daß viele von ihnen auch in die neu zu schaffende Polizeiorganisation übernommen werden. Für diese neue haitianische Polizeitruppe, die später einmal 7000 Mann umfassen soll, werden seit Anfang 1995 politisch unbelastete Haitianer durch Polizeiausbilder aus verschiedenen Ländern geschult.

De facto übernahmen auch US-Soldaten einige polizeiliche Aufgaben, versorgten Krankenhäuser mit Medikamenten und nahmen Renovierungsarbeiten an Schulgebäuden vor. Diese Unterstützung bei Infrastrukturarbeiten war auch dringend nötig. Die Müllabfuhr hatte seit dem Putsch von 1991 nicht mehr gearbeitet. In Zusamenarbeit mit verschiedenen US-amerikanischen und multinationalen Hilfswerken wurden auch die Verbesserung der Strom- und Wasserversorgung sowie Straßenausbesserungen angegangen. Auch in den Armenvierteln begann die Bevölkerung mit bescheidenen Aufräum- und Instandsetzungsmaßnahmen – selbst diese Arbeiten waren in den Jahren zuvor aus Angst vor Übergriffen durch paramilitärische Gruppen vernachlässigt worden.

Die Infrastruktur befindet sich heute in einem katastrophalen Zustand: In Port-au-Prince gab es Ende 1994 maximal ein bis zwei Stunden täglich Strom. Eine Zeitlang wurde das Elektrizitätswerk noch mit Diesel-Lieferungen der US-Amerikaner versorgt, doch stellten die USA diese Unterstützung im Januar 1995 ein, nachdem sich herausstellte, daß die staatliche Elektrizitätsgesellschaft außerstande war, Zahlungen für den Strom einzuziehen, und dieses Unterfangen damit zu einem Faß ohne Boden wurde.

Auch nach der Aufhebung des Handelsembargos ist die Wirtschaft des Landes ein einziger Scherbenhaufen: Die Inflationsrate lag im Oktober 1994 bei 60%; die Staatskasse war leergeplündert, ein Großteil der Fabriken geschlossen; die arme Bevölkerung war so notleidend wie eh und je. Die Preise – gerade die von Grundnahrungsmitteln – stiegen kontinuierlich, weil es immer wieder zu Raubüberfällen auf Warenlager, Transporte und Geschäfte kam. Verschärft wurde die schlechte Versorgungslage noch dadurch, daß die Dominikanische Republik, vorgeblich wegen eigener Versorgungsengpässe, faktisch aber aus politischen Gründen, den Export von Zucker und Futtermitteln nach Haiti verbot. Hinzu kam, daß die Dominikanische Republik und die Bahamas gut 30000 Haitianer auswiesen; diese gesellten sich noch zu den aus *Guantánamo Base* zurückkehrenden Flüchtlingen.

Aristide hat sein Wirtschaftsprogramm, im Gegensatz zu seinen Vorstellungen von 1991, eindeutig an den Ansprüchen von Weltbank und Internationalem Währungsfond orientiert. Er wollte die haitianischen Auslandsschulden bedienen, die staatliche Telefongesellschaft und die staatlichen Elektrizitätswerke privatisieren sowie Investitionen, auch aus dem Ausland, fördern. Damit stellte er die Weichen für die künftige Wirtschaftspolitik Haitis, die angesichts der katastrophalen wirtschaftlichen und politischen Ausgangslage sich dem Druck ausländischer Investoren beugen mußte.

Vielleicht kann diese Politik langfristig dazu beitragen, die Wirtschaftsmonopole der Oberschicht zu untergraben und auf diese Weise eine Verschiebung des politischen Kräfteverhältnisses herbeizuführen. Andererseits war es die alteingesessene haitianische Wirtschaftselite, die als erste von den Aufbaumaßnahmen profitierte. Die Mevs verkündeten schon im Oktober 1994 Investitionsvorhaben im Umfang von 20 Millionen Dollar. Die Hälfte der geplanten Engagements in den Bereichen Zement, Infrastruktur und Nahrungsmittelindustrie sollen aus dem Ausland finanziert sein. Auch die US-Truppen unterstützten die reichen haitianischen Familien dadurch, daß sie einige ihrer Anwesen als Unterkünfte und Lagerstätten für ihr Material anmieteten.

Für 1995 und 1996 sind Haiti jeweils rund 600 Millionen Dollar Finanzhilfe von verschiedenen Organisationen versprochen worden. Obwohl vorerst nur kleine Tranchen dieser Gelder ausbezahlt wurden, begann sofort der Streit um die zukünftigen Aufträge. Deutlich wurde dies bei den Vorbereitungen des Verkaufs der haitianischen Elektrizitätsgesellschaft, um die sich Unternehmen aus den USA, Frankreich und Kanada, ebenso aber die Familie Mevs, bemühten. Die der Weltbank nahestehende *International Finance Corporation* sprach sich allerdings in einer Studie dafür aus, haitianische Monopolisten von großen Privatisierungprojekten auszuschließen. Man mag darüber streiten, ob diese Empfehlung ausgesprochen wurde, um die haitianische Unternehmenslandschaft vor weiterer Konzentration und Vetternwirtschaft zu schützen oder um die Marktchancen der Geberländer der Weltbank zu erhöhen.

Daß die USA eine dominierende Rolle bei den wirtschaftlichen Aktivitäten auf Haiti spielen werden, ist selbstverständlich. Daneben zeichnet sich eine weitere Verdrängung des französischen Einflusses auf kulturellem Gebiet durch den *american way of life* ab, der das Land in den wenigen Monaten der US-Präsenz (1994/95) mehr veränderte als in den 19 Jahren US-Besatzung zwischen 1915 und 1934. Selbst wenn die US-Truppen nicht die hochgesteckten Erwartungen bezüglich der Verfolgung von Menschenrechtsverletzungen erfüllten, waren sie doch für die meisten Haitianer Repräsentanten einer anderen, besseren Welt. Besonders deutlich wurde dies an den aus Haiti stammenden US-Soldaten, die in den Jahren vor der Invasion in die USA emigriert waren und nun als Befreier zurückkamen. Sie verkörperten für viele Haitianer eine äußerst positive Vision von den USA: die eines Landes, in dem unabhängig von der Herkunft oder Hautfarbe sozialer Aufstieg möglich zu sein scheint.

Solche Möglichkeiten werden sich der Masse der Haitianer sicherlich nie eröffnen. Im Gegenteil: Die wirtschaftliche Liberalisierung wird dem »Armenhaus der Karibik« zuerst einmal weitere Lasten aufbürden. Dabei ist fraglich, ob die Armen Haitis, besonders die der Hauptstadt, weiterhin geduldig auf eine Verbesserung ihrer Lebenssituation warten werden, wenn sie zusehen müssen, wie eine kleine Elite auf ihre Kosten in verschwenderischem Luxus schwelgt. Die über Jahrzehnte hinweg gewachsene »Kultur der Gewalt« als letztem – da oft einzigem – Mittel zur Durchsetzung politischer Interessen hat auch die Volksbewegungen geprägt. Solange die soziale Situation des Großteils der haitianischen Bevölkerung so erbärmlich ist, bleiben die Slums der Hauptstadt auch weiterhin ein potentieller Ausgangspunkt politischer Unruhen.

Die sozialen Zustände auf Haiti sind, statistisch betrachtet, nach wie vor die schlechtesten in der westlichen Hemisphäre. Dem haitianischen Gesundheitsminister Molière zufolge haben nur rund 50 Prozent der Bevölkerung Zugang zu medizinischer Basisversorgung. Eines von zehn Kindern stirbt vor der Vollendung des ersten Lebensjahres, davon 40 Prozent an Diarrhöe. In Port-au-Prince konzentriert sich die medizinische Versorgung auf die Innenstadt; in den Slums dagegen ist nicht einmal in Ansätzen Impfschutz gewährleistet. Erschreckend soll auch die Ausbreitung von AIDS sein, die nach den Städten nun auch verstärkt die ländlichen Regionen erfaßt. Das Pro-Kopf-Einkommen dürfte in den letzten Jahren von schätzungsweise 325 Dollar auf jetzt rund 200 Dollar pro Jahr gesunken sein.

Ein schwerwiegendes Hindernis für eine Verbesserung der sozialen und wirtschaftlichen Perspektiven des Landes ist die bis zur Handlungsunfähigkeit reichende Ineffizienz der Verwaltung. Aristide sah sich bei seiner Rückkehr einem Verwaltungsapparat gegenüber, der fast ausschließlich mit Günstlingen der Militärdiktatur besetzt war. Also wechselte er diese größtenteils aus; die neuen Angestellten zeichneten sich aber oft nur durch ihre Loyalität gegenüber Aristide aus; für die anfallenden Aufgaben sind sie nur in Ausnahmefällen ausreichend qualifiziert. Der Spielraum ist jedoch ohnehin nicht sonderlich groß: Alle erfahrenen haitianischen Verwaltungskräfte sind in der einen oder anderen Weise durch ihre Kooperation mit einer Militär- oder Duvalier-Regierung belastet. Eine Perspektive bietet sich möglicherweise in der US-Initiative, haitianische Emigranten als Experten für zeitlich begrenzte Einsätze nach Haiti zu holen. Dadurch wird jedoch andererseits die Gefahr vergrößert, daß Haiti zum Experimentierfeld ausländischer Technokraten wird, die die Alltagsrealität des Landes nicht genügend kennen.

Auch die geographischen und ökologischen Gegebenheiten beschränken die haitianischen Hoffnungen auf eine günstige Entwicklung. Am 14. November 1994 verwüstete der Wirbelwind *Gordon* die Region um Jacmel und forderte mindestens 2000 Menschenleben. Es ist fast müßig zu sagen, daß die Bemühungen der haitianischen Regierung zur Hilfeleistung kaum fruchteten und die internationalen Hilfsgelder nur sehr mühsam und nicht in vollem Umfang ihren Weg zu den Bedürftigen fanden.

Neben solchen – in unregelmäßigem Rhythmus wiederkehrenden – Naturkatastrophen leidet das Land immer mehr unter der hausgemachten Vernichtung der natürlichen Lebensgrundlagen. Die in hiesigen Breitengraden eher abstrakt aufgefaßte Formel »Erst stirbt der Wald, dann der Mensch« ist auf Haiti bittere Realität. Durch unkontrollierten Holzeinschlag für den Export oder zur Verfeuerung ist der einst die gesamte Insel bedeckende Naturwald auf kümmerliche Reste gestutzt worden. Schon 1987 ergaben Schätzungen, daß jährlich 10 000-15 000 ha Land durch Erosion vor allem an den Berghängen verloren gingen. In den Slums von Port-au-Prince müssen die Bewohner bei anhaltendem Regen nicht nur befürchten, daß ihr Hab und Gut von den Schlammassen weggespült wird – immer wieder ertrinken auch Menschen in den sich binnen Minuten zu reißenden Flüssen verwandelnden Rinnsälen. Fortschritte in den vereinzelt mit ausländischer Hilfe begonnenen Wiederaufforstungsprojekten sind nur dann zu erwarten, wenn sich auch die Eigentumsstrukturen auf dem Land ändern: Dadurch, daß gerade Kleinbauern aufgrund fehlender Eigentumstitel keine Sicherheit haben, ihre Parzelle dauerhaft zu bearbeiten, können sie nicht langfristig planen; sie nehmen daher bei ihrem Kampf um das Überleben oder um ein bescheidenes Dasein keine Rücksicht auf die Umwelt. Der stete Bevölkerungsdruck einer durchschnittlichen Jahreswachstumsrate von fast zwei Prozent trägt das Seine dazu bei, den ökologischen Raubbau zu beschleunigen (Kauntz).

Am 31. März 1995 zogen sich die US-Truppen von Haiti zurück und übergaben ihr Mandat an die UNO. In einer feierlichen Zeremonie dankte Aristide dem mit einem Heer von Leibwächtern eingeflogenen US-Präsidenten Clinton für die Intervention und die Wiederherstellung der Demokratie sowie UN-Generalsekretär Boutros-Ghali für die Übernahme des Kommandos durch die »Blauhelme«. Die UN-Truppen bestehen aus 6 900 Soldaten, von denen 2 500 US-Amerikaner sind. Ihr Auftrag umfaßt Maßnahmen zur Friedenssicherung; sie haben aber – ebensowenig wie zuvor die US-Truppen – kein Mandat, um paramilitärische Gruppen systematisch zu entwaffnen.

Der politische Handlungsspielraum für umfassende Reformen in dem geschundenen Land ist gering. Schon im Frühjahr 1995 geriet die von dem Aristide-Anhänger Smarck Michel geführte Regierung ins Kreuzfeuer der öffentlichen Kritik. Dem Premierminister und seinem Kabinett wurden Immobilismus und Versagen im Kampf gegen die Hyperinflation vorgeworfen. Um die prekäre Lage der Bevölkerung zumindest vorübergehend zu erleichtern, handelte Präsident Aristide gemeinsam mit der Regierung, den Gewerkschaften und den Arbeitgebern eine Erhöhung des Mindeststundenlohnes um über 100 Prozent (umgerechnet von 1,07 Dollar auf 2,57 Dollar) aus. Gerade an diesem Punkt zeigte sich jedoch in aller Schärfe die Aussichtslosigkeit der Lage:

Bei einer Arbeitslosenquote von ca. 70 Prozent (!) kann die Erhöhung des Mindestlohnes kaum der richtige Weg aus der Krise sein, zumal der neue Mindestsatz die niedrigsten Löhne des Nachbarn Dominikanische Republik überschreitet und Haiti damit als Investitionsstandort weiter an Attraktivität einbüßt. Vertreter der Arbeiterschaft kritisierten unterdessen die Maßnahme des Präsidenten als unzureichend, um einen finanziellen Ausgleich für das »teure Leben« auf Haiti zu schaffen.

Was als erster hoffnungsvoller Schritt zu einer Konsolidierung demokratischer Verhältnisse in dem Inselstaat gedacht war, hinterläßt in der Rückschau ein Gefühl der Bitterkeit: Schon im Vorfeld der am 25. Mai 1995 abgehaltenen Wahlen zum Parlament herrschte Verunsicherung im Hinblick auf die offizielle Eintragung von Kandidaten und parteipolitischen Gruppierungen. Obgleich Beobachter am Wahltag lediglich vereinzelt Unregelmäßigkeiten feststellten, mehrten sich bald Berichte über Verfahrensfehler und Pannen. In erster Linie wurde jedoch der überwältigende Wahlsieg der *Organisation Populaire Lavalas*, der Partei Aristides, kritisiert, der – einigen Kommentatoren zufolge – schon vor der Wahl festgestanden hatte. Der einseitige Wahlkampf im Vorfeld sowie schließlich die absolute Mehrheit von *Lavalas* haben den Neubeginn eines kompetitiven politischen Lebens im Lande zunichte gemacht. Der in seinem Amt bestätigte Premierminister Smarck Michel indes versuchte danach, eine Politik vorsichtiger wirtschaftlicher Reformen durchzusetzen. Die vom Internationalen Währungsfonds empfohlene Politik der Strukturanpassung, die der Regierung als Leitfaden dient, sieht neben der Privatisierung ehemals staatlicher Betriebe auch die Kontinuität des Inselstaates als Billiglohnland vor. Das entscheidende wirtschaftspolitische Ziel der Regierung, ausländische Kapitalgeber anzulocken, wird so auf absehbare Zeit das Schicksal der haitianischen Bevölkerung, weiterhin am Rande des Existenzminimums leben zu müssen, festschreiben.

Scharfe Kritik an der Spar- und Privatisierungspolitik aus den Reihen der *Lavalas*-Bewegung selbst führte schließlich Mitte Oktober zu dem – seitens der USA und des IWF bedauerten – Rücktritt von Premierminister Michel. Mit einem umfangreichen Ausgabenprogramm für den Sozialbereich und Zurückhaltung bei den anstehenden Privatisierungen trat die ehemalige Außenministerin Claudette Werleigh dessen Nachfolge an. Begleitet wurde dieser politische Wechsel an der Spitze der haitianischen Regierung durch die Aussetzung der US-amerikanischen Hilfeleistung, der sich auch der IWF anschloß. Nicht zu übersehen ist die entscheidende Abhängigkeit der haitianischen Politik vom Wohlwollen des großen Nachbarn USA, die auch in Zukunft bestehen bleiben wird. Diesen Umständen zum Trotz glückte der Premierministerin jedoch die wohl schwierigste Aufgabe ihrer Amtszeit: die Durchführung der Präsidentschaftswahlen am 17. Dezember 1995. Bei einer enttäuschend niedrigen Wahlbeteiligung von lediglich knapp 28 Prozent konnte der bereits im Vorfeld als Favorit gehandelte Aristide-Vertraute René Préval die überwältigende Mehrheit der Stimmen (ca. 87 Prozent) auf sich vereinigen. Kritiker sprachen von verzerrten Wettbewerbsbedingungen, viele Anhänger der Opposition verzichteten auf eine Wahlbeteiligung. Angesichts ihrer Zersplitterung (Préval stand 13 Konkurrenten gegenüber) und der nach wie vor großen Popularität Aristides bei den armen Volksmassen hatte die Opposition von vornherein keine Chance. Unklar ist, welche Rolle Aristide – der möglicherweise in fünf Jahren wieder als Präsidentschaftskandidat antreten wird – im Hintergrund der Préval-Regierung spielen wird. Dieser stehen enorme Aufgaben bevor. Es bleibt zu hoffen, daß sich diesem Land, dessen historisches Erbe vor allem aus Gewalttätigkeit, Willkür und abgrundtiefer sozialer Ungerechtigkeit besteht, mit dem demokratischen Wechsel schrittweise neue Perspektiven eröffnen.

IV. Rückblick und Ausblick

In wenigen Jahren kann Haiti den 200. Jahrestag seiner Unabhängigkeit begehen. Ob die Inselrepublik dann demokratisch regiert sein wird, ist im Augenblick schwer zu sagen. An Feierlichkeiten und Gedenkveranstaltungen aber wird es, unabhängig vom dann herrschenden Regime, nicht fehlen. Kritische Rückblicke, die sich nicht von der nationalistischen Rhetorik irreführen lassen, müßten eigentlich ein ernüchterndes Fazit ziehen:

Die haitianische Unabhängigkeit konnte nur mit gewaltigen Opfern erreicht werden; Skeptiker haben sie daher auch wiederholt weniger als Erfolg gefeiert denn als Strafe für das Land bezeichnet. Der Unabhängigkeitskampf brachte den Haitianern zwar viel Bewunderung ein; der Preis waren aber chronische politische Instabilität, wirtschaftliche Unterentwicklung und internationale Isolierung. Da andere Inseln der Karibik – mit intensiven (formellen oder informellen) Beziehungen zu ihren (früheren) Mutterländern – wirtschaftlich erfolgreich waren, stellen sich viele haitianische Intellektuelle die Frage, ob Wohlstand nur durch (kulturelle) Entfremdung erreicht werden könne und Armut das Schicksal eines kleinen Landes sei, das seinen eigenständigen Weg gehen wollte und gewissermaßen auch gegangen ist.

Die auf die Unabhängigkeit folgende internationale Isolierung des Landes bewirkte, daß die Prozesse des Wandels – sowohl im sozioökonomischen als auch im kulturellen Bereich – besonders langsam verliefen; außerdem führten sie zu einer Verbreitung des Agrarlebens über das ganze ländliche Haiti. In dem langen Jahrhundert zwischen Unabhängigkeit und US-Besatzung (1804-1915) wurde Haiti weit weniger als irgendein anderes Land Lateinamerikas von äußeren Entwicklungen beeinflußt. Die Agrarbevölkerung konnte daher im 19. Jahrhundert traditionelle Verhaltensweisen wie kaum sonstwo entwickeln und beibehalten.

Für diesen »Traditionalismus« mußte allerdings ein hoher Preis bezahlt werden. Die wirtschaftliche Produktivität der Landwirtschaft blieb äußerst gering, die Konsummöglichkeiten der Landbevölkerung nahmen eher ab als zu. Obwohl der größte Teil der Agrarbevölkerung Eigentümer von (kleinen und kleinsten) Parzellen ist, konnten diese ihre wirtschaftliche und kulturelle Stagnation nicht abschütteln. Im wesentlichen ist dies auf das Wirtschaftssystem zurückzuführen, das bis heute von einer schmalen Schicht Privilegierter kontrolliert wird. Diese »Elite« lebt(e), indem sie sich die Arbeitskraft und die Steuerabgaben der ländlichen Massen aneignet(e).

Auch die fast zwanzigjährige US-Besatzung änderte wenig am wirtschaftlich unterentwickelten Zustand der Inselrepublik. Haiti mußte zwar seine Souveränität aufgeben, die Entwicklungsreformen blieben jedoch in Ansätzen stecken, da die ökonomische Basis der Gesellschaft unangetastet blieb. Kaum waren die US-Amerikaner abgezogen, fiel auch der von ihnen errichtete »Überbau« wieder in sich zusammen. Die einzige dauerhafte Wirkung scheint eine größere Zentralisierung der Machtausübung gewesen zu sein, was später der Bereicherungsdiktatur der Duvaliers zugute kam.

In mancherlei Hinsicht scheint die Zeit in Haiti stehengeblieben zu sein. Die ökonomischen, sozialen und kulturellen Indikatoren weisen miserable Werte auf. Traditionell gibt es zwischen »Staat« und »Zivilgesellschaft« eine gewaltige Kluft, die erst jetzt (möglicherweise) verringert werden könnte. Die offizielle Anerkennung des Voodoo als Religion und des *créole* als zweiter Sprache in der Verfassung deutet darauf hin. Wie schon während der Unabhängigkeitskämpfe, so hatte auch beim Sturz Duvaliers (1986) und unmittelbar danach der Voodoo eine große Rolle gespielt: In Krisenzeiten übt diese haitianische Religion offensichtlich die Funktion aus, eine Alternative zu den Projekten der jeweiligen »Elite« darzustellen. In den letzten Jahren haben sich allerdings die protestantischen Sekten US-amerikanischer Prägung zu einem großen Widersacher des Voodoo entwickelt, der andererseits eine massive Renaissance in Kultur (Musik, Theater) und religiöser Präsenz erlebt.

Die haitianische Zukunft sieht ungewiß aus. Nach Jahrzehnten der Diktatur mit entsprechend verfestigten Machtstrukturen hat jede Regierung einen gefährlichen Balanceakt von erheblicher Dauer und großer Gefahr vor sich. Momentan genießt die Regierung soviel Legitimität im Volk, daß sie noch auf die Unterstützung der verarmten Bevölkerung setzen kann. Viele Faktoren sind aber ungewiß: An erster Stelle ist der Machtfaktor Militär zu nennen, der in den vergangenen 200 Jahren bei nahezu allen Regierungswechseln die entscheidende Rolle gespielt hat. Sodann dürfte vieles von der wirtschaftlichen Entwicklung abhängen; nach wie vor ist Haiti, nach den Kriterien der Weltbank, eines der ärmsten Länder der Erde. Ausländische Investitionen sind aber nur zu erwarten, wenn das Land politisch stabil bleibt. Politische Stabilität wiederum hängt nicht zuletzt vom wirtschaftlichen Aufschwung ab. Beide Ziele gleichzeitig zu erreichen, gehört zu den schwierigen Hauptaufgaben der Regierung.

Von großer Bedeutung ist auch die aggressive städtische Randbevölkerung. Da sie jederzeit zu einem wichtigen politischen Faktor werden kann, setzt die Regierung ihre spärlichen Entwicklungsressourcen vor allem in diesem Bereich ein; dies aber führt zur Verstärkung der fatalen Zentralisierung des wirtschaftlichen Potentials auf die Hauptstadt Port-au-Prince und zur weiteren Vernachlässigung der Landgebiete. Vor allem dort lebt aber nach wie vor die große Mehrheit der haitianischen Bevölkerung. Soll die säkulare Kluft zwischen Stadt und Land überwunden werden, dann müssen Entwicklungsressourcen vor allem in den ländlichen Bereich investiert werden.

Aristide nannte seine Amtsübernahme 1991 die »zweite Unabhängigkeit« des Landes; genau 200 Jahre nach dem großen Sklavenaufstand (1791) wurde zum ersten Mal in der haitianischen Geschichte ein Präsident völlig frei von der großen Mehrheit der Bevölkerung in sein Amt gewählt. 200 Jahre hat es gedauert, bis auf die völkerrechtliche Unabhängigkeit die politische Selbstbestimmung folgte. Ob auf diese politische eine wirtschaftliche Selbstbestimmung folgen kann, muß mit einem skeptischen Fragezeichen versehen werden.

V. Anhang

Grunddaten Haitis

Gebiet
Gesamtfläche: 27 750 km² (zum Vergleich: Belgien 30 507 km²)
Landwirtschaftliche Nutzfläche: 9 050 km² (32 % der Gesamtoberfläche), davon 7 000 km² fruchtbare Küstenebenen mit tropisch-feuchtem Klima

Bevölkerung
Gesamtbevölkerung (geschätzt): 6 900 000 (1993); davon ca. 600 000 in den USA und 350 000 in der Dominikanischen Republik
Durchschnittliches jährliches Bevölkerungswachstum: 1,8 %
Bevölkerungsdichte: 201 Einwohner je km²
Urbanisierungsgrad: 30 % (1990)
Ethnische Zusammensetzung: ca. 80 % Schwarze; 15-20 % Mulatten; ca. 2 000 Weiße
Religionszugehörigkeit: ca. 80 % römisch-katholisch; davon 70-75 % gleichzeitig Anhänger des Voodoo; ca. 15 % Protestanten
Amtssprachen: Französisch (gesprochen von 10-15 % der Bevölkerung); kreolisch (gesprochen von 100 % der Bevölkerung)
Analphabetenrate (15 Jahre und mehr): offiziell 65 %; inoffiziell 85-90 %
Durchschnittliche Lebenserwartung: 55 Jahre (1987)
Kindersterblichkeit: 117 pro 1000 Geburten (offizielle Angaben; sicherlich wesentlich höher)
Alter der Bevölkerung: 43,6 % jünger als 15 Jahre
Haiti gehört zu den von der UNO definierten Kategorien der LLDC (*Least Developed Countries*) und MSAC (*Most Seriously Affected Countries*).

Staat und Regierung (laut Verfassung von 1987)
Verwaltungsgliederung: 9 *Départements*, 27 *Arrondissements*, 116 *Communes*, 555 *Sections Rurales*
Hauptstadt und Regierungssitz: Port-au-Prince (ca. 1 Million Einwohner)
Staats- und Regierungsform: Republik mit parlamentarischem Regierungssystem
Legislative: Nationalversammlung (bestehend aus 2 Kammern)
– Abgeordnetenhaus: 70 Mitglieder (gewählt für 4 Jahre)
– Senat: 3 Mitglieder pro *Département* (gewählt für 6 Jahre, Erneuerung eines Drittels alle 2 Jahre)
Exekutive: – Staatschef = *Président de la République* (direkt gewählt für 5 Jahre)

- Regierungschef = *Premier Ministre* (vom Präsidenten vorgeschlagen und vom Abgeordnetenhaus bestätigt)

Wahlberechtigte: alle Bürgerinnen und Bürger über 18 Jahre
Wehrpflicht: keine
Internationale Mitgliedschaften: Vereinte Nationen und UN-Sondergremien; Organisation der Amerikanischen Staaten (OAS); Lateinamerikanisches Wirtschaftssystem (SELA); Gruppe der AKP-Staaten (Lomé-Vertrag IV)

Wirtschaft

Bruttoinlandsprodukt (BIP) pro Einwohner: 390 US-Dollar (1991)
Anteile der Wirtschaftssektoren am BIP (1988):   Primärsektor   31,0 %
                                                 Sekundärsektor 22,2 %
                                                 Tertiärsektor 46,8 %
Erwerbstätige pro Sektor (1988):   Primärsektor   66,2 %
                                                 Sekundärsektor 8,9 %
                                                 Tertiärsektor 24,9 %

Export: Anteile am gesamten Exportwert 1992: Verarbeitete Produkte 65 %, Kaffee 12 %

Ausfuhr: 163 Millionen US-Dollar (1991)
            73   "   "   (1992)
            50   "   "   (1993)
            60   "   "   (1994)
Einfuhr: 300 Millionen US-Dollar (1991)
           197   "   "   (1992)
           165   "   "   (1993)
           150   "   "   (1994)
Saldo der Leistungsbilanz (Millionen US-Dollar): − 41 (1992)
                                                  − 78 (1993)
                                                  − 70 (1994)

Währungseinheit: Gourde (1 Gourde = 100 Centîmes)
Weiteres gesetzliches Zahlungsmittel: US-Dollar
Devisenkurs: 1 US-Dollar = 19 Gourdes (Oktober 1994)
Arbeitslosigkeit: 70 % der arbeitsfähigen Bevölkerung (geschätzt)
Inflation: 20 % monatlich (1994)
Devisenreserven: 11 Millionen US-Dollar (Juni 1992)
Auslandsschuld: 845 Millionen US-Dollar (1994)
Schuldendienstquotient: 13,1 % (1989; Weltbank-Daten)
Nahrungsmittelverbrauch (pro Tag/Kopf): 1 700 Kalorien; 40 g Proteine
Sozial- und Wirtschaftsindikatoren (je 1 000 Einwohner): 2,4 öffentliche Verkehrsmittel, 20 Radios, 3 Fernsehapparate, 0,7 Krankenbetten, 1 Arzt (für 12 600 Einwohner)
Haushalte mit Zugang zu Trinkwasser: 38 % (1985)

Quellen: Iberoamericana 15. Jg. (1991), Nr. 1 (42); Deutsch-Südamerikanische Bank: Kurzbericht über Lateinamerika 3/94 (Oktober 1994); Dieter Nohlen/Franz Nuscheler (Hg.): Handbuch der Dritten Welt. Bd. 3: Mittelamerika und Karibik. Bonn 1992

Staatsoberhäupter Haitis

Dessalines, Jean-Jacques	Januar 1804 – Oktober 1806
(Kaiser Jacques I.	September 1804 – Oktober 1806)
Christophe, Henri	Januar 1807 – Oktober 1820
(König Henri I.	März 1811 – Oktober 1820, zeitliche Überschneidungen mit den Regimen von Pétion und Boyer)
Pétion, Alexandre	März 1807 – März 1818
Boyer, Jean-Pierre	März 1818 – Februar 1843
Hérard, Charles Rivière	Dezember 1843 – Mai 1844
Guerrier, Philippe	Mai 1844 – April 1845
Pierrot, Jean-Louis	April 1845 – März 1846
Riche, Jean-Baptiste	März 1846 – Februar 1847
Soulouque, Faustin	März 1847 – Januar 1859
(Kaiser Faustin I.	August 1849 – Januar 1859)
Geffrard, Fabre Nicolas	Januar 1859 – März 1867
Salnave, Sylvain	Juni 1867 – Dezember 1869
Saget, Nissage	März 1870 – Mai 1874
Domingue, Michel	Juni 1874 – April 1876
Canal, Boisrond	Juli 1876 – Juli 1879
Salomon, Lysius Félicité	Oktober 1879 – August 1888
Legitime, François-Denis	Dezember 1888 – August 1889
Hyppolite, Florville	Oktober 1889 – März 1896
Simon Sam, T. Augustin	März 1896 – Mai 1902
Alexis, Nord	Dezember 1902 – Dezember 1908
Simon, Antoine	Dezember 1908 – August 1911
Leconte, Cincinnatus	August 1911 – August 1912
Auguste, Tancrède	August 1912 – Mai 1913
Oreste, Michel	Mai 1913 – Januar 1914
Zamor, Charles Oreste	Februar 1914 – Oktober 1914
Theodore, Davilmar	November 1914 – Februar 1915
Sam, Vilbrun Guillaume	März 1915 – Juli 1915
Dartiguenave, Philippe-Sudre	August 1915 – Mai 1922
Borno, Louis	Mai 1922 – Mai 1930
Vincent, Sténio	November 1930 – Mai 1941
Lescot, Elie	Mai 1941 – Januar 1946
Estimé, Dumarsais	August 1946 – Mai 1950
Magloire, Paul Eugène	Dezember 1950 – Dezember 1956
Duvalier, François	Oktober 1957 – April 1971
Duvalier, Jean-Claude	April 1971 – Februar 1986
Nationaler Regierungsrat	Februar 1986 – Februar 1988
Manigat, François Leslie	Februar 1988 – Juni 1988

Namphy, Henri	Juni 1988 – September 1988
Avril, Prosper	September 1988 – März 1990
Abraham, Hérard	10. März 1990 – 13. März 1990
Trouillot, Ertha Pascal	März 1990 – Februar 1991
Aristide, Jean-Bertrand	Februar 1991 – September 1991 (September 1991 – Oktober 1994: Exil)
Cédras, Raoul	September 1991 – Oktober 1994 (»starker Mann« Haitis)
Nérette, Joseph C.	September 1991 – Juni 1992 (faktischer Übergangspräsident)
Jonassaint, Emile	Mai 1994 – Oktober 1994 (keine internationale Anerkennung)
Aristide, Jean-Bertrand	Oktober 1994 (Wiedereinsetzung) – Februar 1996
Préval, René	Februar 1996 (Beginn seiner Amtszeit)

Zeittafel

1492, 5. 12.	Entdeckung der Insel durch die Spanier. Namengebung: Hispaniola
1493, 22. 11.	Landung der zweiten Expedition des Kolumbus auf Hispaniola
1496	Gründung von Santo Domingo
1498	Dritte Expedition des Kolumbus nach Hispaniola
1500	Richter Bobadilla übernimmt die Befehlsgewalt auf der Insel. Verbot der Indianersklaverei durch die Kastilische Krone
1502	Nicolás de Oviedo wird Gouverneur.
1503	Einführung des Arbeitszwangs für Indianer; drastischer Bevölkerungsrückgang
1507	Diego Colón, Sohn von Christoph Kolumbus, wird Vizekönig und Gouverneur auf Hispaniola.
1511	Einrichtung eines Appelationsgerichts in Santo Domingo; Städtegründungen
Ab 1514	Erschöpfung der Goldvorkommen
1519	Lizenz zur Importierung afrikanischer Sklaven
Ab 1520	Beginn des Zuckerexports nach Europa; Rückzug der Spanier aus dem Westteil der Insel
Ab 1552	Regelmäßiger Import schwarzer Sklaven; Entstehung einer Plantagenwirtschaft
1586	Plünderung Santo Domingos durch Francis Drake
Ab 1600	Durchsetzung englischer, französischer und holländischer Ansprüche auf die karibischen Inseln
1640	Die Insel *La Tortuga* wird französischer Besitz (*La Tortue*).
1654	Belagerung Santo Domingos durch eine englische Flotte
1665	Nach der Besetzung der Insel *La Tortue* beginnen Franzosen ihre Angriffe gegen Santo Domingo; Frankreich erklärt einseitig den Westteil der Insel Hispaniola zur französischen Kolonie.
1685	»Code Noir«: Sklavengesetzgebung für die Westindischen Inseln
1697	Friede von Rijswijk; der Westteil der Insel Hispaniola wird mit dem Namen Saint-Domingue französische Kolonie; Einwanderung französischer Kolonisten, Gründung von Siedlungen, Ausbreitung landwirtschaftlich genutzter Flächen
1749	Gründung von Port-au-Prince
Ab 1763	Zunahme des Kaffee-Anbaus (»Kaffeerevolution«)

1777	Vertrag von Aranjuez (Grenzverlauf zwischen der französischen und der spanischen Kolonie)
1788	Gründung in Paris einer Interessenvertretung weißer Pflanzer (*Comité Colonial*); Zulassung (1789) von Deputierten aus Saint-Domingue beim *Tiers Etat*. Gründung der abolitionistischen *Société des Amis du Noir*
1789, 20. 8.	Erklärung der Menschenrechte; weiße Kreolen fühlen sich in ihren Autonomieabsichten bestärkt.
1790, 8. 3.	Die französische Konstituante erklärt die weißen Provinzversammlungen auf Saint-Domingue für rechtens.
1790, 28. 5.	Festlegung der Grundlagen einer Kolonialverfassung durch die Kolonialversammlung von St. Marc
1791, Februar	Mulattenaufstand
1791, 15. 5.	Die Konstituante verfügt die volle Gleichberechtigung für freigeborene Farbige.
1791, 23. 6.	Durch das Kolonialstatut werden die Überseegebiete zu Teilen des Mutterlandes.
1791, 22. 8.	Sklavenaufstand im Norden Saint-Domingues
1791, 24. 9.	Wiederaufhebung durch die französische Konstituante des rechtlichen Gleichstellungsdekrets vom 15. 5. 1791
1792, 4. 4.	Endgültige Inkraftsetzung des Gleichstellungsdekrets vom 15. 5. 1791
1792, Sept.	Eintreffen dreier jakobinischer Kommissare in Saint-Domingue
1793, 29. 8.	Aufhebung der Sklaverei durch die Kommissare
1793, 3. 9.	Unterstellung des Südens Saint-Domingues unter die englische Krone
1794, 4. 2.	Aufhebung der Sklaverei durch den französischen Konvent
1794, Mai	Übertritt Toussaint-L'Ouvertures von der spanischen auf die französische Seite
1795	Friede von Basel; der östliche Teil Hispaniolas fällt an Frankreich.
1797	Toussaint-L'Ouverture wird General und Gouverneur Saint-Domingues.
1799	Bürgerkrieg zwischen Schwarzen und Mulatten
1799, 18. 12.	Aufhebung (in der französischen Konsulatsverfassung) der Integrierung der Überseegebiete in die französische Republik
1801	Besetzung des Ostteils der Insel durch Toussaint-L'Ouverture
1801, 8. 7.	Verfassung für ganz Hispaniola; Frankreich behält nur noch eine formale Oberhoheit.
1802	Restaurationsversuch Napoleons; Expeditionsarmee unter

	Leclerc; Wiedereinführung der Sklaverei; Deportation Toussaint-L'Ouvertures
1803	Niederlage der französischen Expeditionsarmee
1804	Unabhängigkeit Haitis; Staatsoberhaupt (1804-1806): Jean-Jacques Dessalines (als Kaiser: Jacques I.)
1804, 1. 1.	Proklamation der Unabhängigkeit Haitis; Generalgouverneur Jean-Jacques Dessalines
1804, 8. 10.	Dessalines läßt sich zum Kaiser ausrufen.
1806, 16. 10.	Mord an Dessalines; Streit um die Führung des Landes zwischen dem Mulatten Alexandre Pétion und dem schwarzen General Henri Christophe; Christophe etabliert im Norden seine Herrschaft; Spaltung des Landes in zwei Teile
1807, 17. 3.	Alexandre Pétion wird erster Präsident der Republik im Süden des Landes.
1809-1814	Pétion veranlaßt die erste Agrarreform Lateinamerikas: Es erfolgt die Parzellierung des Plantagenlandes und dessen Aufteilung unter der schwarzen Bevölkerung.
1811, 2. 6.	Christophe läßt sich zum König krönen.
1818	Tod Pétions; Nachfolger: Jean Pierre Boyer
1820, Oktober	Freitod Christophes
1820, 21. 10.	Vereinigung Haitis durch Präsident Boyer; Parzellierung der Plantagen im Norden
1822, 9. 2.	Annexion Santo Domingos durch Haiti (bis 1844)
1825, Juli	Anerkennung der Unabhängigkeit Haitis durch Frankreich; Boyer verpflichtet sich zu Ausgleichszahlungen in Höhe von 150 Millionen Francs gegenüber Frankreich.
1826, 6. 5.	*Code Rural*: Versuch, die Produktivität der Landwirtschaft zu heben; Scheitern des Projektes aufgrund der Agrarstruktur
1843, 19. 3.	»Revolution« der liberalen Reformer, Sturz Boyers
1843, 4. 4.	Der Mulatte Charles Hérard wird Präsident; im Süden rebellieren schwarze Bauern unter der Führung der grundbesitzenden Familie Salomon, um ihre politischen Rechte einzuklagen.
1844, April	Hérard wird gestürzt.
1844, 3. 5.	Mit der Wahl des greisen schwarzen Marionettenpräsidenten Philippe Guerrier beginnt die »Stellvertreterpolitik« (*politique de doublure*) der Mulatten.
1845, 16. 4.	Präsident wird der schwarze General Jean-Louis Pierrot.
1846, 1. 3.	Der ebenfalls schwarze Jean-Baptiste Riché tritt die Nachfolge an.
1847, 1. 3.	Wahl des schwarzen Generals Faustin Soulouque zum Präsidenten

1848, 16. 4.	Soulouque unternimmt Massaker an der Mulattenelite.
1849, 26. 8.	Versuch einer Eroberung Santo Domingos scheitert; Soulouque läßt sich zum Kaiser Faustin I. ausrufen.
1859, 13. 1.	Der farbige General Fabre Nicolas Geffrard stürzt Kaiser Faustin I. und restauriert die Republik; Geffrard beginnt ein gewaltiges Reformwerk in allen Bereichen der Gesellschaft.
1860, 28. 3.	Die Regierung Geffrard erzielt ein Konkordat mit dem Vatikan; in den folgenden Jahren nimmt der Einfluß der katholischen Kirche zu.
1862, Juni	Anerkennung der Unabhängigkeit Haitis durch die USA
1867, 14. 6.	Der Mulatte Silvain Salnave stürzt Präsident Geffrard und etabliert eine Militärdiktatur; erstes Aufflammen der *caco*-Kriege im Norden des Landes; die innenpolitische Lage wird zunehmend instabiler.
1869, Dez.	Salnave wird von mulattischen Generälen gestürzt und exekutiert; in diesen Jahren formieren sich die Liberale Partei (*Parti Libéral*) der Mulatten und die Nationale Partei (*Parti National*) der Schwarzen.
1870, 19. 3.	Beginn der Vorherrschaft der Liberalen Partei; der Mulatte Nissage Saget wird Präsident; als einziger Präsident des 19. Jahrhunderts beendet Saget regulär seine Amtszeit.
1874, 11. 6.	Michel Domingue tritt planmäßig die Nachfolge an; sein Neffe Septimus Rameau diskreditiert durch räuberische Machenschaften die Regierung von Domingue.
1876, April	Sturz Domingues und Hinrichtung Rameaus
1876, 17. 7.	Der Liberale Boisrand-Canal wird Präsident; während seiner Regierungszeit spaltet sich der *Parti Libéral*, was zur Schwächung der Regierung Boisrand-Canal führt.
1879, 17. 7.	Boisrand-Canal tritt zurück.
1879, 23. 10.	Der Führer des *Parti National*, Lysius Félicité Salomon, wird Präsident; eine Rebellion der Liberalen und der Kaufmannstädte im Süden wird von Salomon bis Ende 1883 niedergeworfen; Beginn von Wirtschaftsreformen ohne entscheidende Veränderungen
1886	Ende der regulären Amtszeit Salomons; seine verfassungswidrige Wiederwahl führt zum Aufstand und zu seinem Sturz zwei Jahre später.
1888	Amortisation sämtlicher Schulden gegenüber Frankreich
1888, 10. 8.	Sturz Salomons; Streit um die Nachfolge zwischen François-Denis Légitime und Louis Mondestin Florville Hyppolite
1889, 9. 10.	Hyppolite tritt die Präsidentschaft an; Ruhe und Ordnung im Land

1896, März	Hyppolite stirbt im Amt an einem Schlaganfall; Nachfolger: General Tirésias Augustin Simon-Sam
1897, Herbst	Einmischung des Deutschen Reiches in innere Angelegenheiten Haitis – »Kanonenbootdiplomatie«; Einflußzunahme ausländischer Händler
1902, 12. 5.	Durch Aufstände bedroht, reicht Simon-Sam seinen Rücktritt ein.
1902, 21. 12.	Pierre Nord-Alexis tritt seine Nachfolge an.
1904, 1. 1.	*Centenaire* – Hundertjahrfeier zur Unabhängigkeit Haitis
1905	Vertreibung vieler »Syrer«
1908, 2. 12.	Die Aufklärung eines Betrugsskandals in der Nationalbank diskreditiert die Regierung; Rücktritt von Nord-Alexis; Beginn einer Serie von Staatsstreichen und Regierungsumstürzen, meist unterstützt durch *caco*-Armeen; kurzzeitige Präsidentschaften lösen sich in der Folgezeit (bis 1915) ab.
1910	Umstrukturierung der bankrotten *Banque Nationale* durch ausländische Bankiers; Hauptanteilhaber sind nun die USA
1914	Der rapide Verfall der politischen Stabilität im Lande verleitet die US-Regierung zu mehreren Interventionen der *marines*, um – so heißt es – »ausländisches Eigentum zu schützen«.
1915-1934	Besetzung Haitis durch die USA
1915, 28. 7.	Besetzung Haitis durch US-*marines*
1915, 11. 8.	Wahl von Philippe Sudre Dartiguenave zum Marionettenpräsidenten
1915, 16. 9.	Unterzeichnung des von den USA oktroyierten Besatzungsvertrages (auf zehn Jahre ausgestellt: beidseitige Option zur Verlängerung auf 20 Jahre)
1916	Wiedereinführung der *corvée* und Beginn der gegen die Besatzer gerichteten *caco*-Kriege
1919	Höhepunkt der *caco*-Kriege: Ausrufung einer Gegen-Republik durch *caco*-Führer Charlemagne Péralte
1919, Nov.	Tod von Péralte; daraufhin baldiges Ende des *caco*-Krieges
1929, 5. 12.	24 Tote bei Demonstration (Massaker in Les Cayes): Verstärkung des Widerstands gegen US-Besatzung
1930, 8. 11.	Wahl Sténio Vincents zum Präsidenten: daraufhin Gespräche über Abzug der Truppen
1934, August	Abzug der letzten US-Truppen
1937, Oktober	Vom Präsidenten der Dominikanischen Republik veranlaßtes Massaker an ca. 20000 im Grenzgebiet lebenden haitianischen Migranten

1942	Mit Kriegseintritt der USA Ausrichtung der haitianischen Wirtschaft auf die US-Kriegsproduktion
1946, 16. 8.	Dumarsais Estimé wird als Vertreter der Schwarzenbewegung Präsident und beginnt Modernisierungs- und Sozialreformprogramm.
1947	Ende der 1915 eingerichteten Finanzhoheit der USA über Haiti
1948	Haiti ist das erste Land, für das die Vereinten Nationen einen entwicklungspolitischen Maßnahmenkatalog ausarbeiten; Ausgangspunkt für eine wachsende Zahl internationaler Hilfsprogramme
1950, Mai	Erfolgloser Versuch Estimés, sein Mandat zu verlängern; Absetzung Estimés als Präsident
1957	Vier verschiedene provisorische Machthaber; von öffentlicher Unruhe und Gewalt geprägter Wahlkampf
1957, 22. 9.	François Duvalier mit großer Mehrheit zum Präsidenten gewählt
1957-1959	Die Armee erhält hintereinander fünf verschiedene Oberbefehlshaber und wird systematisch geschwächt; als Gegenwicht werden die Tonton Macoutes aufgebaut.
1963	US-Präsident Kennedy und Juan Bosch, Reform-Präsident der Dominikanischen Republik, treten vereint in Opposition zu Duvalier, der diese Krise aber überwinden kann.
1964	Duvalier wird Präsident auf Lebenszeit.
1971, 21. 4.	Tod von François Duvalier; sein von ihm systematisch zum Nachfolger aufgebauter Sohn Jean-Claude Duvalier beerbt ihn in seinem Amt.
1980	Heirat Jean-Claude Duvaliers mit der Mulattin Michèle Bennet; Symbol für die mit der wirtschaftlichen Revolution einhergehenden Annäherung J.-C. Duvaliers an die Oberschicht
1983	Papstbesuch auf Haiti; Stärkung der befreiungstheologischen Opposition
1986, 7. 2.	Nach langanhaltenden Protesten von Basisbewegungen und Druck der USA Flucht der Familie Duvalier ins Exil
1986, Februar	Einsetzung des duvalieristisch dominierten provisorischen Nationalen Regierungsrats unter Henri Namphy
1986, 19. 10.	Von demokratischer Opposition boykottierte Wahlen zur Verfassunggebenden Versammlung
1987, 29. 3.	Eine weitgehende Reformen vorsehende Verfassung per Referendum mit überwältigender Mehrheit von der Bevölkerung angenommen
1987, Juni	Vorlage eines Wahlgesetzes

1987, 29. 11.	Begonnene Präsidentschaftswahlen müssen wegen Gewalttaten abgebrochen werden.
1988, 17. 1.	Manigat wird bei (von der Opposition boykottierten) Wahlen Präsident.
1988, 16. 6.	General Namphy setzt Präsident Maginat gewaltsam ab, nachdem dieser Schmuggel und Korruption bekämpfen und die Armeespitze umbesetzen wollte.
1988, 17. 9.	Putsch von Generalleutnant Prosper Avril; Festlegung von Parlamentswahlen für November 1990
1990, 10. 3.	Massendemonstrationen wegen mangelnden Vetrauens in den Demokratisierungsprozeß; Oberbefehlshaber General Abraham setzt Avril ab und die ehemalige Verfassungsrichterin Ertha Pascal-Trouillot als provisorische Präsidentin ein.
1990, 14. 10.	Präsidentschaftswahlkampf radikalisiert sich durch Kandidatur von Duvalieristen und den von der Basisbewegung *Lavalas* gestützten Befreiungstheologen Jean-Bertrand Aristide.
1990, 16. 12.	Mit überwältigender Mehrheit wird Aristide zum Präsidenten gewählt.
1991, 6. 1.	Erfolgloser Putschversuch durch Roger Lafontant, dem ehemaligen Innenminister unter Duvalier
1991, 7. 2.	Amtsantritt von Präsident Aristide; umfangreiche politische und soziale Reformbemühungen, die vom Parlament und der traditionellen Elite blockiert werden; gleichzeitig immer wieder gewaltsame Auseinandersetzungen zwischen Ex-Duvalieristen und Aristide-Anhängern.
1991, 30. 9.	Putsch von Brigadegeneral Raoul Cédras; Aristide kann ins Ausland flüchten; internationale Proteste
1991, Oktober	Proforma-Präsident Joseph Nérette und Proforma-Ministerpräsident Jean-Jacques Honorat; massiver staatlicher Terror gegen Aristide-Anhänger (bis Dezember 1500 Tote); Verhängung eines Handelsembargos durch UNO und OAS; die USA geben Aristide Mitschuld am Putsch.
1991, Dez.	Beginn einer Reihe erfolgloser Vermittlungsversuche von OAS und UNO, um die Rückkehr Aristides zu ermöglichen.
1992, Februar	Verschleppungstaktik der Putschisten: Marc Bazin als neuer Premierminister eingesetzt; Ausweitung des Handelsembargos
1993, Frühjahr	Übereinkunft von »Governor's Island« zwischen Cédras und Aristide über Rückkehr zur Demokratie
1993, Sept.	Der von Aristide als Ministerpräsident eingesetzte Robert Malval nimmt in Ausführung des Abkommens seine Amtsgeschäfte auf.

1993, 11. 10.	Die im Rahmen des Friedensprozesses nach Haiti entsandten UN-Soldaten werden von Anhängern der neugegründeten Neo-Duvalieristischen FRAPH an der Landung gehindert.
1993, 15. 12.	Rücktritt von Ministerpräsident Malval, dessen Arbeit von Terror und Gewalt systematisch hintertrieben wurde.
1993, 22. 12.	Rücktrittsultimatum der USA, Frankreichs, Venezuelas und Kanadas an Cédras; diverse erfolglose diplomatische Initiativen in den folgenden Monaten; nochmalige Verschärfung der Handelssanktionen; massiver Terror von Armee und Ex-Duvalieristen an Oppositionellen
1994, 11. 5.	Émile Jonassaint neuer provisorischer Präsident
1994, 12. 7.	Zuspitzung des Konflikts, als Cédras die auf Haiti anwesenden OAS/UN-Beobachter auffordert, das Land binnen 48 Stunden zu verlassen; die USA nennen den 1. 10. 1994 als letzten Termin für eine Lösung des Konflikts.
1994, 31. 7.	UN-Sicherheitsrat billigt militärische Intervention.
1994, 17. 9.	Aufgrund der Vermittlung von Ex-US-Präsident Jimmy Carter sagt die Militärjunta zu, bis 15. Oktober abzutreten.
1994, 19. 9.	Landung des ersten Kontingents von 15 000 US-Truppen
1994, 16. 10.	Triumphale Rückkehr Aristides; Cédras und andere Putschisten sind inzwischen ins Exil gegangen, doch terrorisieren weiterhin paramilitärische Truppen die Zivilbevölkerung; die USA übernehmen nur sporadisch Polizeifunktionen.
1994, 24. 10.	Aristide ernennt den gemäßigten Geschäftsmann Smarck Michel zum Premierminister; er betreibt unter US-Kontrolle eine pragmatische Wirtschaftspolitik und erhält umfangreiche Zusagen über ausländische Hilfsgelder; weiterhin katastrophale wirtschaftliche und soziale Lage im Land
1995, März	Aristide entläßt alle hohen Offiziere und verkleinert die Armee auf 1 500 Mann; bis zum Funktionieren einer neuen, international ausgebildeten Polizei bleibt weiterhin die politisch belastete Interimspolizei im Einsatz.
1995, 31. 3.	Besuch von US-Präsident Bill Clinton und UN-Generalsekretär Boutros-Ghali: Ablösung der US-Truppen durch UN-Kontingente, die allerdings (wie schon zuvor die US-Truppen) kein Mandat zur Entwaffnung paramilitärischer Truppen haben.
1995, 25. 5.	Bei der Durchführung der Wahlen zum haitianischen Parlament kommt es zu zahlreichen Unregelmäßigkeiten, in deren Folge angeblich bis zu 20% der Wahlberechtigten

	vom Urnengang ausgeschlossen bleiben; Aristides *Lavalas*-Bewegung gewinnt die absolute Mehrheit der Stimmen; verschiedene oppositionelle Gruppierungen stellen das Wahlergebnis in Frage.
1995, Oktober	Aufgrund innerparteilicher Kritik an der Sparpolitik der Regierung tritt Premierminister Smarck Michel zurück; Nachfolgerin wird die ehemalige Außenministerin Claudette Werleigh, die eine verstärkte Ausgabenpolitik sowie Zurückhaltung bei anstehenden Privatisierungen anstrebt; USA und IWF reagieren mit Einfrierung der Wirtschaftshilfen auf den politischen Kurswechsel auf Haiti.
1995, 17. 12.	Die Wahlen zur Präsidentschaft enden bei einer äußerst niedrigen Wahlbeteiligung (ca. 28%) mit einem klaren Sieg des Aristide-Anhängers René Préval.
1996, 7. 2.	Ende der Amtszeit von Präsident Aristide; Übergabe der Amtsgeschäfte an den Sieger der Präsidentschaftswahlen vom Dezember, René Préval

Auswahlbibliographie

Abbott, Elizabeth: *Haiti. The Duvaliers and their Legacy.* New York 1988

Andrews, Kenneth R.: *The Spanish Caribbean. Trade and Plunder 1530-1630.* New Haven 1978

Antonin, Arnold: *Haiti en el Caribe.* Caracas 1985

Aristide, Marx V./Richardson, Laurie: *Haiti's Popular Resistance.* In: James Ridgeway (Hg.): *The Haiti Files. Decoding the Crisis.* Washington 1994, S. 64-71

Barros, Jacques: *Haiti, de 1804 à nos jours.* 2 Bde. Paris 1984

Baur, John Edward: *Mulatto Machiavelli, Jean Pierre Boyer, and the Haiti of his Day.* In: *The Journal of Negro History,* Bd. 32 (1947), S. 307-353

Ders.: *Faustin Soulouque, Emperor of Haiti. His Character and his Reign.* In: *The Americas* Bd. VI, 2 (1949), S. 131-166

Blassinghame, John W.: *The Press and the American Intervention in Haiti and the Dominican Republic, 1904-1920.* In: *Caribbean Studies,* Bd. 9, Nr. 2 (1970), S. 27-43

Blume, Helmut: *Die westindischen Inseln.* Braunschweig 1973

Boyd, Willis B.: *James Redpath and American Negro Colonization in Haiti, 1860-1862.* In: *The Americas* Bd. XII (1956), S. 169-182

Buch, Hans-Christoph: *Die Scheidung von Santo Domingo. Wie die Negersklaven von Haiti Robespierre beim Wort nahmen.* Berlin 1976

Canham-Clyne, John: *Selling Out Democracy.* In: James Ridgeway (Hg.): *The Haiti Files. Decoding the Crisis.* Washington 1994, S. 108-117

Caprio, Giovanni: *Haiti – wirtschaftliche Entwicklung und periphere Gesellschaftsformation.* Frankfurt/Main 1979

Chomsky, Noam: *Wirtschaft und Gewalt: vom Kolonialismus zur neuen Weltordnung.* Lüneburg 1993

Cole, Hubert: *Christophe: King of Haiti.* London 1967

Comhaire, Jean L.: *The Haitian Schism: 1804-1860.* In: *Anthropological Quarterly,* Bd. 29, Nr. 1 (1956), S. 1-10

Cooke, Sherburne F./Borah, Woodrow: *Essays in Population History: Mexico and the Caribbean.* Berkeley/Los Angeles 1971

Cordero Michel, Emilio: *La Revolución Haitiana y Santo Domingo.* Santo Domingo 1989

Courlander, Harold/Bastien, R.: *Religion and Politics in Haiti.* Washington 1966

Crouse, Nellis M.: *French Pioneers in the West Indies, 1624-1664.* New York 1940

Crosby, Alfred W.: *The Columbian Exchange. Biological and Cultural Consequences of 1492.* Westport 1972

Davis, H. P.: *Black Democracy. The Story of Haiti.* New York 1967

Delince, Kern: *Armée et Politique en Haiti.* Paris 1979

Ders.: *Les forces politiques en Haiti.* Paris 1993

Désinor, Carlo A.: *De Coup d'Etat en Coup d'Etat.* Port-au-Prince 1988

Diederich, Bernard/Al Burt: *Papa Doc et les Tontons Macoutes.* Paris 1971

Donner, Wolf: *Haiti – Naturraumpotential und Entwicklung.* Tübingen 1980

Dorsainvil, Jean Crisostome: *Manual de historia de Haití.* Santo Domingo 1979

Dorsinville, Max H.: *Haiti and its Institutions: From Colonial Times to 1957.* In: Rubin, V./Schaedel, R. P. (Hg.): *The Haitian Potential.* New York 1975, S. 183-220

Dorsinville, Roger: *Toussaint L'Ouverture ou la Vocation de la Liberté.* Paris 1965

Dyckerhoff, Ursula: *Geschichte der Indianer bis zur Conquista.* In: Horst Pietschmann (Hg.): *Mittel-, Südamerika und die Karibik bis 1760.* Stuttgart 1994 (= *Handbuch der Geschichte Lateinamerikas*, hg. von Walther L. Bernecker u. a., Band 1), S. 101-203

Etienne, Eddy V.: *La Vraie Dimension de la Politique Extérieure des Premiers Gouvernements d'Haiti (1804-1843).* Québec 1982

Fagg, John E.: *Cuba, Haiti and the Dominican Republic.* Englewood Cliffs, N. J., 1965

Fauntroy, Walter E.: *Haiti's »Economic Barons«*, in: James Ridgeway (Hg.): *The Haiti Files. Decoding the Crisis,* Washington 1994, S. 35-39

Ferguson, James: *Papa Doc Baby Doc: Haiti and the Duvaliers.* London 1987

Fick, Carolyn: *The Making of Haiti.* Knoxville 1990

Fleischmann, Ulrich: *Aspekte der sozialen und politischen Entwicklung Haitis.* Stuttgart 1971

Ders.: *Grenzgeschichten Haitis und der Dominikanischen Republik.* In: Gerhard Rieger (Hg.): *Die Karibik zwischen Souveränität und Abhängigkeit.* Freiburg 1994, S. 117-128

Floyd, Troy S.: *The Columbus Dynasty in the Caribbean, 1492-1526.* Albuquerque 1973

Franco, Franklin J.: *Haiti: De Dessalines a nuestros días.* Santo Domingo 1988

Gallé, Felix: *Die Wahlen in Haiti von 1990/1992: Hoffnungen auf einen Neuanfang.* In: *Lateinamerika. Analysen-Daten-Dokumentation* 8 (1991) 17/18, S. 96-108

Ders.: *Haiti.* In: Dieter Nohlen (Hg.): *Handbuch der Wahldaten Lateinamerikas und der Karibik.* Opladen 1993, S. 401-421

Geggus, David: *Slave Resistance Studies and the Saint Domingue Slave Revolt.* Miami 1983

Ders.: *Racial Equality, Slavery, and Colonial Secession during the Constituent Assembly*. In: *The American Historical Review* 94, 4 (1989(a)), S. 1290-1308

Ders.: *The French and Haitian Revolutions, and Resistance to Slavery in the Americas: an Overview*. In: *Revue Française d'Histoire d'Outre-Mer* 76, Nr. 282/283 (1989(b)), S. 107-124

Ders.: *Haitian Voodoo in the Eighteenth Century: Language, Culture, Resistance*. In: *Jahrbuch für Geschichte von Staat, Wirtschaft und Gesellschaft Lateinamerikas* 28 (1991), S. 21-51

Ders.: *The Great Powers and the Haitian Revolution*. In: Bernd Schröter/Karin Schüller (Hg.): *Tordesillas y sus consecuencias*. Frankfurt/Main 1995, S. 113-125

Gewecke, Frauke: *Die Karibik. Zur Geschichte, Politik und Kultur einer Region*. Frankfurt/Main 1988

Dies.: *Haiti in der Geschichte: Epilog auf eine glorreiche Revolution*. In: *Iberoamericana*. 15. Jg. (1991), Nr. 1 (42), S. 7-20

Gingras, Jean-Pierre O.: *Duvalier. Caribbean Cyclone*. New York 1967

Girod, François: *La Vie Quotidienne de la Société Créole. Saint-Domingue au XVIIIᵉ Siècle*. Paris 1972

Grafenstein Gareis, Johanna von: *Haití en los años 1859-1915: carácter y determinaciones de su proceso político*. In: *Secuencia* (México) (1987), S. 81-94

Greene, Graham: *Die Stunde der Komödianten*. Reinbek 1969

Grunwald, Joseph/Delatour, Leslie/Voltaire, Karl: *Offshore Assembly in Haiti*. In: Charles Robert Foster/Albert Valdman: *Haiti*. Lanham/London 1984, S. 231-252

Haiti Hilfswerk e. V.: *Informationsdienst. Verschiedene Ausgaben* (September 1994 – Mai 1995)

Hall, Gwendolyn M.: *Social Control in Slave Plantation Societies: A Comparison of St. Domingue and Cuba*. Baltimore 1971

Healey, David F.: *Gunboat Diplomacy in the Wilson Era: The U.S. Navy in Haiti, 1915-1916*. Madison 1976

Heinl, Robert Debs: *Written in Blood. The Story of the Haitian People, 1492-1971*. Boston 1978

Hoobler, Thomas & Dorothy: *Toussaint L'Ouverture*. New York 1990

Hurbon, Laënnec: *Culture et Dictature en Haiti*. Paris 1979

Ders.: *Comprendre Haiti, Essai sur l'Etat, la Nation, la Culture*. Paris 1987

Ives, Kim: *The Unmaking of a President*. In: James Ridgeway (Hg.): *The Haiti Files. Decoding the Crisis*. Washington 1994, S. 87-103

James, Cyrill L. R.: *The Black Jacobins: Toussaint L'Ouverture and the San Domingo Revolution*. 2. Aufl., New York 1989

Kahle, Günter: *Lateinamerika in der Politik der europäischen Mächte 1492-1810*. Köln 1993

Kauntz, Eckhart: *In Wohnzimmern oder verheizt: Haitis tropischer Regenwald*. In: *Frankfurter Allgemeine Zeitung*, Nr. 71, 25. März 1987, S. 9f.

Knight, Franklin W.: *The Caribbean. The Genesis of a Fragmented Nationalism*. New York 1978

Kolumbus, Christoph: *Bordbuch*. Frankfurt/Main 1981

Kuhlmann, Uta: *Haiti – von einer Diktatur zur anderen?* In: *Europa-Archiv*, Folge 21 (1988), S. 625-632

Lacerte, Robert K.: *The First Land Reform in Latin America: The Reforms of Alexandre Pétion, 1809-1814*. In: *Inter-American Economic Affairs*, Bd. 28 (1975), Nr. 4, S. 77-85

Ders.: *The Evolution of Land and Labor in the Haitian Revolution, 1791-1820*. In: *The Americas* 34, 4 (1978), S. 449-459

Laguerre, Michel S.: *The Place of Voodoo in the Social Structure of Haiti*. In: *Caribbean Quarterly* 19, 3 (1973), S. 36-49

Ders.: *Etudes sur le vodu haitien: bibliographie analytique*. Montréal 1979

Ders.: *The Complete Haitiana: A Bibliographic Guide to the Scholarly Literature, 1900-1980*. 2 Bde., New York 1982

Ders.: *Voodoo and Politics in Haiti*. New York 1988

Lamb, Ursula: *Fray Nicolás de Ovando, Governador de las Indias*. Madrid 1956

Las Casas, Bartolomé de: *Kurzgefaßter Bericht von der Verwüstung der Westindischen Länder*. Hg. v. Hans Magnus Enzensberger. Frankfurt/Main 1981

Laywers Committee for Human Rights: *Paper Laws, Steel Bayonets*. In: James Ridgeway (Hg.): *The Haiti Files. Decoding the Crisis*. Washington 1994, S. 42-46

Lepkowski, Tadeusz: *Haiti*. 2 Bde. La Habana 1968/1969

Leyburn, James G.: *The Haitian People*. New Haven, 2. Aufl. 1966 ([1]1941)

Lobeck, Elmire M.: *Haiti. A Brief Survey of its Past and Present Agricultural Problems*. In: *The Journal of Geography*, Bd. 53 (1954), Nr. 7, S. 277-290

Logan, Rayford: *The Diplomatic Relations of the United Staates with Haiti, 1776-1891*. Chapel Hill 1941

Ders.: *The United States Mission in Haiti, 1915-1952*. In: *Inter-American Economic Affairs*, Bd. 6, Nr. 4 (1952), S. 18-28

Ders.: *The U.S. Colonial Experiment in Haiti*. In: *World Today*, Bd. 17, Nr. 10 (1961), S. 435-446

Lundahl, Mats: *Peasants and Poverty: A Study of Haiti*. London 1979

Ders.: *The Haitian Economy. Man, Land and Markets*. London 1983

Ders.: *Politics or Markets? Essay on Haitian Underdevelopment*. London/New York 1992

Pané, Ramón: *Relación acerca de las antigüedades de los indios*. 8. Aufl. México 1988

Paquin, Lyonel: *The Haitians. Class and Colour Politics*. New York 1983

Pattee, Ricardo: *Haiti. Pueblo afroantillano*. Madrid 1956

Perusse, Roland I.: *Historical Dictionary of Haiti*. Metuchen 1977

Petit-Monsieur, Lamartine: *La coexistence de types religieux différents dans l'Haïtien contempo rain*. Immensee (CH) 1992

Pfennig, Wolfram: *Haiti*. In: Albrecht von Gleich (Hg. u. a.): *Lateinamerika Jahrbuch 1992*, Frankfurt/Main 1992, S. 279-283

Pierre-Charles, Gérard: *Toussaint Louverture*. In: *Nuestra América* (São Paulo) 5/6, 3 (1992), S. 54-69

Pluchon, Pierre: *Haiti. Republique caraïbe*. Paris 1974

Ders. (Leitung): *Histoire des Antilles et de la Guyane*. Toulouse 1982

Plummer, Brenda: *Haiti and the Great Powers, 1902-1915*. Baton Rouge 1988

Dies.: *Voudou, sorciers, empoisonneurs: de Saint-Domingue à Haiti*. Paris 1987

Price, Richard (Hg.): *Maroon Societies*. New York 1973

Price-Mars, Jean: *Ainsi parla l'oncle*. Paris 1928

Ders.: »*Classe ou Caste?*« In: *Revue de la Société Haitienne d'Histoire de Géographie et de Géologie* 13 (1942), S. 1-50

Ridgeway, James (Hg.): *The Haiti Files. Decoding the Crisis*. Washington 1994

Rippy, J.-Fred: *The Antecedents of the Roosevelt Corollary of the Monroe Doctrine*. In: *Pacific Historical Review* 9 (1940), S. 267-279

Rotberg, Robert I.: *Haiti. The Politics of Squalor*. Boston 1971

Rüsch, Erwin: *Die Revolution von Saint Domingue*. Hamburg 1930

Schmidt, Hans: *The United States Occupation of Haiti, 1915-1934*. New Jersey 1971

Schottelius, Herbert: *Die politische Emanzipation von Haiti und Santo Domingo*. In: Inge Buisson/Herbert Schottelius: *Die Unabhängigkeitsbewegungen in Lateinamerika 1788-1826*. Stuttgart 1980, S. 133-150

Schüller, Karin: *Die deutsche Rezeption haitianischer Geschichte in der ersten Hälfte des 19. Jahrhunderts. Ein Beitrag zum deutschen Bild vom Schwarzen*. Köln 1992

Dies.: *Sklavenaufstand – Revolution – Unabhängigkeit: Haiti, der erste unabhängige Staat Lateinamerikas*. In: Rüdiger Zoller (Hg.): *Amerikaner wider Willen. Beiträge zur Sklaverei in Lateinamerika und ihre Folgen*. Frankfurt/Main 1994, S. 125-143

Dies.: *La Española como objeto de disputa de las grandes potencias, 1697-1865*. In: Bernd Schröter/Karin Schüller (Hg.): *Tordesillas y sus consecuencias*. Frankfurt/Main 1995, S. 103-111

Schutt-Ainé, Patricia: *Haiti: A Basic Reference Book. General Information on Haiti*. Miami 1994

Steger, Hanns-Albert (Hg.): *Beiträge zur Soziographie Haitis.* Dortmund 1970

Stein, Robert Louis: *The French Slave Trade in the Eighteenth Century. An Old Regime Business.* Madison 1979

Ders.: *Revolution, Land Reform, and Plantation Discipline in Saint Domingue.* In: *Revista de Historia de América* 96 (1983), S. 173-186

Ders.: *From Saint Domingue to Haiti, 1804-1825.* In: *The Journal of Caribbean History.* Bd. 19 (1984), 2, S. 189-226

Trouillot, Michel-Rolph: *Haiti. State against Nation.* New York 1990

Ward, J. R.: *Poverty and Progress in the Caribbean 1800-1960.* London 1985

Weil, Thomas E.: *Area Handbook for Haiti.* Washington 1973

Weinstein, Brian/Segal, Aaron: *Haiti, Failure of Politics.* New York 1989

Wood, Harold: *Northern Haiti: Land Use and Settlement.* Toronto 1963

Geschichte
in der edition suhrkamp

Aus der Zeit der Verzweiflung. Zur Genese und Aktualität des Hexenbildes. Beiträge von Gabriele Becker, Silvia Bovenschen, Helmut Brackert, Sigrid Brauner, Ines Brenner, Gisela Morgenthal, Klaus Schneller, Angelika Tümmler. es 840

BRD ade! Vierzig Jahre in Rück-Ansichten. Herausgegeben von Otthein Rammstedt und Gert Schmidt. es 1773

Calic, Marie-Janine: Der Krieg in Bosnien-Hercegovina. es 1943

Dalos, György: Ungarn – Vom Roten Stern zur Stephanskrone. Aus dem Ungarischen von György Dalos und Elsbeth Zylla. es 1687

Eisner, Freya: Kurt Eisner: Die Politik des libertären Sozialismus. es 422

Eisner, Kurt: Sozialismus als Aktion. Ausgewählte Aufsätze und Reden. Herausgegeben von Freya Eisner. es 773

Europa im Krieg. Die Debatte über den Krieg im ehemaligen Jugoslawien. es 1809

Evans, Richard J.: Im Schatten Hitlers? Historikerstreit und Vergangenheitsbewältigung in der Bundesrepublik. Aus dem Englischen von Jürgen Blasius. es 1637

Farge, Arlette / Michel Foucault: Familiäre Konflikte: Die »Lettres de cachet«. Aus dem Französischen von Albert Gier und Chris Paschold. es 1520

Farouk-Sluglett, Marion / Peter Sluglett: Irak seit 1958: Von der Revolution zur Diktatur. Aus dem Englischen von Gisela Bock. es 1661

Folgen der Französischen Revolution. Herausgegeben von Henning Krauß. es 1579

Goytisolo, Juan: Notizen aus Sarajewo. Reportagen. Aus dem Spanischen von Meralde Meyer-Minnemann. Mit zahlreichen Abbildungen. es 1899

Guilhaumou, Jacques: Sprache und Politik in der Französischen Revolution. Aus dem Französischen von Kathrina Menke. Mit einem Vorwort von Brigitte Schlieben-Lange und Rolf Reichardt. es 1519

Hennig, Eike: Bürgerliche Gesellschaft und Faschismus in Deutschland. Ein Forschungsbericht. es 875

– Thesen zur deutschen Sozial- und Wirtschaftsgeschichte 1933 bis 1938. es 662

Die Hexen der Neuzeit. Studien zur Sozialgeschichte eines kulturellen Deutungsmusters. Herausgegeben von Claudia Honegger. es 743

Rumänien. Geschichte, Wirtschaft, Politik 1944-1990. Aus dem Ungarischen von Anna Bak. es 1673

Jarusch, Konrad H.: Die eilige Einheit. Ein historischer Versuch. es 1877

Geschichte
in der edition suhrkamp

Judentum im deutschen Sprachraum. Herausgegeben von Karl E. Grözinger. es 1613

Ketzer, Zauberer, Hexen. Die Anfänge der europäischen Hexenverfolgungen. Herausgegeben von Andreas Blauert. es 1577

Kritisches Wörterbuch der Französischen Revolution. 5 Bde. Herausgegeben von François Furet und Mona Ozouf. es 1522

Leroi-Gourhan, André: Die Religionen der Vorgeschichte. Paläolithikum. Aus dem Französischen von Michael Bischoff. es 1073

Lottes, Günther: Sozialgeschichte Englands. es 1546

Meier, Christian: Die Ohnmacht des allmächtigen Diktators Caesar. Drei biographische Skizzen. es 1038

Meuschel, Sigrid: Legitimation und Parteiherrschaft in der DDR. es 1688

Negt, Oskar / Alexander Kluge: Geschichte und Eigensinn. Gewalt des Zusammenhangs. 3 Bände. Mit zahlreichen Abbildungen. es 1700

Scherrer, Jutta: Gegenüber dem Weißen Haus. Moskauer Tagebuch Herbst 1993. es 1903

Schrift und Materie der Geschichte. Vorschläge zur systematischen Aneignung historischer Prozesse. Herausgegeben von Claudia Honegger. es 814

Silj, Alessandro: Verbrechen, Politik, Demokratie in Italien 1943–1993. Aus dem Italienischen von Ulrich Hausmann. es 1911

Soboul, Albert: Französische Revolution und Volksbewegung: die Sansculotten. Die Sektionen von Paris im Jahre II. Bearbeitet und herausgegeben von Walter Markov. Die Übersetzung aus dem Französischen besorgte Claus Werner. es 960

Der Spanische Bürgerkrieg. Eine Bestandsaufnahme fünfzig Jahre danach. Manuel Tuñón de Lara, Julio Aróstegui, Ángel Viñas, Gabriel Cardona, Joseph M. Bricall. es 1401

Thompson, Edward P.: Die Entstehung der englischen Arbeiterklasse. 2 Bde. Aus dem Englischen von Lotte Eidenbenz, Mathias Eidenbenz, Christoph Groffy, Thomas Lindenberger, Gabriele Mischkowski, Ray Mary Rosdale. es 1170

Trotzki, Leo: Denkzettel. Politische Erfahrungen im Zeitalter der permanenten Revolution. Herausgegeben von Isaac Deutscher, George Novack und Helmut Dahmer. Übersetzungen aus dem Englischen von Harry Maòr. es 896

Veyne, Paul: Foucault: Die Revolutionierung der Geschichte. Aus dem Französischen von Gustav Roßler. es 1702

– Geschichtsschreibung. Was sie nicht ist. Aus dem Französischen von Gustav Roßler. es 1472

Geschichte
in der edition suhrkamp

Von deutscher Republik 1775-1795. Texte radikaler Demokraten. Herausgegeben von Jost Hermand. es 793

Vossler, Otto: Die Revolution von 1848 in Deutschland. es 210

Wahrnehmungsformen und Protestverhalten. Studien zur Lage der Unterschichten im 18. und 19. Jahrhundert. Mit Beiträgen von Edward P. Thompson, Rainer Wirtz, Pierre Caspard, Josef Ehmer, Detlev Puls, Patrick Fridenson, Douglas A. Reid, W. R. Lambert, Gareth Stedman Jones. Herausgegeben von Detlev Puls. es 948

Der Zusammenbruch der DDR. Herausgegeben von Hans Joas und Martin Kohli. es 1777

MacLeod, Murdo J.: *The Soulouque Regime in Haiti, 1847-1859: A Reevaluation.* In: *Caribbean Studies*, Bd. 10 (1970), Nr. 3, S. 35-48

McClellan, James E.: *Colonialism and Science. Saint Domingue in the Old Regime.* Baltimore 1992

Meier, Johannes: *Die Anfänge der Kirche auf den Karibischen Inseln.* Immensee (CH) 1991

Métraux, Alfred: *Voodoo in Haiti.* Gifkendorf 1994

Millet, Kethly: *Les Paysans Haitiens et l'Occupation Américaine 1915-1930.* Montreal 1978

Mintz, Sidney W.: *Caribbean Transformations.* Chicago 1974

Montague, Ludwell Lee: *Haiti and the United States, 1714-1938.* Durham 1940

Moral, Paul: *Le Paysan Haitien. Etude sur la Vie Rurale en Haiti.* Paris 1961

Moya Pons, Frank: *Haiti and Santo Domingo, 1790-1870.* In: Bethell, Leslie (Hg.): *The Cambridge History of Latin America*, Bd. III. Cambridge 1985, S. 237-275

Ders.: *The Haitian Revolution in Santo Domingo (1789-1809).* In: *Jahrbuch für Geschichte von Staat, Wirtschaft und Gesellschaft Lateinamerikas* 28 (1991), S. 127-162

Munford, Clarence J.: *The »Pearl« of the Antilles is Born: Haiti and Black Slavery – The Early Years, 1629-1715.* In: *Jahrbuch fur Geschichte von Staat, Wirtschaft und Gesellschaft Lateinamerikas* 28 (1991), S. 1-19

Munro, Dana G.: *Intervention and Dollar Diplomacy in the Caribbean 1900-1921.* Princeton 1964

Nicholls, David: *Politics and Religion in Haiti.* In: *Canadian Journal of Political Science*, Bd. 3 (1970), Nr. 3, S. 400-414

Ders.: *Race, Couleur et Indépendance en Haiti (1804-1825).* In: *Revue d'Histoire Moderne et Contemporaine*, Bd. 25 (1978), S. 177-212

Ders.: *From Dessalines to Duvalier.* Cambridge 1979 (Nachdruck: Westport 1980)

Ders.: *Haiti in Caribbean Context.* Oxford 1985

Ders.: *Haiti, 1870-1930.* In: Bethell, Leslie (Hg.): *The Cambridge History of Latin America*, Bd. V. Cambridge 1986, S. 307-324

Nicolas, Alrich: *Haiti in der Gegenwart (1986-1991): Postduvalierismus und Demokratisierungsprozeß.* In: *Iberoamericana* 15. Jg., 1 (1991) 42, S. 21-42

Nonnenmann, Rolf: *Haiti – Probleme der Wirtschaftsentwicklung in einem Land der Dritten Welt.* Diss. Pforzheim 1981

Oostindie, Gert J.: *Die Karibik 1760-1820. Die Karibik 1820-1900.* In: Raymond T. Buve/ John R. Fisher (Hg.): *Lateinamerika von 1760 bis 1900.* Stuttgart 1992, S. 358-383, S. 729-766

Osgood, Cornelius: *Culture of the Fort Liberté Region, Haiti.* New Haven 1941